Berliner Platz 1

NEU

Deutsch im Alltag

Lehr- und Arbeitsbuch

Christiane Lemcke
Lutz Rohrmann
Theo Scherling

Susan Kaufmann: Im Alltag EXTRA
Margret Rodi: Testtraining

Langenscheidt

Berlin · Madrid · München · Warschau · Wien · Zürich

Von
Christiane Lemcke, Lutz Rohrmann und Theo Scherling

Susan Kaufmann: Im Alltag EXTRA und
Margret Rodi: Testtraining

Redaktion: Annerose Bergmann, Hedwig Miesslinger und Lutz Rohrmann
Gestaltungskonzept und Layout: Andrea Pfeifer
Umschlaggestaltung: Svea Stoss, 4S_art direction
Coverfoto: Corbis GmbH, Düsseldorf; Abbildung Straßenschild: Sodapix AG
Illustrationen: Nikola Lainović
Fotoarbeiten: Vanessa Daly

Für die Audio-CDs zum Arbeitsbuchteil:
Tonstudio: White Mountain, München
Musik: Jan Faszbender
Aufnahme, Schnitt und Mischung: Andreas Scherling
Koordination und Regie: Bild & Ton, München

Verlag und Autoren danken Birgitta Fröhlich, Eva Harst, Anne Köker, Margret Rodi,
Barbara Sommer und Matthias Vogel, die *Berliner Platz NEU* begutachtet und mit wertvollen
Anregungen zur Entwicklung des Lehrwerks beigetragen haben.

Materialien zu *Berliner Platz 1 NEU*:

Lehr- und Arbeitsbuch	978-3-468-47201-5
2 CDs zum Lehrbuchteil	978-3-468-47203-9
Intensivtrainer 1 (Kapitel 1–12)	978-3-468-47205-3
Lehrerhandreichungen 1 (Kapitel 1–12)	978-3-468-47209-1
Testheft 1 (Kapitel 1–12)	978-3-468-47208-4
DVD (Kapitel 1–12)	978-3-468-47206-0
Treffpunkt D-A-CH 1	978-3-468-47216-9
Digital mit interaktiven Tafelbildern	978-3-468-47341-8
Glossar Deutsch–Englisch	978-3-468-47210-7
Glossar Deutsch–Russisch	978-3-468-47212-1
Glossar Deutsch–Türkisch	978-3-468-47211-4
Glossar Deutsch–Spanisch	978-3-468-47215-2

Symbole:

⊙ 1.1 Zu dieser Aufgabe gibt es eine Tonaufnahme auf der CD zum Lehrbuchteil.

⊙ 3.1 Zu dieser Aufgabe gibt es eine Tonaufnahme auf der CD zum Arbeitsbuchteil.

 Hier gibt es Vorschläge für Projektarbeit.

Weitere Glossare zu Band 1 sind abrufbar im Internet unter: www.langenscheidt.de/berliner-platz

Satz: Franzis print & media GmbH, München
Gesamtherstellung: Stürtz GmbH, Würzburg
ISBN 978-3-468-**47202**-2

12050

Liebe Benutzerinnen und Benutzer,

Berliner Platz NEU ist ein Lehrwerk für Erwachsene und Jugendliche ab etwa 16 Jahren. Es ist für alle geeignet, die Deutsch lernen und sich schnell im **Alltag** der deutschsprachigen Länder zurechtfinden wollen. Deshalb konzentriert sich *Berliner Platz NEU* auf Themen, Situationen und sprachliche Handlungen, die im Alltag wichtig sind.

Berliner Platz NEU bietet einen einfachen, motivierenden Einstieg in das Deutschlernen. Wir haben dabei großen Wert auf das Training aller Fertigkeiten gelegt: **Hören** und **Sprechen** ebenso wie **Lesen** und **Schreiben**.

Für eine erfolgreiche Verständigung im Alltag ist eine verständliche **Aussprache** mindestens so wichtig wie Kenntnisse von Wortschatz und Grammatik. Deshalb spielt das Aussprachetraining – besonders in den ersten Kapiteln – eine große Rolle.

Berliner Platz NEU orientiert sich am Rahmencurriculum für Integrationskurse Deutsch als Zweitsprache. Der Kurs endet mit der Niveaustufe B1 des Gemeinsamen europäischen Referenzrahmens (GER).

Das Angebot

Ein Lehrwerk ist viel mehr als nur ein Buch. Zu *Berliner Platz NEU* gehören diese Materialien:

- die **Lehr- und Arbeitsbücher**
- die **Hörmaterialien** zum Lehr- und Arbeitsbuch
- die **Intensivtrainer** mit mehr Übungen zu Wortschatz und Grammatik
- die **Testhefte** zur Prüfungsvorbereitung
- die **DVD** mit motivierenden Film-Szenen zu den Themen des Lehrbuchs
- die **Lehrerhandreichungen** mit zusätzlichen Tipps für einen abwechslungsreichen Unterricht
- die Zusatzangebote für Lerner/innen und Lehrer/innen im **Internet** unter:
  www.langenscheidt.de/berliner-platz
- **Glossare**

Der Aufbau

Berliner Platz NEU ist einfach und übersichtlich strukturiert, sodass man auch ohne lange Vorbereitung damit arbeiten kann. Jede Niveaustufe (A1, A2, B1) ist in **zwölf Kapitel** aufgeteilt.

Im Lehrbuchteil hat jedes Kapitel zehn Seiten, die man nacheinander durcharbeiten kann.

- **Einführung** in das Kapitel (Seite 1 und 2)
- **Übung** der neuen Situationen und sprachlichen Elemente (Seite 3 bis 6)
- **Deutsch verstehen** dient dem Training von Lese- und Hörverstehen (Seite 7 und 8)
- **Zusammenfassung** der wichtigsten sprachlichen Elemente des Kapitels: *Im Alltag*, *Grammatik* und *Aussprache* (Seite 9 und 10).
- Auf jeder Stufe gibt es vier **Raststätten** mit
  - spielerischer **Wiederholung**
  - Aufgaben zur **DVD**
  - Aufgaben zur **Selbsteinschätzung**:
    Was kann ich schon? / Ich über mich.

Der Arbeitsbuchteil folgt dem Lehrbuchteil. Zu jeder Aufgabe im Lehrbuchteil (1, 2, 3 …) gibt es eine Übung im Arbeitsbuchteil (1, 2, 3 …):

- **Vertiefende Übungen** zum Lehrbuchangebot
- Zusätzliche Übungen zur **Aussprache**
  - *Aussprache üben* (Kapitel 1 bis 3)
  - *Schwierige Wörter*
- **Tipps zum Lernen**
- **Testtraining**

In den Abschnitten **Im Alltag EXTRA** finden Sie zu jedem Kapitel ein breites Angebot zusätzlicher Aufgaben zum deutschen Alltag.

Aufgaben und Übungen

Berliner Platz NEU bietet eine große **Vielfalt von Aufgaben- und Übungstypen**. Wir möchten Sie besonders auf die **Projekte** hinweisen. Diese Aufgaben führen aus dem Klassenraum hinaus in die deutschsprachige Welt und fordern zu vielfältigen Recherchen im Alltag auf.

Wir wünschen Ihnen viel Erfolg bei der Arbeit mit *Berliner Platz NEU* und vergessen Sie nicht den Spaß beim Lernen!

Die Autoren und der Verlag

Hallo!

Lernziele

- begrüßen und verabschieden
- vorstellen
- über Namen, Herkunft und Sprachen sprechen
- buchstabieren

Familienname:	Kowalska
Vorname:	Magdalena
Land:	Polen
Stadt:	Łódź
Sprachen:	Polnisch, Russisch

1 Die Kursliste

a Fragen Sie im Kurs.

Guten Tag. Wie heißen Sie?

Ich heiße …

Woher kommen Sie?

Ich komme aus …

⊙ 1.2 **b Hören Sie und ergänzen Sie die Kursliste.**

Dialog 1
● Guten Tag. Ich heiße Sabine Wohlfahrt.
  Wie heißen Sie?
○ Ich heiße Olga Minakova.
● Woher kommen Sie?
○ Ich komme aus Russland, aus Moskau.

Dialog 2
● Hallo, ich bin Carlos. Wie heißt du?
○ Mehmet.
● Woher kommst du, Mehmet?
○ Ich komme aus der Türkei. Aus Izmir.
  Und woher kommst du?
● Aus Valencia. Das ist in Spanien.

Deutschkurs A1	Kursleiterin: Sabine Wohlfahrt		
	Vorname	Familienname/Nachname	Land	Stadt
Herr	Carlos	Sánchez	Spanien	Valencia
Frau	Yong-Min	Kim	Korea	Seoul
Frau	Wohlfahrt	Sabine		
		Korkmaz		

c Fragen Sie im Kurs. Machen Sie eine Liste.

2 *Sie* und *du*

⊙ 1.3 **a Hören Sie und lesen Sie mit.**

Dialog 1
- ● Guten <u>Tag</u>.↘
  Mein Name ist Susanne <u>Schmitt</u>.↘
- ○ Guten Tag, Frau <u>Schmitt</u>.↘
  Ich bin Tim <u>Reuter</u>.↘

Dialog 2
- ● Petra <u>Weiß</u>.↘
- ○ <u>Kraus</u>.↘
- ● Entschuldigung,
  <u>wie</u> heißen Sie?↗
- ○ <u>Kraus</u>, Gerhard <u>Kraus</u>.↘
- ● Guten Tag, Herr <u>Kraus</u>.↘
- ○ Guten Tag, Frau <u>Weiß</u>.↘

Dialog 3
- ● Hallo, ich bin <u>Paul</u>.↘
  Wie heißt <u>du</u>?↗
- ○ Tag, <u>Paul</u>.↘
  Ich bin <u>Wiktor</u>.↘
- ● Woher <u>kommst</u> du?↗
- ○ Aus der <u>Ukraine</u>.↘

b Ergänzen Sie *du* oder *Sie*.

informell/privat

<u>Paul/Wiktor</u>

Wie heißt ___du___?

Woher kommst ___du___?

formell

<u>Herr Kraus / Frau Weiß</u>

Wie heißen ___Sie___?

Woher kommen ___Sie___?

3 Aussprache: Melodie und Akzent

⊙ 1.4–1.5 **a Hören Sie und sprechen Sie nach.**

Dialog 1
- ● Woher <u>kommst</u> du?↗
- ○ Aus <u>Hamburg</u>.↘
- ● Und wie <u>heißt</u> du?↗
- ○ <u>Peter</u>.↘ Peter <u>Bode</u>.↘

Dialog 2
- ● Wie <u>heißen</u> Sie, bitte?↗
- ○ <u>Wohl</u>fahrt.↘ Sabine <u>Wohl</u>fahrt.↘
- ● Und woher <u>kommen</u> Sie?↗
- ○ Ich komme aus <u>Berlin</u>.↘

b Üben Sie auch die Dialoge aus 2a.

4 Sich vorstellen

⊙ 1.6–1.8 **a Formell oder informell?**
Hören Sie die drei Dialoge und kreuzen Sie an.

Dialog	1	2	3
Sie (formell)	☐	☐	☐
du (informell)	☐	☐	☐

b Hören Sie noch einmal und ordnen Sie die Dialoge 1–3.

Dialog 1

- ☐ ○ Entschuldigung, wie heißt du?
- ☐ ○ Ich bin aus Russland.
- ☑2 ○ Tag, ich bin Olga.
- ☑1 ● Hallo.
- ☐ ● Yong-Min. Ich bin aus Korea, und du?
- ☐ ● Und ich heiße Yong-Min.

Dialog 2

- ☐ ○ Aus Pilsen. Und Sie?
- ☐ ○ Guten Tag, Herr Sánchez. Ich bin Adam Svoboda.
- ☐ ● Aus Valencia.
- ☐ ● Guten Tag. Mein Name ist Sánchez.
- ☐ ● Woher kommen Sie?

Dialog 3

- ☐ ○ Guten Abend, ich bin Markus Schmeling.
- ☐ ○ Schmeling, Markus Schmeling.
- ☐ ● Entschuldigung, wie ist Ihr Name?
- ☐ ● Guten Abend.
- ☐ ● Und ich bin Frau Jacob, Irene Jacob.

c Schreiben Sie die Dialoge. Spielen Sie.

5 W-Fragen und Aussagesätze
a Ergänzen Sie die Beispiele. Lesen Sie laut.

		Verb	
Aussagesätze	Mein Name	ist	Wohlfahrt.
	Ich	bin	Kasimir.
	_____	_____	_____
W-Fragen	Wie	heißt	du?
	Wie	heißen	Sie?
	Woher		

b Schreiben Sie die Sätze.

1. kommen / Sie / woher / ?
2. heiße / Mehmet / ich / Tag, / guten / .
3. Name / mein / ist / Sánchez / .
4. Olga / hallo, / ich / bin / .
5. heißen / Sie / wie / ?
6. heißt / du / wie /?
7. bitte / wie / ?
8. ich / aus Korea, / bin / du / und / ?

Woher kommen Sie?

6 Steckbriefe

a Lesen Sie die Steckbriefe. Wer spricht was? Raten Sie. Ordnen Sie die Sprachen zu.

Chinesisch • Englisch • Französisch • ~~Koreanisch~~ • Persisch • Russisch • Russisch • Spanisch • Türkisch • Ukrainisch

①
Familienname:	Kim
Vorname:	Yong-Min
Land:	Korea
Stadt:	Seoul
Sprachen:	_Koreanisch_
	_____

Mein Name ist Kim.
Mein Vorname ist Yong-Min.
Ich komme aus Korea.
Ich wohne in Seoul.
Ich spreche Koreanisch und Chinesisch.

②
Olga Minakova
Moskau, Russland

_____

_____

③
Mehmet Korkmaz
Izmir, Türkei

_____

_____

④
Carlos Sánchez
Valencia, Spanien

_____

_____

⑤
Kasimir Lasarenko
Kiew, Ukraine

_____

_____

⊙ 1.9   **b Hören Sie und kontrollieren Sie.**

7 Deutschkurs A1

⊙ 1.10   **Hören Sie und lesen Sie mit.**

● Wer ist <u>das</u>?↗
○ Das ist Mônica <u>Nu</u>nes.↘
● Woher <u>kommt</u> sie?↗
○ Sie kommt aus Porto Al<u>e</u>gre.↘
● Wo <u>liegt</u> das?↗
○ Das liegt in Bra<u>si</u>lien.↘
  Mônica spricht Portug<u>ie</u>sisch und <u>Spa</u>nisch.↘
● Und wer ist <u>das</u>?↗
○ Das ist Michael <u>Ku</u>kan.↘
  Er kommt aus Brat<u>isla</u>va.↘
● Aus der Slowa<u>kei</u>?↗
○ Genau!↘ Er spricht Slo<u>wa</u>kisch und <u>Ru</u>ssisch.↘

Das ist **Michael** Kukan.
  ↳ Er kommt aus …
Das ist **Mônica** Nunes.
  ↳ Sie kommt aus …

8 Andere vorstellen

a Verbformen – Sammeln Sie und machen Sie ein Lernplakat.

	komm-en	heiß-en	sprech-en	sein
ich	komm-e	heiß-_	sprech-_	bin
du	komm-st	heiß-t	sprich-st	bist
er/es/sie	komm-_	heiß-_	sprich-_	ist
Sie	komm-_	heiß-_	sprech-_	sind

b Schreiben Sie Ihren Steckbrief.

Familienname: _____

Vorname(n): _____

Land: _____

Stadt: _____

Sprachen: _____

c Stellen Sie Ihre Nachbarin / Ihren Nachbarn vor.

Das ist Olga Minakova.
Frau Minakova kommt aus Russland.
Sie spricht Russisch und Englisch.

Das	ist	Olga Minakova.	← **Name**
Das	ist	Mehmet Korkmaz.	
Frau Minakova	kommt	aus Russland.	← **Land**
Herr Korkmaz	kommt	aus der Türkei.	
Sie	spricht	Russisch/Englisch.	← **Sprachen**
Er	spricht	Türkisch/Persisch.	

9 Buchstabieren

a Hören Sie. Wie heißt die Frau? Kreuzen Sie an.

A Ä B C D E F G H I J K L M N O Ö P Q R S T U Ü V W X Y Z
a ä b c d e f g h i j k l m n o ö p q r s ß t u ü v w x y z

Familienname: ❐ Kowalla
                    ❐ Koala
                    ❐ Kowalska

Vorname: ❐ Maria
             ❐ Magdalena
             ❐ Lena

b Alphabet mit Rhythmus lernen – Hören Sie und sprechen Sie nach.

A Be Ce De E eF Ge Ha I Jott Ka eL eM eN O Pe Qu eR eS Te
• •   •   • • •   •   •   • •   •   •   •   • •   •   •   •   •

U Vau We iX Yp-si-lon Zet A Be Ce De E eF Ge Ha I Jott Ka ...
• • •   •   •   •   •   •   • • • •   •   •   • •   •   •

c Wie heißen die Personen? Hören Sie und ergänzen Sie die Namen.

Dialog 1
● Wie heißen Sie?
○ ...
● Entschuldigung, wie ist Ihr Name?
○ ...
● Buchstabieren Sie bitte.

○ __ __ __ __ __ __ __

    __ __ __ __ __ __ __

● Danke schön.

Dialog 2
▲ Ihr Name bitte?
△ ...
▲ Mischeroff?
△ Nein ...!
▲ Bitte buchstabieren Sie.

△ __ __ __ __ __ __ __ __

▲ ...! Danke schön.

10 Namen im Kurs
Buchstabieren Sie, die anderen raten.

11 Leute aus Deutschland

⊙ 1.14 **a Leute aus Dresden, München und Berlin stellen sich vor. Hören Sie. Wer ist wer?**

b Hören Sie noch einmal. Ordnen Sie die Informationen.

Berlin • Ulreich • Sekretärin • Keller • ~~Christoph~~ • München • ~~Petri~~ • Deutschlehrer • Sandra • Dresden • Martina • Automechanikerin

Familienname: _Petri_ _____ _____ _____

Vorname: _____ _Christoph_ _____

Wohnort: _____ _____ _____

Beruf: _____ _____ _____

Auf einen Blick

1 Begrüßen und verabschieden

Guten Morgen.

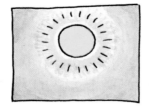
Guten Tag.

Guten Abend.

Gute Nacht.

● Guten Tag, Herr Berger.
○ Guten Tag, Frau Kraus.

● Hallo, Peter.
○ Tag, Erika.

● Auf Wiedersehen.
○ Tschüs.
▲ Gute Nacht.

2 Vorstellen

Ich heiße Susanne Eder.
Ich komme aus Köln.

Das ist Maria. Sie kommt auch aus Köln.
Und das ist Frau Minakova. Sie kommt aus
Russland, aus Moskau.

3 Über Namen, Herkunft und Sprachen sprechen

Namen	Wie ist Ihr Name / dein Name?	Mein Name ist Bond, Dolly Bond.
	Wie heißen Sie?	Ich heiße Gero Klein.
	Wie heißt du?	Ich heiße Peter, Peter Olsen.
	Hallo, ich heiße Mark, und du?	Ich bin Marie.
Land und Stadt	Woher kommen Sie?	Aus Ghana. / Ich komme aus Ghana.
	Woher kommst du?	Aus Izmir. Das liegt in der Türkei.
	Ich bin aus Ägypten, und du?	Aus dem Sudan.
	Ich wohne in Berlin, und Sie?	In Athen./ Ich wohne in Athen.
Sprache	Ich spreche Estnisch und Englisch.	Wer spricht Deutsch?
	Sie spricht Portugiesisch.	

Länder mit Artikel:

die Schweiz, die Türkei, die USA, die Ukraine,
die Niederlande, der Iran, der Sudan …

Ich komme aus der Schweiz / der Türkei /
den USA / dem Iran.

Sprachennamen haben oft die Endung -isch:

Schweden → Schwedisch
Russland → Russisch
Türkei → Türkisch

Er spricht Türkisch und Englisch.

Im Alltag
EXTRA
▶ S. 238

Grammatik

1 *Er* und *sie*

Carlos Sánchez wohnt in Valencia.
  ↳ Er kommt aus Spanien.
  ↳ Er spricht Spanisch.

Das ist Mônica Nunes.
  ↳ Sie kommt aus Porto Alegre.
  ↳ Sie spricht Portugiesisch.

2 Verbformen

ich	komm-e	heiß-e	sprech-e	bin
du	komm-st	heiß-t	sprich-st	bist
er/es/sie	komm-t	heiß-t	sprich-t	ist
Sie	komm-en	heiß-en	sprech-en	sind

3 Fragewörter

Wer?	Wer kommt aus Spanien?
Wie?	Wie heißen Sie?
Woher?	Woher kommst du?
Was?	Was sprichst du?
Wo?	Wo wohnen Sie?

4 W-Frage und Aussagesatz

		Verb	
W-Frage	Wie	heißen	Sie?
Aussagesatz	Ich	heiße	Olga Minakova.

Aussprache

1 Akzent und Satzmelodie

Den Akzent spricht man lauter:
Die Melodie fällt↘ oder steigt↗ am Satzende.

Mein Name ist **Wohl**fahrt!
Guten Tag.↘ Woher kommen Sie?↗

2 Satzmelodie – Fragen und Antworten

Sie fragen:
Wie ist Ihr Name?↗
Woher kommen Sie?↗

Sie antworten:
Maria Schmidt.↘ Ich heiße Maria Schmidt.↘
Aus der Schweiz.↘ Ich komme aus Basel.↘

Wie geht's?

● Guten Morgen, Magdalena, wie geht's?
○ Danke, gut, und dir?
● Super. Möchtest du auch Tee?
○ Nein, danke, ich nehme Kaffee und ein Wasser.

1 Guten Morgen, wie geht's?
a Zeichnen Sie.

Super!

Danke, gut.

Sehr gut, danke.

Es geht.

Nicht so gut.

Gut.

b Fragen und antworten Sie im Kurs.

1. Der ganze Kurs sagt „Sie".

> Guten Morgen, Herr Sánchez, wie geht es Ihnen?

2. Der ganze Kurs sagt „Du".

> Hallo, Carlos, wie geht's?

Lernziele

- fragen, wie es jemandem geht
- sagen, was man trinken möchte
- von 0–200 zählen
- Telefonnummer und Adresse sagen

Ⓐ

		Super!	Und Ihnen?
Guten Morgen, Frau Kowalska / Herr Sánchez	Wie geht es Ihnen?	Sehr gut.	
Guten Tag/Abend, …		Gut.	
Hallo, Magdalena/Carlos …	Wie geht's?	Es geht.	
Guten Morgen/Tag/Abend, …	(Wie geht es dir?)	Nicht so gut.	Und dir?

2 Wie geht's?

⊙ 1.15   **a Sehen Sie die Szenen A–D an. Hören Sie und ordnen Sie die Dialoge 1–4 zu.**

Dialog		1		
Szene	A	B	C	D

b Wie trinken Sie Kaffee? Wie trinken Sie Tee?

> *Ich trinke Kaffee mit viel Milch und viel Zucker.*

mit Milch   mit Zucker   mit Milch und Zucker   schwarz
mit viel Milch   mit viel Zucker   mit viel Milch und Zucker

3 Dialoge

⊙ 1.16   **a Hören und lesen Sie die Dialoge laut.**

Dialog 1
● Hallo, wie geht's?
○ Danke, gut. Und dir?
● Es geht.
○ Trinkst du Tee?
● Nein, lieber Kaffee und Wasser.

Dialog 2
● Guten Morgen, wie geht's?
○ Sehr gut, danke. Und Ihnen?
● Gut. – Kaffee?
○ Ja, gerne, mit viel Milch. Und Sie?
● Ich trinke Tee.

b Schreiben Sie Dialoge und spielen Sie die Szenen im Kurs.

Hallo / Guten Morgen / …, wie geht's? Guten Morgen / …, wie geht's Ihnen?	Danke, sehr gut. / … Und dir/Ihnen?
Trinkst/Möchtest du Kaffee/Tee …? Trinken/Möchten Sie …?	Ja, gerne. Nein, lieber Saft/Kaffee …
Nimmst du Milch/Zucker? Nehmen Sie …?	Ja, bitte. / Nein, danke. Ich nehme nur Milch/Zucker. Ich trinke Kaffee schwarz. Ich trinke Kaffee/Tee mit viel Milch/Zucker.

4 Ja/Nein-Fragen und Antworten

a Sammeln Sie an der Tafel.

Diese Verben kennen Sie: heißen • kommen • sprechen • sein • möchten • nehmen • trinken

Ja/Nein-Fragen			Antworten
(Kommen)	Sie	aus Lettland?	Ja. / Nein, (ich komme) aus Polen.
(Trinkst)	du	Kaffee?	Ja, gerne. / Nein, (ich trinke) Wasser.

⊙ 1.17–1.18

b Aussprache: Melodie Ja/Nein-Fragen – Hören Sie und sprechen Sie nach.

● Kommen Sie aus <u>Lett</u>land?↗
○ <u>Nein</u>,↘ ich komme aus <u>Po</u>len.↘

● Trinkst du <u>Kaff</u>ee?↗
○ <u>Ja</u>, gerne.↘

c Lesen Sie die Sätze an der Tafel laut.

d Schreiben Sie Fragen und lesen Sie vor.

1. Orangensaft / Sie / möchten / ?
2. die Lehrerin von Kurs A / Sie / sind / ?
3. nimmst / Milch und Zucker / du / ?
4. aus Indien / kommen / Sie auch / ?
5. Tee mit Milch / trinkst / du / ?

Möchten Sie ...?

5 In der Cafeteria

a Lesen Sie die Sätze.

⊙ 1.19 **b Hören Sie die Dialoge 1 und 2. Kreuzen Sie die richtigen Antworten an.**

Dialog 1

1. ☐ Beata und Maria sind im Deutschkurs B.

2. ☐ Sie lernen Deutsch.

3. ☐ Sie sprechen zu Hause auch Deutsch.

Dialog 2

1. ☐ Beata und Maria kommen aus Polen.

2. ☐ Carlos und Kasimir kommen aus Spanien.

3. ☐ Maria trinkt Kaffee mit Milch und Zucker.

c Hören Sie noch einmal und lesen Sie mit.

Dialog 1
Kasimir	Hallo, ist hier frei?↗
Carlos	Ja, klar.↘ Das sind Beata und Maria.↘
Kasimir	Hallo.↘ Ich heiße Kasimir.↘ Seid ihr im Deutschkurs B?↗
Maria	Nein, wir sind im Kurs C.↘
Kasimir	Und was macht ihr in Deutschland?↗
Maria	Deutsch lernen!↘ Wir sind Au-pair-Mädchen.↘
Carlos	Toll, dann sprecht ihr viel Deutsch zu Hause.↘

Dialog 2
Kasimir	Woher kommt ihr?↗
Beata	Aus Polen.↘ Wir kommen aus Warschau.↘ Und ihr?↗
Carlos	Ich komme aus Spanien, aus Valencia.↘ Und Kasimir kommt aus der Ukraine.↘
Kasimir	Ja, aus Kiew.↘ Was möchtet ihr trinken?↗ Trinkt ihr Tee?↗
Beata	Ich nehme lieber Mineralwasser.↘ Was trinkst du, Maria?↗
Maria	Kaffee natürlich.↘ Mit viel Milch und Zucker, bitte.↘

d Üben Sie den Dialog. Lesen Sie laut. Spielen Sie im Kurs.

6 Verbformen und Personalpronomen
a Markieren Sie in Dialog 1 und Dialog 2 die Verbformen.

Kasimir	Hallo, ist hier frei?

b Ergänzen Sie das Lernplakat.

	komm-en	sprech-en	möcht-en	sein
ich	komm-e	sprech-e	möcht-e	bin
du	komm-st	sprich-__	möcht-est	bist
er/es/sie	komm-t	sprich-__	möcht-e	ist
wir	_____	_____	_____	_____
ihr	_____		möcht-et	_____
sie/Sie	_____	_____	_____	_____

c Ergänzen Sie 1–10.

1. Trink_st_ du Tee?

2. Trink___ ihr Espresso?

3. Kommt _____ zwei aus Polen?

4. Beata und Maria sprech___ hier nur Deutsch.

5. Wohn___ du hier?

6. Was machst _____ in Deutschland?

7. _____ heißt Maria.

8. Wir arbeit___ als Au-pair-Mädchen.

9. Komm___ Sie aus Italien?

10. _____ Sie auch Englisch?

7 Übungen selbst machen
Machen Sie Kärtchen und sprechen Sie.

8 Null (0) bis zwölf (12)

⊙ 1.20 **a Hören Sie die Zahlen und notieren Sie.**

☐ zwei   ☐ fünf   ☐ neun   ☐☐ elf   ☐ eins   ☐ drei   ☒ null

☐ acht   ☐ sechs   ☐☐ zwölf   ☐☐ zehn   ☐ vier   ☐ sieben

b Hören Sie noch einmal und sprechen Sie mit.

⊙ 1.21 **c Handynummern – Hören Sie und notieren Sie.**

Vorwahl   Telefonnummer

Handy 1 _____ / _____

Vorwahl   Telefonnummer

Handy 2 _____ / _____

9 Telefonnummern und Adressen
a Fragen Sie und notieren Sie Telefonnummern und Adressen.

● Wo <u>wohnst</u> du?↗
○ In <u>Bremen</u>, Mar<u>ti</u>nistraße 12.↘
● Und die <u>Post</u>leitzahl?↗
○ 28195.↘
● Hast du <u>Te</u>lefon?↗
○ <u>Nein</u>, nur ein <u>Han</u>dy.↘
● Wie ist deine <u>Handy</u>nummer?↗
○ 01 70/89 51 16 21.↘

● Wie ist deine <u>Tele</u>fonnummer?↗
○ 45 89 73.↘
● Und die <u>Vor</u>wahl?↗
○ 0421.↘
● Hast du <u>E</u>-Mail?↗
○ Ja.↘
● Wie ist deine <u>E</u>-Mail-Adresse?↗
○ b.hetami@<u>web</u>.de↘

@ web.de???

et web punkt de

b Schreiben Sie die Fragen in der Sie-Form. Spielen Sie.

Haben Sie Telefon?

10 Zahlen von 13 bis 200

⊙ 1.22 **Hören Sie und ergänzen Sie die Zahlen.**

13 dreizehn

14 _____zehn

15 _____zehn

16 sechzehn

17 siebzehn

18 _____zehn

19 _____zehn

20 zwanzig

21 einund_____

22 _____und_____

23 _____undzwanzig

26 sechs_____zwanzig

27 _____

29 _____

30 dreißig

40 _____zig

50 _____

60 sech_____

70 sieb_____

80 _____

90 _____

100 (ein)hundert

101 (ein)hunderteins

200 zweihundert

> Der Kurs dauert noch zweihundertdreizehn (213) Stunden und ich bin jetzt schon müde.

132 77 100
82 54 126
28 207
211

DEUTSCH

13   21
dreizehn   einundzwanzig

11 An der Kasse

⊙ 1.23 **a Sie hören drei Dialoge. Ordnen Sie die Dialoge den Bildern zu.**

Dialog 1
○ Kaffee, Wasser … macht zwei achtzig.↘
● Entschuldigung, wie viel?↗
○ Zwei Euro und achtzig Cent.↘
● Hier, bitte.↘
○ Und 20 Cent zurück, danke.↘
● Danke, tschüs.↘

Tablett: Ⓐ Ⓑ Ⓒ

Dialog: ☐ ☐ ☐

Ⓐ

Ⓑ

Ⓒ

b Schreiben Sie Dialoge und spielen Sie.

Getränke

🥤 Kaffee/Tee	1,60	🥛 Wasser	1,20
☕ Espresso	1,20	🧴 Orangensaft	1,50
☕ Cappuccino	1,80	🍾 Bionade	1,40
🍺 Milch	0,90	🍾 Bluna/Cola	1,30

12 Telefonnummern und Uhrzeiten
⊙ 1.24   Hören Sie und ergänzen Sie die Zahlen.

Der ICE 577 von Frankfurt
nach Stuttgart fährt
um ___ Uhr ___ ___ von
Gleis ____ .

Wir sehen uns wieder um
___ ___ Uhr ___ ___ bei den
Tagesthemen.

Hallo, mein Handy ist aus. Ihr
könnt mich zu Hause anrufen:
Meine Telefonnummer ist
___ ___ ___ ___ ___ ___ ___ in
Berlin. Tschüs.

Der Bus fährt am Wochenende
um ___ ___ Uhr ___ ___ .

Sie haben die Nummer ___ ___ ___ ___ ___
gewählt. Ich bin im Moment nicht da.
Sie erreichen mich mobil unter der Nummer:
___ ___ ___ ___ / ___ ___ ___ ___ ___ .

Es ist ___ Uhr ___ ___ .
Sie hören Nachrichten.

13 Angebote im Supermarkt
⊙ 1.25   Hören Sie. Vier Anzeigen
passen zu den Ansagen.
Kreuzen Sie an.

Mineralwasser	€ 0,89	☐
Milch	€ 1,29	☐
Tomaten	€ 2,29	☐
Kaffee	€ 4,10	☐
Salami	€ 1,69	☐
Joghurt	€ 1,19	☐

14 Arbeitsanweisungen verstehen
Was passt? Schreiben Sie die Arbeitsanweisungen zu den Aufgaben.

Hören Sie. • ~~Ergänzen Sie.~~ • Hören Sie und sprechen Sie nach. • Sammeln Sie an der Tafel. •
Kreuzen Sie an. • Sehen Sie sich die Fotos an. • Markieren Sie. • Schreiben Sie.

1. _Ergänzen Sie._ _____   Ich _____ Schmidt. Anna Schmidt.

2. _____

3. _____   ☐ Kaffee   ☐ Tee   ☐ Orangensaft

4. _____

5. _____   Familienname: _____

  Vorname: _____

  Wohnort: _____

6. _____   Hamburg Kaffee Studentin

  Ja/Nein-Fragen
  (Kommen) *Sie*

7. _____

8. _____   ● Heißen Sie <u>Win</u>ter?↗
  ○ <u>Nein</u>, ich bin Bernd <u>Schuh</u>mann.↘

15 **Fragen und Bitten im Kurs. Lesen Sie laut. Üben Sie.**

Schreiben Sie das Wort bitte an die Tafel.

Ich verstehe das nicht.

Wiederholen Sie das bitte.

Können Sie mir bitte helfen? Ist das richtig?

Erklären Sie das bitte noch einmal.

Sprechen Sie bitte langsamer/lauter.

Im Alltag

1 Wie geht's? Wie geht es Ihnen?

Wie geht's?

Wie geht es Ihnen?

☺☺
Sehr gut!

☺
Danke, gut.

😐
Es geht.

☹
Nicht so gut.

2 Was möchtest du? / Was möchten Sie?

Was möchtest du / möchten Sie trinken?
Was nimmst du / nehmen Sie?
Was trinkst du / trinken Sie?

● Möchtest du Kaffee?
● Nehmen Sie Milch und Zucker?
● Was macht/kostet das?

○ Ja, gerne. / Nein, lieber Tee.
○ Ja, bitte. / Nein, danke. / Nur Milch, bitte.
○ Vier Euro fünfzig (Cent).

⚠ ein Euro achtzig (Cent)　　　**Aber:** eins achtzig

3 Telefonnummern und Adressen austauschen.

Holger Böhme

Berliner Platz 45
67059 Ludwigshafen (Rh.)
Tel.: 06 21/48 78 92
Mobil: 01 71/96 65 47
E-Mail: holgerboehme@netweb.de

Wo wohnst du / wohnen Sie?
Wie ist die Postleitzahl?
Wie ist deine/Ihre Telefonnummer?
Hast du / Haben Sie auch ein Handy?
Wie ist deine/Ihre E-Mail-Adresse?

Im Alltag
EXTRA
▶ S. 240

TIPP
Telefonbuch im Internet: www.dasoertliche.de

Grammatik

1 Personalpronomen und Konjugation (▶ S. 17)

Singular:	ich	trink-e	Ich trinke Tee.
	du	trink-st	Du trinkst Kaffee.
	er/es/sie	trink-t	Er/Peter trinkt Milch.
Plural:	wir	trink-en	Wir trinken Tee.
	ihr	trink-t	Ihr trinkt Wasser.
	sie	trink-en	Sie trinken Saft.
Formell (Sg./Pl.)	Sie	trink-en	Sie trinken Kaffee.

2 Verbformen (▶ S. 17)

Infinitiv	komm-en	heiß-en	sprech-en	nehm-en	antwort-en
Singular					
1. ich	komm-e	heiß-e	sprech-e	nehm-e	antwort-e
2. du	komm-st	heiß-t	sprich-st	nimm-st	antwort-e-st
3. er/es/sie	komm-t	heiß-t	sprich-t	nimm-t	antwort-e-t
Plural					
1. wir	komm-en	heiß-en	sprech-en	nehm-en	antwort-en
2. ihr	komm-t	heiß-t	sprech-t	nehm-t	antwort-e-t
3. sie/Sie	komm-en	heiß-en	sprech-en	nehm-en	antwort-en

Infinitiv	haben	sein	(möcht-...)
Singular			
1. ich	hab-e	bin	möcht-e
2. du	hast	bist	möcht-e-st
3. er/es/sie	hat	ist	möcht-e
Plural			
1. wir	hab-en	sind	möcht-en
2. ihr	hab-t	seid	möcht-e-t
3. sie/Sie	hab-en	sind	möcht-en

> **TIPP**
> Die meisten Verben funktionieren wie *kommen*:
> *buchstabieren*
> *fragen*
> *hören*
> *wohnen*
> *schreiben ...*

3 Verbposition – Ja/Nein-Frage und Aussagesatz (▶ S. 17)

		Position 2	
Ja/Nein-Frage	Nimmst	du	Milch und Zucker?
Aussagesatz	Ich	nehme	nur Milch.

Aussprache

Fragen und Antworten – Satzmelodie

	Die Satzmelodie steigt. ↗	Die Satzmelodie fällt. ↘
W-Frage	Woher kommen Sie? ↗	(Ich komme) aus der Schweiz. ↘
Ja/Nein-Frage	Kommen Sie aus Basel? ↗	Nein, aus Zürich. ↘
Rückfrage	Und Sie? ↗	Ich komme aus Freiburg. ↘

Was kostet das?

Lernziele

- über Preise sprechen
- Verkaufsgespräche führen
- Gegenstände beschreiben
- Kleinanzeigen verstehen
- Zahlen bis 1 Million kennen

1 Gegenstände

a Lesen Sie die Wortliste. Was kennen Sie? Ordnen Sie zu.

der Computer	der Kuli	der Herd	der Stuhl
der Drucker	der Bleistift	der Wasserkocher	der Tisch
der Fernseher	das Heft	das Bügeleisen	die Lampe
der MP3-Player	das Wörterbuch	die Kaffeemaschine	
das Handy	die Schere	die Waschmaschine	
die DVD			

⊙ 1.26 **b Hören Sie und sprechen Sie mit.**

c Was ist was? Sprechen Sie.

Nummer 16: der Computer.

2 Was kostet …?

⊙ 1.27 **a Was kostet was? Hören Sie und ergänzen Sie die Preise.**

Dialog 1
● Ich möchte die Lampe.
○ Die Lampe?
● Na, die da! Was kostet sie?

○ Nur _____ Euro.
● Das ist sehr teuer.

Dialog 2
● Schau mal, der Drucker ist ja billig. Er kostet nur

_____ Euro.
○ Der ist bestimmt kaputt.

Dialog 3
● Der Fernseher kostet 180 € und das Bügeleisen nur 8.
○ Der Fernseher ist sehr klein. 180 ist sehr viel. 110 €?
● Nein, das ist sehr wenig. Er ist fast neu.
○ 130.

● _____ €.
○ O. k.

b Preise nennen – Fragen Sie im Kurs.

Käufer/in	Verkäufer/in
Was kostet der/das/die …? Das ist sehr teuer.	Nur … Euro.
… Euro?	Aber er/es/sie ist fast neu. Das ist sehr wenig.

c Schreiben Sie Dialoge und spielen Sie.

3 Nomen und Artikel: *der/das/die*

a Sammeln Sie Nomen. Lesen Sie laut.

der	das	die
der Kaffee	das Buch	die Tasche

der Computer   das Handy   die Waschmaschine

> **TIPP** Nomen immer mit Artikel lernen.

b Üben Sie.

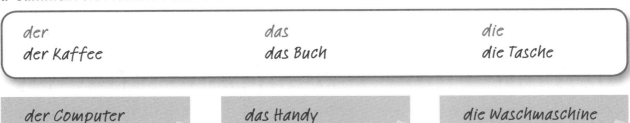

Computer   der Computer

Handy   das Handy

Was kostet der Computer?

Der Computer kostet … Euro. Was …?

Das …

4 Was kostet wie viel?

1.28   **a Hören Sie und ordnen Sie die Ziffern den Wörtern zu.**

a) 65 €   [f] dreitausendachthundert
b) 139 €   [ ] drei Millionen zweihundertfünfundsechzigtausend einhundertsiebzig
c) 289 €   [ ] einhundertneununddreißig
d) 717 €   [ ] fünfundsechzig
e) 2.312 €   [ ] siebenhundertfünfundvierzigtausend sechshundert
f) 3.800 €   [ ] siebenhundertsiebzehn
g) 745.600 €   [ ] zweihundertneunundachtzig
h) 3.265.170 €   [ ] zweitausenddreihundertundzwölf

b Sehen Sie die Bilder und Preise an. Raten Sie: Welcher Preis von a passt wo?

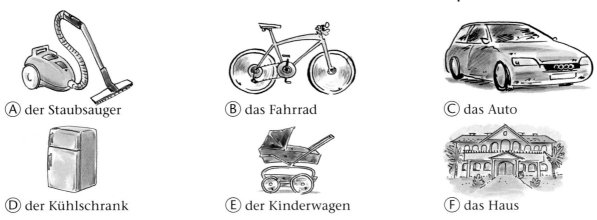

Ⓐ der Staubsauger   Ⓑ das Fahrrad   Ⓒ das Auto

Ⓓ der Kühlschrank   Ⓔ der Kinderwagen   Ⓕ das Haus

1.29   **c Sechs Dialoge – Hören und kontrollieren Sie.**

5 **Das ist** *ein/eine, kein/keine, mein/meine ...*

⊙ 1.30   **a Hören Sie – Ordnen Sie die Bilder den Dialogen zu.**

Ⓐ    Ⓑ    Ⓒ

Dialog 1	Dialog 2	Dialog 3
● Ist das ein <u>Fern</u>seher?↗	● Ist das ein <u>Han</u>dy?↗	● Ist das <u>dein</u> Handy?↗
○ <u>Nein</u>, das ist <u>kein</u> Fernseher.↘	○ Ja, <u>klar</u>.↘	○ <u>Nein</u>, das ist meine
Das ist ein <u>Mo</u>nitor.↘	● Wie viel <u>kos</u>tet es?↗	Digi<u>tal</u>kamera.↘
● Wie viel <u>kos</u>tet er?↗	○ Für Sie nur <u>25</u> Euro.↘	● Ist sie <u>gut</u>?↗
○ <u>35</u> Euro.↘		○ Ja, <u>super</u>.↘

b Was ist das? Zeichnen und raten Sie.

● Ist das ein Bleistift?
○ Nein, das ist kein Bleistift,
   das ist ein Kuli.

▲ Ist das eine Schere?
△ Nein, das ist keine …

der	ein	mein
das	ein	mein
die	eine	meine

6 *Mein/e, dein/e*

a Zeigen und sprechen Sie.

Ist das dein Bleistift?

Nein, das ist mein Kuli.

Ist das deine Schere?

Ja, das ist meine Schere.

ich	**mein/e**
du	**dein/e**

b Ergänzen Sie.

der Bleistift	ein Bleistift	m_____ Bleistift
das Handy	_____ Handy	_____ Handy
die Schere	ein___ Schere	_____ Schere

c Gegenstände beschreiben – Schreiben Sie Sätze und sprechen Sie.

der/ein/mein/dein   Kuli/Fernseher/MP3-Player …

das/ein/mein/dein   Handy/Heft/Buch …   billig/teuer   kaputt

die/eine/meine/deine   Lampe/Tasche/Waschmaschine   praktisch
                                                                              schön
                                                          neu/alt
                                                                 modern

Das ist mein Kuli. Der Kuli ist kaputt.
Das ist eine Lampe. Die Lampe ist …

7 Ein Flohmarkt im Kursraum

a Was kennen Sie auf Deutsch? Was nicht? Suchen Sie im Wörterbuch und ordnen Sie zu.

⊙ 1.31

b Dialog auf dem Flohmarkt –
Hören Sie und sprechen Sie.
- Ist das eine <u>Kaffee</u>kanne oder eine <u>Tee</u>kanne?↘
- ○ <u>Das</u> ist eine Kaffeekanne, eine <u>Ther</u>moskanne.↘
- Was <u>kos</u>tet sie?↗
- ○ Nur <u>zwei</u> Euro!↘
- Das ist aber <u>bil</u>lig!↘
- ○ Ja, ein Schnäppchen …→
- Funktio<u>niert</u> sie?↗
- ○ Na <u>klar</u>!↘

8 Artikel und Personalpronomen

a Lesen Sie die Dialoge auf Seite 31–32 noch einmal.
Markieren Sie die Personalpronomen.

b Ergänzen Sie die Personalpronomen.

1. **Der** Computer ist sehr teuer. _____ kostet fast 300 Euro.

2. **Das** Handy kostet 100 Euro. _____ ist fast neu.

3. **Die** Lampe kaufe ich. _____ ist sehr schön.

4. Ich mag **deine** Brille. _____ ist super.

5. **Dein** Kugelschreiber ist toll. Wie teuer ist _____?

6. Ist das **dein** Handy? _____ ist toll.

der	**er**
das	**es**
die	**sie**

9 Kaufen und verkaufen – ein Rollenspiel
Spielen Sie Flohmarkt.

Käufer/in	Verkäufer/in
Was/Wie viel kostet …?	(Er/Es/Sie kostet) … Euro/Cent.
So viel?	Das ist kein/e …, das ist ein/e …
Das ist sehr teuer!	Alles zusammen …
Ich zahle …	Sehr billig!
… ist bestimmt kaputt.	Für Sie nur …
Funktioniert er/es/sie/…?	Nur heute!
Gut, den/das/die nehme ich.	Er/Es/Sie funktioniert prima.

Qualität

modern
praktisch
(sehr) billig
(sehr) teuer
funktioniert (nicht)
kaputt
schön
neu
gebraucht

10 Aussprache: lange und kurze Vokale

⊙ 1.32 **a Lang ___ Hören Sie die Wörter und Sätze und sprechen Sie nach.**

lesen • die Schere • das Buch • wohnen • die Tafel • sieben • das Bügeleisen

Guten Tag!↘   Haben Sie ein Bügeleisen?↗   Haben Sie eine Schere?↗

⊙ 1.33 **b Kurz · Hören Sie die Wörter und Sätze. Sprechen Sie nach.**

das Heft • die Lampe • praktisch • billig • der Tisch • der Drucker • kaputt • kommen • kosten

Das Heft ist praktisch.↘   Der Drucker ist bestimmt kaputt.↘   Was kostet die Lampe?↗

⊙ 1.34 **c Hören Sie und sprechen Sie nach.**

● Was kostet der Papierkorb?↗   ▲ Ich möchte die Schere und das Heft.↘

○ Vier Euro.↘ – Na gut, heute drei Euro!↘   △ Gern.↘ Zusammen zwei Euro, bitte.↘

Projekt
Flohmärkte in der Region

Wo? Wann? Was?
Internetsuchwörter:
Flohmärkte Deutschland/
Schweiz/Österreich …

Billig! Billig! Billig!
Preiswert einkaufen

Von Privat an Privat

Waschmaschine, neu! Nur 250 €, Tel. 882281

Mixer und Kaffeemaschi-ne, je 10 €, bei Frei, Bühler-str. 5

Haushaltsgeräte, z. B. Was-serkocher, Bügeleisen, Kühl-schrank, billig zu verkaufen! Tel. 2 23 86

Spülmaschine, 5 Jahre alt, 90 €, Tel. 1 41 47

Kinderfahrrad und Kin-derwagen, je 30 €, Baaderstr. 12, bei Schmidt

Billige Kindersachen! Flohmarkt, Samstag, 10 Uhr, Endres-Grundschule

Staubsauger, kaputt, nur 5 €!, Tel. 36 09 61

Fernsehapparat und DVD-Recorder, zusammen nur 150 €, Tel. 1 49 87

Kinderwagen und Kinder-stuhl, zus. nur 120 €! Pinocchio, Ligsalzstr. 45

Kühlschrank und Wasch-maschine, fast neu! Selbst-abholung, Tel. 3 74 82

Fernsehapparat 50 €, **Stereoanlage** 100 €, **DVD-Recorder** 50 €, **Computer und Drucker** zus. 150 €, 0168 987234

Schöne Lampen bei Lampen-Lutz, ab 10 €!

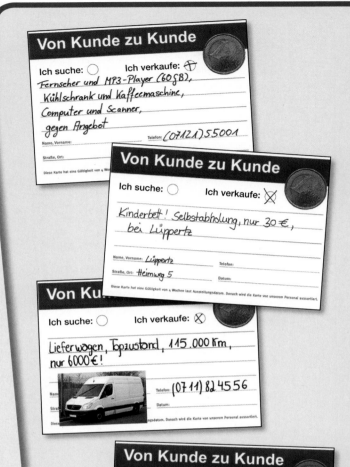

Von Kunde zu Kunde

Ich suche: ○ Ich verkaufe: ⊕

Fernseher und MP3-Player (60 GB), Kühlschrank und Kaffeemaschine, Computer und Scanner, gegen Angebot

Telefon: (07121) 55001

Name, Vorname:

Straße, Ort:

Diese Karte hat eine Gültigkeit von 4 Wo...

Von Kunde zu Kunde

Ich suche: ○ Ich verkaufe: ⊠

Kinderbett! Selbstabholung, nur 30 €, bei Lüppertz

Name, Vorname: Lüppertz   Telefon:

Straße, Ort: Heimweg 5   Datum:

Diese Karte hat eine Gültigkeit von 4 Wochen laut Ausstellungsdatum. Danach wird die Karte von unserem Personal aussortiert.

Von Ku...

Ich suche: ○ Ich verkaufe: ⊠

Lieferwagen, Topzustand, 115.000 km, nur 6000 €!

Name   Telefon: (0711) 82 45 56

Straße   Datum:

Diese ...ungsdatum. Danach wird die Karte von unserem Personal aussortiert.

Von Kunde zu Kunde

Ich suche: ○ Ich verkaufe: ⊠

Kinderwagen, neu! Billig abzugeben. Bitte nach 18 Uhr anrufen.

Name, Vorname: Telefon: (07121) 67 89 41

Straße, Ort: Datum:

Diese Karte hat z...   ...ngsdatum. Danach wird die Karte von unserem Personal aussortiert.

11 **Was möchten Sie kaufen?**

1. Sie brauchen Sachen für Ihre Kinder.
2. Ihre Waschmaschine ist kaputt.
3. Sie möchten fernsehen.
4. Sie hören gern Musik.

billige Kindersachen (Flohmarkt)

a Sammeln Sie Angebote.
b Ordnen Sie Ihre Angebote von € (sehr billig) bis €€€ (sehr teuer).

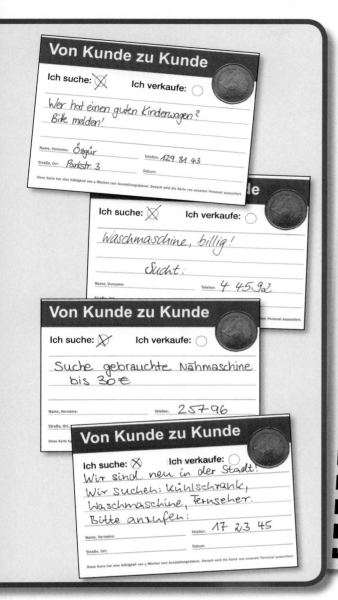

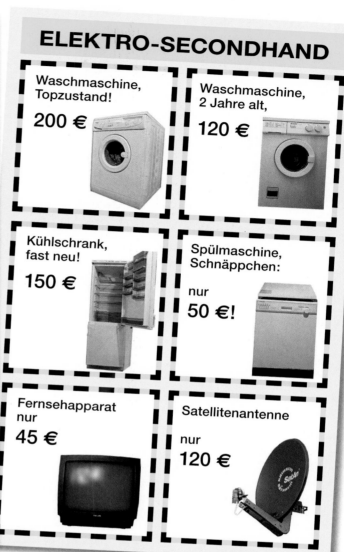

Von Kunde zu Kunde

Ich suche: ☒   Ich verkaufe: ○

Wer hat einen guten Kinderwagen?
Bitte melden!

Name, Vorname: Özgür   Telefon: 129 81 43
Straße, Ort: Parkstr. 3   Datum:

Diese Karte hat eine Gültigkeit von 4 Wochen laut Ausstellungsdatum. Danach wird die Karte von unserem Personal aussortiert.

Ich suche: ☒   Ich verkaufe: ○

Waschmaschine, billig!

Sucht:

Name, Vorname: Telefon: 4 45 92
Straße, Ort:

Von Kunde zu Kunde

Ich suche: ☒   Ich verkaufe: ○

Suche gebrauchte Nähmaschine
bis 30 €

Name, Vorname: Telefon: 25 7 96
Straße, Ort:

Von Kunde zu Kunde

Ich suche: ☒   Ich verkaufe: ○

Wir sind neu in der Stadt!
Wir suchen: Kühlschrank,
Waschmaschine, Fernseher.
Bitte anrufen: 17 23 45

Name, Vorname: Telefon: 17 23 45
Straße, Ort: Datum:

Diese Karte hat eine Gültigkeit von 4 Wochen laut Ausstellungsdatum. Danach wird die Karte von unserem Personal aussortiert.

ELEKTRO-SECONDHAND

Waschmaschine, Topzustand!
200 €

Waschmaschine, 2 Jahre alt,
120 €

Kühlschrank, fast neu!
150 €

Spülmaschine, Schnäppchen:
nur
50 €!

Fernsehapparat nur
45 €

Satellitenantenne
nur
120 €

---

12 Zwei Gespräche

⊙ 1.35   **a Hören Sie: Was suchen die Personen?**

Dialog 1 _____   Dialog 2 _____

b Hören Sie noch einmal: Was zahlt der Käufer / die Käuferin?

Dialog 1 _____   Dialog 2 _____

13 Lange Wörter verstehen

a Lesen Sie die Wörter. Welche Wörter finden Sie in den Wörtern?

der Kühlschrank • der Wasserkocher • das Wörterbuch • die Kaffeemaschine • das Kinderbett •
die Teekanne • der Papierkorb • die Satellitenantenne • der Lieferwagen

der Kühlschrank   kühl + der Schrank

b Suchen Sie noch mehr „lange Wörter" in den Anzeigen. Sammeln Sie im Kurs.

Auf einen Blick

Im Alltag

1 Was kostet ...?

● Was kostet der Fernsehapparat?   ○ 249 Euro.
● Das ist sehr teuer.   ○ Nein, er ist fast neu.

● Wie viel kostet die CD?   ○ Nur 8 Euro und 50 Cent.
● Das ist sehr teuer.   ○ Nein, das ist sehr billig.

● Ist der Staubsauger neu?   ○ Nein, er ist gebraucht. Zwei Jahre alt.
● Ist das ein Papierkorb?   ○ Nein, eine Lampe.

● Funktioniert der Drucker?   ○ Ja, er druckt gut.
● Funktioniert die Uhr?   ○ Nein, sie funktioniert nicht.
● Ist das Bügeleisen kaputt?   ○ Nein, es funktioniert.

2 Der Euro

Geldscheine und Euromünzen gibt es seit 2002. Die Länder der Eurozone finden Sie im Internet unter: „Euro", „Eurozone".

3 Die Zahlen bis eine Million

0 null	10 zehn	20 zwanzig	100 (ein)hundert
1 eins	11 elf	21 einundzwanzig	101 (ein)hunderteins
2 zwei	12 zwölf	22 zweiundzwanzig	113 (ein)hundertdreizehn
3 drei	13 dreizehn	30 dreißig	221 zweihunderteinundzwanzig
4 vier	14 vierzehn	40 vierzig	
5 fünf	15 fünfzehn	50 fünfzig	866 achthundertsechsundsechzig
6 sechs	16 sechzehn	60 sechzig	
7 sieben	17 siebzehn	70 siebzig	1.000 (ein)tausend
8 acht	18 achtzehn	80 achtzig	1.113 (ein)tausendeinhundertdreizehn
9 neun	19 neunzehn	90 neunzig	100.000 (ein)hunderttausend
			1.000.000 eine Million

Im Alltag
EXTRA
► S. 242

Grammatik

1 Artikel: unbestimmter (*ein/eine*) und bestimmter Artikel (*der/das/die*)

● Was ist das?
○ Das ist …

… ein Herd

… ein Bügeleisen

… eine Waschmaschine

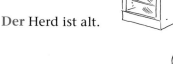

Der Herd ist alt.

Das Bügeleisen ist kaputt.

Die Waschmaschine ist neu.

2 Artikel: *der/das/die – ein/eine – kein/keine – mein/meine, dein/deine*

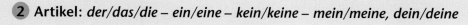

der Kuli   Das ist **ein/kein/mein/dein** Kuli.

das Heft   Das ist **ein/kein/mein/dein** Heft.

die Schere Das ist **eine/keine/meine/deine** Schere.

| TIPP | Nomen immer mit Artikel lernen. |

✂ *die Schere*
Was kostet die Schere?

3 Artikel und Personalpronomen (*er/es/sie*) (▶ S. 17, 27)

Der Kuli ist sehr schön und
↳ **er** funktioniert auch gut.
Mein Fernseher ist gut.
↳ **Er** ist fast neu.

Das Handy kostet 95 Euro.
↳ **Es** hat auch eine Kamera.
Dein Handy ist super!
↳ **Es** hat auch Internet.

Die Waschmaschine ist neu.
↳ **Sie** wäscht sehr gut.
Rolf hat **eine** Digitalkamera.
↳ **Sie** ist super.

Aussprache

Vokale: *a, e, i, o, u*

Sie hören/sprechen:	Sie lesen/schreiben:	Beispiele:
a̱ – e̱ – i̱ – o̱ – u̱	Vokal + h	ze̱hn, wo̱hnen
	Zwei Vokale	Te̱e, si̱eben
	Vokal + ein Konsonant	Ta̱g, Na̱me, hö̱ren
a̱ – e̱ – i̱ – o̱ – u̱	Vokal + mehrere Konsonanten	He̱ft, Tabe̱lle

1 Zehn Wörter und viele Sätze
Spielen Sie.

Spielregel:
- A sagt ein Wort, B notiert Sätze dazu (30 Sekunden). Pro Satz ein Punkt.
- Dann sagt B ein Wort und A notiert Sätze.

- Spielzeit: 10 Minuten.

- Die Kursleiterin / Der Kursleiter kontrolliert. Wer hat die meisten Punkte?

A	B
wer	wie
Heft	Hallo
heißen	ist
Russland	woher
Deutschlehrerin	Telefonnummer
kommen	aus
wo	sprechen
kosten	Englisch
Tee	trinken
wohnen	Kuli

Ⓐ Deutschlehrerin

Ⓑ *Wo ist die Deutschlehrerin?*
Wie heißt die Deutschlehrerin?

2 Dialoge
⊙ 1.36 **Hören Sie, ordnen Sie und lesen Sie vor.**

Dialog 1
- ● Woher kommen Sie?
- ● Guten Tag, mein Name ist Nikos Koukidis.
- ● Ich komme aus Griechenland, aus Athen.
- ○ Und ich bin Boris Bogdanow.
- ○ Ich komme aus der Ukraine, und Sie?
- ○ Und ich bin aus Kiew.

● *Guten Tag, mein ...*

Dialog 2
- ● In der Blumenstraße 34.
- ● Nur Handy. Die Nummer ist 0172 5480808.
- ● Wo wohnst du?
- ○ In der Kaiserstraße, und du?
- ○ Hast du Telefon?

● *Wo wohnst du?*

3 Bilder und Dialoge
Sehen Sie die Bilder an und schreiben Sie Dialoge.

4 Würfelspiel – Verben konjugieren
Spielen Sie.

Spielregel: – A würfelt.
– B wählt ein Verb.
– A sagt einen Satz.
– Wer hat die meisten Punkte?
– Pro Satz ein Punkt.

brauchen lesen ordnen ergänzen

heißen machen sprechen haben trinken

kosten nehmen wohnen lernen

möchten schreiben suchen hören

kaufen kommen spielen sein liegen

 ich   wir

 du   ihr

 er/es/sie   sie/Sie

5 Das Wortschatz-Bild
a Raten Sie. Wie viele Gegenstände zeigt das Bild – 28, 36 oder 44?

das Auto • das Bild • der Bleistift • die Brille • das Buch • das Bügeleisen • die CD • der Computer • die Digitalkamera • der Drucker • die DVD • das Fahrrad • der Fernseher • der Fußball • das Handy • das Heft • der Herd • die Kaffeemaschine • der Kinderwagen • der Kühlschrank • der Kuli • die Lampe • der MP3-Player • der Papierkorb • das Radio • die Schere • die Spülmaschine • der Staubsauger • der Stuhl • die Tasche • die Tasse • der Tisch • die Uhr • die Waschmaschine • der Wasserkocher • das Wörterbuch

b Nomen und Artikel – Schreiben Sie die Wörter in eine Tabelle.

der	das	die
		die Waschmaschine

Video

Teil 1

Ergänzen Sie die Sätze.

Er heißt Florian Stützel.

Er ist _____ Jahre alt.

Er kommt aus _____.

Er mag _____

und _____.

Sie heißt Jenny Stölken.

Sie kommt aus _____.

Sie hat _____ Kinder.

Er heißt Gasan.

Seine Eltern kommen

aus der _____.

Er spricht Türkisch,

_____ , _____

und _____.

Teil 2

Beantworten Sie die Fragen.

1. Was sucht die Frau?

☐ Waschmaschine

☐ Kühlschrank

☐ _____

2. Wie ist die Adresse von Frau Noll?
3. Wie viel zahlt sie?

Effektiv lernen

> **TIPP**   Regelmäßig lernen heißt: jeden Tag ein paar Minuten lernen.

Sehen Sie die Bilder an und testen Sie den Lerntipp:

Wählen Sie 30 Wörter aus Kapitel 4.

Wiederholen Sie sechs Tage je fünf Minuten.

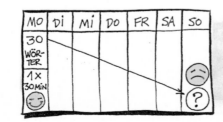 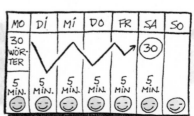

Was kann ich schon?

Machen Sie die Aufgaben 1 bis 6 und kontrollieren Sie im Kurs.

1. Name und Adresse

2. Buchstabieren

A-L-O-I-S L-E-I-N-E-B-E-R-G-E-R

3. Die Frage „Wie geht es Ihnen?" beantworten

4. Nach der Telefonnummer fragen

 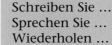

5. Preise

6. Im Unterricht

Schreiben Sie …
Sprechen Sie …
Wiederholen …

Mein Ergebnis finde ich: ☺ ☺ ☹

Ich über mich

**Lesen Sie den Text von Jana.
Stellen Sie sich vor.
Schreiben Sie.**

Mein Name ist …

Ich bin … Jahre alt.

Ich komme aus …

Ich wohne (jetzt) in …

(Adresse: Straße, Hausnummer,
 PLZ, Ort, Bundesland)

Meine Telefonnummer ist …

Ich spreche … (Sprachen)

Ich bin im Deutschkurs …

Mein/e Lehrerin …

Ich heiße Jana Romanova und komme
aus Russland, aus Petersburg.
Ich bin 26 Jahre alt. Ich wohne jetzt
in Ludwigshafen in Rheinland-Pfalz.
Meine Adresse ist: Berliner Platz 2,
67059 Ludwigshafen.
Meine Handy-Nummer ist
0161/42 89 93 20. Ich spreche Russisch
und Englisch.

Ich bin im Deutschkurs A1, in der
VHS Ludwigshafen. Meine Kursleiterin

Wie spät ist es?

morgens

Lernziele
- Uhrzeiten/Tageszeiten angeben
- über den Tagesablauf sprechen
- sich verabreden

1 Ein Tag
Sehen Sie die Bilder A–F an und ordnen Sie die Sätze zu.

1. Wir frühstücken am Morgen zusammen. Um Viertel vor acht bringe ich meine Tochter Lea zur Kinderkrippe.

2. Ich trinke Kaffee und lese 20 Minuten die Zeitung. Um halb acht gehen mein Sohn und ich zur Arbeit. Er macht gerade ein Praktikum. Meine Frau geht schon um Viertel nach sieben weg. Meine Tochter hat um acht Uhr Schule.

3. Ich arbeite zu Hause. Ich stehe um neun Uhr auf. Ab zehn Uhr sitze ich am Computer.

4. Nach dem Abendessen spielen wir Karten oder reden ein bisschen und sehen fern.

5. Abends arbeite ich oft bis halb elf. Mein Abendessen bringt der Pizza-Service.

6. Ich bin Deutschlehrerin und arbeite von 9 bis 16 Uhr. Abends spiele ich noch ein bisschen mit Lea.

abends

2 Wie spät ist es?

⊙ 1.37

a Hören Sie die Dialoge. Was ist richtig?

Dialog 1: Es ist

☐ halb acht.
☐ fünf vor acht.
☐ Viertel vor acht.

Dialog 2: Es ist

☐ Viertel nach sechs.
☐ halb sieben.
☐ Viertel nach sieben.

Dialog 3: Es ist

☐ zehn.
☐ zehn nach zehn.
☐ Viertel nach zehn.

b Fragen und antworten Sie. Raten Sie die Uhr.

A   B   C   D   E   F

Wie viel Uhr ist es?

Es ist Viertel vor zehn.

Das ist Uhr C.

3 Von morgens bis abends
a Ordnen Sie die Bilder A–F den Sätzen 1–6 zu.

1. _A_ Walter Baier steht jeden Morgen um sechs Uhr auf. Er duscht zehn Minuten.

2. ___ Er isst um Viertel vor sieben zu Abend und dann sieht er fern.

3. ___ Nach der Arbeit kauft er ein. Er ist um Viertel nach fünf zu Hause.

4. ___ Um halb acht fängt die Arbeit an. Er arbeitet jeden Tag acht Stunden.

5. ___ Von zwölf Uhr bis halb eins macht er Mittagspause.

6. ___ Er frühstückt von Viertel nach sechs bis Viertel vor sieben und liest die Zeitung.

b Und Sie? – Schreiben Sie 1–6 neu.

> 1. Ich stehe jeden Morgen um ... auf. Ich frühstücke von ...

4 Verbformen
a Notieren Sie die Verben in 3a und die Infinitive.

> steht ... auf   aufstehen

> aufstehen – auf ̶X stehen
> Sie steht ... auf.
> einkaufen – ein ̶X kaufen
> Sie kauft ein.

b Trennbare Verben – Schreiben Sie die Sätze.

1. ich / aufstehen / jeden Morgen / um sechs Uhr
2. der Unterricht / anfangen / jeden Tag / um 9 Uhr
3. nach der Arbeit / ich / immer / einkaufen
4. wann / der Supermarkt / aufmachen / ?

> Ich stehe jeden Morgen ...
> ...

5 Aussprache: Wortakzent und Rhythmus

⊙ 1.38 **Hören Sie zu und sprechen Sie nach. Markieren Sie den Wortakzent.**

1. •∘∘   aufwachen – aufstehen – einkaufen
2. ∘∘∘•   Sara wacht auf. – Sara steht auf. – Herr Weiß kauft ein.
3. •∘∘∘   Mittagspause – Kaffee trinken – Zeitung lesen
4. ∘∘•∘   Sie isst Brötchen. – Er trinkt Kaffee. – Sie liest Zeitung.

6 Tages- und Uhrzeiten

a Notieren Sie je ein Beispiel. Sammeln Sie im Kurs.

kochen

ins Kino gehen

abwaschen

die Wohnung putzen

Fußball spielen

Hausaufgaben machen

Am Morgen / Morgens ... (5 bis 9 Uhr)	Am Vormittag / Vormittags ... (9 bis 12 Uhr)	Am Mittag / Mittags ... (12 bis 14 Uhr)
Am Nachmittag / Nachmittags ... (14 bis 18 Uhr)	Am Abend / Abends ... (18 bis 22 Uhr)	In der Nacht / Nachts ... (22 bis 5 Uhr)

Morgens stehe ich auf und frühstücke.
Vormittags arbeite ich.

b Schreiben Sie die Uhrzeiten wie im Beispiel.

19:45
20:10
20:30
20:45
20:50

Alltagssprache

Viertel vor acht
_____
_____
_____
_____

7 Wann …? Wie lange …?
Fragen und antworten Sie.

MUSEUM
DI–FR 9:30–20

Metzgerei
MO–FR
7:45–18:30
SA 9.00–14.00

Deutschkurs
A1 intensiv
MO–FR
13.15–17.00

❀ **Bäckerei** ❀
MO–FR 6:15–20 Uhr
SA 9–19 Uhr

Fernsehprogramm
Mittwoch
Film
20.15 Matrix
22.45 Rambo 10

BIBLIOTHEK
MO–SA
9:45–19:15

Schwimmbad

MO–SO
09.00–21.00

MO	Montag
DI	Dienstag
MI	Mittwoch
DO	Donnerstag
FR	Freitag
SA	Samstag
SO	Sonntag

Wann beginnt …? Wann ist … zu Ende?
der Film/Deutschkurs … / das Theater	Am Montag/Dienstag …
Um … (Uhr).
Wann macht … auf/zu?
das Schwimmbad/Café/Museum / der Zoo
die Bibliothek/Bäckerei/Metzgerei	Um … (Uhr).
Von wann bis wann ist … auf?	Von … bis … (Uhr).
Wie lange dauert …?
Wie lange ist … geöffnet?	… Stunden/Minuten
… Stunden/Minuten

8 Interviews im Kurs

⊙ 1.39   **a Hören Sie das Beispiel und notieren Sie die Informationen.**

b Fragen und antworten Sie wie im Beispiel.

Wann stehst du auf?
Wann gehst du zur Arbeit / zum Kurs?
Wann machst du Pause?
Um wie viel Uhr …?	Um …
Kurz vor/nach …
Wie lange frühstückst du?
Von wann bis wann arbeitest/lernst du?
Liest du morgens die Zeitung?	Eine halbe Stunde. / Zehn Minuten.
Von … bis …
Ja, zehn Minuten. / Nein.

c Berichten Sie im Kurs.

*Mehmet steht um kurz vor
sieben auf. Er frühstückt zehn Minuten.
Er liest keine Zeitung.
Um acht Uhr …*

9 Kommst du mit …?

a Was gibt es am Donnerstag, Freitag, Samstag, Sonntag? Sammeln Sie im Kurs.

SPORT	KINO/THEATER	MUSIK	SONSTIGES
WORK OUT 35 x in Deutschland! Neu in Grünstadt! Fitness für Jung und Alt ERÖFFNUNGSFEST am Samstag BEGINN: 11 Uhr Tel. 13 03 13	**CINEMA QUADRAT** Leopoldallee 82 *M – Eine Stadt sucht einen Mörder* Spannender Krimi DO/FR – Beginn 20 Uhr Reservierung: Tel. 22 235	**JAZZ IM METRONOM**	**FUSSGÄNGERZONE** Kindertag mit vielen Aktivitäten Samstag, Beginn 11:30 Uhr
BOWLING 3. Grünstädter Turnier (für alle!) Sonntag 10–16 Uhr Sporthalle Waldstadion	**CINEMA QUADRAT** „Fußballladies" Kultfilm von R. Rosner über die Frauen-Weltmeisterschaft SA/SO: 11 Uhr	**Musik & Essen** Freitag: Tony Stone Quartett 22 Uhr, Eintritt: 10 Euro Reservierung: Tel. 80975	**FLOHMARKT** (Schillerplatz) Samstag ab 9 Uhr (Ende 13 Uhr)
FUSSBALL Sportclub Grünstadt – FC Nussloch Sonntag 18.30, Waldstadion		**ROCK IM PARK** *TokStok auf Tour* Donnerstag Beginn: 20 Uhr (Ende gegen 22 Uhr)	**GOTTESDIENST** Sonntag: Kath. Messe 8 u. 10 Uhr Ev. Gottesdienst 10 Uhr
SCHWIMMBAD Schwimmkurse für Anfänger SA + SO von 9–11 Uhr	**THEATER AM BERLINER PLATZ** „Das Sams" Für Kinder und Eltern FR–SO, Beginn 17 Uhr Eintritt: Erwachsene 10 €, Kinder 4 €	**DJ TOTO im Metronom** Indie, Reggae, Hip-Hop Freitag ab 22 Uhr	**STADTRUNDFAHRT** Mit dem Fahrrad durch Grünstadt Treffpunkt: Rathaus Samstag, 11 Uhr (Dauer ca. 2 1/2 Stunden)

⊙ 1.40 **b Sie hören drei Dialoge. Was machen die Leute? Notieren Sie die Dialognummer.**

_____ Bowling/Fußball   _____ Jazz   _____ Konzert

c Üben Sie den Dialog.

● Minakova.↘   ○ Olga?↗
● Ja.↘   ○ Hallo, Olga, hier spricht Peter.↘
● Hallo, Peter!↘   ○ Olga, am Donnerstag spielt TokStok.↘ Hast du Zeit?↗
● TokStok? Das ist ja super.↘ ○ Kommst du mit?↗
● Ja, klar.↘ Was kostet die Karte?↗ ○ Ich lade dich ein.↘ Danach gehen wir …↘

d Machen Sie Verabredungen.

Hast du morgen Mittag/Abend/… Zeit? Hast du am Freitag/Samstag/ … Zeit?	Ja, klar. / Vielleicht. / Leider nein. Am … kann ich nicht.
Kommst du morgen / am Freitag / … mit ins Kino/Schwimmbad? in den Zoo/Zirkus/Park/Biergarten? zum Bowling/Stadtfest/…?	Gerne. Nein, dazu habe ich keine Lust.
Um wie viel Uhr? Wann beginnt …? Wann ist … zu Ende?	Um … … beginnt um … Uhr. … ist um/gegen … Uhr zu Ende.

10 Das Handy

a Sehen Sie die Bilder an. Welche Bilder passen zu Text A und welche zu Text B?

LUKAS BUCHER
Informatiker

Goethestraße 13
90491 Nürnberg

A Die Arbeitswoche von Lukas Bucher

1 Von Montag bis Freitag klingelt das Handy von Lukas Bucher um zehn nach sieben. Er macht das Radio an und geht duschen.

2 Um Viertel vor acht geht er in die Bäckerei an der Ecke. Er trinkt Kaffee, isst ein Brötchen und liest die Zeitung.

3 Um Viertel nach acht kommt der Bus Nr. 54 und Lukas fährt zur Firma. Um neun Uhr beginnt sein Arbeitstag.

4 Von 13 Uhr bis 13 Uhr 30 macht er Mittagspause. Er geht in die Kantine. Dann arbeitet er bis halb sechs.

5 Um halb sieben kommt Lukas nach Hause. Er macht den Fernseher an und macht das Abendessen. Um Viertel nach zehn sieht er die Nachrichten und dann geht er ins Bett.

6 Von Montag bis Freitag ist er allein. Er sieht seine Freundin nur am Wochenende. Sie telefonieren aber jeden Abend! Immer um halb elf! Er liegt im Bett, sie telefonieren und dann träumt Lukas Bucher von Samira.

**B Gestern war alles anders.
Lukas Bucher erzählt:**

1 „Gestern hat mein Handy nicht geklingelt! Ich bin um halb acht aufgewacht. Ich bin ins Bad gegangen. Ich habe das Radio nicht angemacht. Ich habe geduscht. Das Wasser war kalt!

2 Um acht bin ich zur Bäckerei gegangen. An der Tür war ein Zettel: „Geschlossen wegen Krankheit".

3 Der Bus war auch weg! Ich habe eine halbe Stunde gewartet und bin um halb zehn zur Arbeit gekommen.

4 Ich bin nicht in die Kantine gegangen. Ich hatte keine Lust mehr. Um vier habe ich den Computer ausgemacht. Da hat der Chef angerufen. Er hatte „nur eine Frage …".

5 Das hat drei Stunden gedauert und ich bin um halb acht Uhr nach Hause gekommen.

6 Ich habe bis elf auf den Anruf von Samira gewartet. Dann habe ich sie angerufen, aber das Handy war aus. Ich bin ins Bett gegangen. Um ein Uhr bin ich eingeschlafen und habe von Handys, Chefs und Samira geträumt."

b Wo steht das: A oder B? Kreuzen Sie an.

1. ☒ B̄ Das Handy von Lukas klingelt.
2. Ā B̄ Das Handy von Lukas klingelt nicht.
3. Ā B̄ Lukas frühstückt in der Bäckerei.
4. Ā B̄ Die Bäckerei ist zu.
5. Ā B̄ Der Bus ist weg.

6. Ā B̄ Lukas geht in die Kantine.
7. Ā B̄ Lukas geht nicht in die Kantine.
8. Ā B̄ Lukas spricht mit dem Chef.
9. Ā B̄ Lukas telefoniert mit Samira.
10. Ā B̄ Samira ruft nicht an.

c Samira ruft nicht an. Was ist los? Sammeln Sie im Kurs.

11 Gestern … – Vergangenheitsformen
a An diesen Verbformen erkennen Sie die Vergangenheit.

Das ist jetzt/heute …	Das war gestern / letzte Woche …	
Das Handy klingelt.	Gestern **hat** mein Handy nicht **geklingelt**.	klingeln
Ich wache auf.	Ich **bin** erst um halb acht **aufgewacht**.	aufwachen
Ich gehe ins Bad.	Ich **bin** ins Bad **gegangen**.	gehen
Es ist acht.	Es **war** schon nach acht.	sein
Ich habe keine Lust.	Ich **hatte** keine Lust.	haben

b Markieren Sie die Vergangenheitsformen im Text B. Wie heißen die Infinitive?

Ich habe geduscht.   duschen

1 Wie spät ist es?

Es ist 8 Uhr.

Es ist 10 vor 9. ___ ___ Es ist 10 nach 8.

Es ist Viertel vor 9. ___ ___ Es ist Viertel nach 8.

Es ist 20 vor 9. ___ ___ Es ist 20 nach 8.

Es ist 5 nach halb 9. ___ ___ Es ist 5 vor halb 9.

Es ist halb 9.

Es ist …

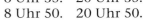

☀	☾
8 Uhr.	20 Uhr.
8 Uhr 10.	20 Uhr 10.
8 Uhr 20.	20 Uhr 20.
8 Uhr 35.	20 Uhr 35.
8 Uhr 50.	20 Uhr 50.

> Wie spät ist es?

> Es ist kurz vor halb neun.

> Wann kommst du nach Hause?

> Um acht.

2 Hast du … Zeit?

Fragen	Antworten
Hast du heute Zeit?	Ja.
Hast du heute Morgen / heute Mittag / … Zeit?	Vielleicht. Warum?
Haben Sie morgen Zeit?	Leider nein.
Haben Sie am Freitag / am Freitagabend Zeit?	Ja, Freitag passt gut.
Wann beginnt der Kurs?	Um 16 Uhr.
Wann fängt das Kino an?	Um 20 Uhr 15.
Um wie viel Uhr kommst du?	Kurz vor/nach zwei.
Wann ist das Konzert zu Ende?	Gegen elf.
Wie lange dauert das Konzert?	Zwei Stunden.

3 Tageszeiten und Wochentage

am Morgen / morgens • am Vormittag / vormittags • am Mittag / mittags •
am Nachmittag / nachmittags • am Abend / abends • in der Nacht / nachts

Montag	Dienstag	Mittwoch	Donnerstag	Freitag	Samstag	Sonntag
18.00 Schwimmen						

am Montag / am Dienstag / am Mittwoch …

Im Alltag
EXTRA
▶ S. 244

> Ich gehe am Montag schwimmen.

> Am Mittwoch habe ich Zeit.

Grammatik

1 Trennbare Verben und Satzklammer

Position 1	Position 2: Verb		Satzende	
Wann	wachst	du	auf?	auf X wachen
Ich	wache	immer um sechs	auf.	
Um Viertel nach sechs	stehe	ich	auf.	auf X stehen
Dann	mache	ich das Radio	an.	an X machen
Wann	fängt	dein Deutschkurs	an?	an X fangen
Um neun	fängt	mein Deutschkurs	an.	

Satzklammer

Diese trennbaren Verben kennen Sie schon: an X fangen, an X kreuzen, an X machen, auf X stehen, auf X wachen, mit X kommen

⚠ **Kommst** du heute **mit ins Kino**? Bei *mitkommen* steht oft noch eine Information nach dem „mit".

2 Zeitangaben im Satz

Postion 1	Position 2: Verb	
Am Montag	habe	ich keine Zeit.
Ich	habe	am Montag keine Zeit.
Um Viertel nach sechs	stehe	ich auf.
Ich	stehe	um Viertel nach sechs auf.

Aussprache

1 Trennbare Verben und Betonung

Der Wortakzent ist immer auf dem 1. Wortteil.

- • ∙ ∙ **auf**machen — ∙ ∙ ∙ ∙ ∙ ∙ ∙ ∙ • Der Supermarkt macht um acht **auf**.
- • ∙ ∙ **auf**stehen — ∙ ∙ ∙ ∙ ∙ ∙ ∙ • Ich stehe um fünf Uhr **auf**.
- • ∙ ∙ **ein**kaufen — ∙ ∙ ∙ ∙ • Herr Kakar kauft **ein**.

2 Wortakzent

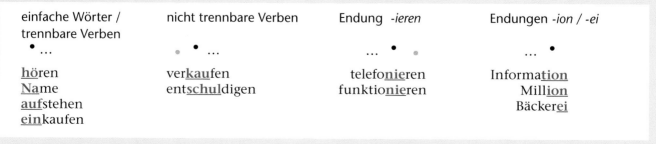

einfache Wörter / trennbare Verben	nicht trennbare Verben	Endung -ieren	Endungen -ion / -ei
• ...	∙ • ...	... • ∙	... •
h<u>ö</u>ren	ver<u>kau</u>fen	telefo<u>nie</u>ren	Inform<u>ation</u>
<u>Na</u>me	ent<u>schul</u>digen	funktio<u>nie</u>ren	Mill<u>ion</u>
<u>auf</u>stehen			Bäcker<u>ei</u>
<u>ein</u>kaufen			

Was darf's sein?

A Bäckerei

B Supermarkt

C Markt

D Metzgerei

E Getränkemarkt

1 Lebensmittel

a Sehen Sie sich die Fotos an. Ordnen Sie die Wörter.

der Apfel	das Fleisch	das Mineralwasser
die Banane	der Joghurt	der Salat
das Bier	die Kartoffel	der Schinken
das Brot	der Käse	die Tomate
das Brötchen	der Kuchen	der Zucker
die Butter	die Milch	die Wurst

Lernziele

- Einkaufsdialoge verstehen und führen
- einen Einkaufszettel schreiben
- Kochrezepte verstehen

das Obst — der Apfel, die Banane
die Getränke
die Milchprodukte
die Lebensmittel
das Gemüse
das Fleisch

b Welche Lebensmittel kennen Sie auf Deutsch? Sammeln Sie und ordnen Sie nach Farben.

weiß rot grün gelb blau braun schwarz

2 Einkaufen

a Lesen Sie die Einkaufszettel und ergänzen Sie Ihre Wörterliste aus 1.

Brot, Pizza,
1 Packung Butter
6 Eier
1 kg Fleisch
200 g Schinken
150 g Käse
100 g Wurst
1 Flasche Wein
1 Pfund Fisch

6 Äpfel, 3 Bananen
1 kg Kartoffeln, Salat
1 Pfund Tomaten, 2 Paprika
Brot, 6 Brötchen
1 Paket Nudeln
500 g Reis
1 Kasten Saft
1 Kasten Wasser

⊙ 1.41 **b Hören Sie. Wo kaufen Herr Podolski und Frau Schmidt ein? Notieren Sie.**

Herr Podolski   Frau Schmidt
Fleisch – Metzgerei   Obst – ...

c Schreiben Sie einen Einkaufszettel für diese Leute. Vergleichen Sie im Kurs.

– Lukas Bucher (Kapitel 4, Seite 48)
– eine Familie mit fünf Personen
– ein Senioren-Ehepaar

500 Gramm = ein halbes Kilo = ein Pfund	ein Liter Milch
1000 Gramm = ein Kilo	eine Flasche Bier
g = Gramm	ein Kasten Apfelsaft
kg = Kilogramm	eine Packung Butter
	ein Glas Marmelade
	eine Dose Tomaten

3 Packung – Dose – Kasten – Kilo
Wie kauft man was? Ergänzen Sie die Listen.

Äpfel • Apfelsaft • Bananen • Bier • Birnen • Brote • Brötchen • Butter • Eier • Essig • Käse •
Kartoffeln • Marmelade • Milch • Mineralwasser • Nudeln • Öl • Reis • Rindfleisch • Salami • Salz •
Schinken • Schnitzel • Steaks • Tomaten • Zitronen • Zwiebeln • Zucker • Gurken

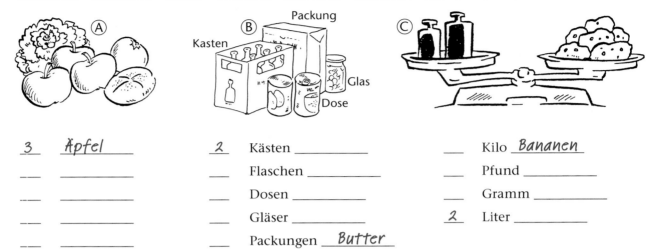

3	*Äpfel*	2	Kästen _____	___	Kilo *Bananen*
___	_____	___	Flaschen _____	___	Pfund _____
___	_____	___	Dosen _____	___	Gramm _____
___	_____	___	Gläser _____	2	Liter _____
___	_____	___	Packungen *Butter*		

4 Lebensmittel weltweit
a Welche Lebensmittel sind für Sie wichtig? Wie heißen sie auf Deutsch?

● Was ist denn das? Eine Birne?
○ Nein, eine Mango. Das heißt
auf Deutsch auch Mango.

● Was heißt „berenjena"
auf Deutsch?
○ Äh, ich glaube, Aubergine!

b Schreiben Sie Ihren Einkaufszettel für das Wochenende: Frühstück, Mittagessen, Abendessen.

5 Was mögen Sie?
a Lesen Sie die Tabelle und ergänzen Sie die Sprechblasen.

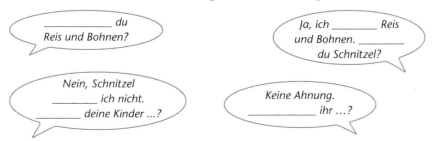

_____ du
Reis und Bohnen?

Ja, ich _____ Reis
und Bohnen. _____
du Schnitzel?

Nein, Schnitzel
_____ ich nicht.
_____ deine Kinder ...?

Keine Ahnung.
_____ ihr ...?

	mögen
ich	mag
du	magst
er/es/sie	mag
wir	mögen
ihr	mögt
sie/Sie	mögen

b Fragen Sie im Kurs.

6 Nomen im Plural

a Schreiben Sie die Pluralformen und vergleichen Sie im Kurs.

das Glas   der Verkäufer   das Steak   das Brot

das Ei   die Mango   der Saft   die Kartoffel

das Schnitzel   die Packung   die Nudel   der Apfel

das Glas – die Gläser

> **TIPP**   Nomen immer mit Artikel und Plural lernen.

b Notieren Sie zehn Nomen aus Kapitel 1 bis 4 auf Lernkarten. Arbeiten Sie mit dem Wörterbuch.

Heft² NT -(e)s, -e **a** (= *Schreibheft*) exercise book **b** (= *Zeitschrift*) magazine; (= *Comicheft*) comic; (= *Nummer*) number, issue; „**National Geographic 1998, ~ 3**" "National Geographic 1998, No 3" **c** (= *geheftetes Büchlein*) booklet

Heft *n* ⟨-s; -e⟩ (*Schreib♀*) defter; (*Büchlein*) kitapçık; *Zeitschrift* sayı; (*Lieferung*) fasikül

c Tauschen Sie die Lernkarten und trainieren Sie im Kurs.

Die Hefte.

Wie heißt der Plural von „Heft"?

d Ein Spiel – Hören Sie das Beispiel und spielen Sie im Kurs.

⊙ 1.42

Ich möchte zwei Flaschen Bier und drei Pfund Tomaten.

Ich möchte zwei Flaschen Bier, drei Pfund Tomaten und eine ...

Ich möchte zwei Flaschen Bier.

7 Aussprache: *ü* und *ö*

⊙ 1.43   **a *ü*-Laute – Hören Sie zu und sprechen Sie nach.**

üben • fünf • Gemüse • mit Gemüse • frühstücken • in München frühstücken • ein Menü kochen

Üben Sie das „Ü"!↘ • In München und Zürich?↗ • Natürlich!↘ • Fünf Minuten?↗

⊙ 1.44   **b *ö*-Laute – Hören Sie zu und sprechen Sie nach.**

schön • danke schön • möchten • Öl • mit Öl • Brötchen • zwölf Brötchen

Möchten Sie Brötchen?↗ – Ja, zwölf Brötchen, bitte.↘ • Salat mit Öl?↗ – Mit Zitrone und Öl.↘

8 Matis Laden

○ 1.45

a **Was kauft Frau Beimer?**
Hören Sie und kreuzen Sie an.

b Hören Sie noch einmal und
ordnen Sie die Preise
den Lebensmitteln zu.

c Was ist das Problem?

Sie kauft	Das kostet	Problem: Sie bekommt
☐ Butter	2 € 50 ct	☐ keine Tomaten.
☐ Eier	3 €	☐ zu viel Geld zurück.
☐ Käse	1 € 70 ct	☐ keine Mangos.
☒ Tomaten	1 € 50 ct	☐ zu wenig Geld zurück.
☐ Mangos	2 € 20 ct	

9 Einkaufsdialoge
Spielen Sie im Kurs.

Kunde/Kundin

Ich möchte …
Ich hätte gern …
Geben Sie mir bitte …
Haben Sie … da?

Ich nehme 100 Gramm …

Ja, ich brauche noch …
Nein, danke, nichts mehr.
Ja, das ist alles. / Ja, danke.
Nein, ich brauche noch …
Bitte noch …

Danke schön.
Auf Wiedersehen.

Verkäufer/Verkäuferin

Sie wünschen?
Ja, bitte?
Wer kommt dran?

Wie viel?
In Scheiben oder am Stück?

Noch etwas?
Ist das alles?

… Euro zusammen.
Und … zurück.

Danke schön.
Auf Wiedersehen.

Projekt: Öffnungszeiten in Ihrer Region
Machen Sie ein Informationsplakat.

Metzgerei (Fleischerei), Bäckerei, Supermärkte, Kaufhäuser, Kioske, Tankstellen,
Wochenmärkte, Ämter …

10 Was kochen wir?

⊙ 1.46 **a Das Menü – Hören Sie und notieren Sie das Menü.**

Das Menü
Vorspeisen
S_____
S_____

Hauptspeise
P_____

Nachtisch
O_____

⊙ 1.47 **b Die Zubereitung – Hören Sie. Was fehlt?**

11 Nomen: Akkusativ

a Markieren Sie die Verben und die Artikel im Dialog.

○ Ich (mache) den Salat und eine Soße mit Olivenöl,→ Zitronensaft und Knoblauch.↘
● Ich koche dann die Gemüsesuppe.↘ Haben wir alles?↗
○ Wir haben noch eine Tomate,→ eine Zwiebel,→ zwei Paprika und drei Kartoffeln.↘ Aber keinen Brokkoli und keine Möhre.↘
● Macht nichts!↘ Das reicht ja.↘ Ich schneide das Gemüse.↘
○ Für die Pizza nehme ich ein Pfund Mehl,→ ein Päckchen Hefe,→ etwas Öl und Wasser.↘
● Sonst nichts?↗
○ Doch!↘ Für den Belag brauche ich eine Dose Tomaten,→ sechs Scheiben Salami ...

b Sammeln Sie an der Tafel. Lesen Sie die Sätze laut.

	Maskulinum (der)	Neutrum (das)	Femininum (die)
Ich mache	den Salat		eine Soße
Ich koche			
Wir haben			
Ich schneide			
Ich brauche			
Ich nehme			

c Nominativ – Akkusativ: Was ist anders?

12 Ein Essen planen: einkaufen, kochen

a Schreiben Sie Sätze.

suchen (A) • machen (A) • haben (A) • schneiden (A) •
brauchen (A) • nehmen (A) • essen (A) • holen (A) •
kaufen (A) • finden (A) • möchten (A)

Ich mache eine Pizza.
Wir haben keine Tomaten.

b Sprechen Sie im Kurs.

Ich kaufe …   Ich schneide …   Ich koche …   Ich mache …

Kartoffel-Zucchini-Auflauf

Zutaten für 4 Personen

 750 g Kartoffeln

 400 g Zucchini

1 Zwiebel

1 Apfel

4 Eier

200 g süße Sahne

3 EL Butter

Salz, Pfeffer

Muskatnuss

Estragon

Vorbereitung

- Zwiebel schälen, schneiden und anbraten.
  Dann in eine Auflaufform füllen.

- Kartoffeln waschen, schälen, in dünne Scheiben schneiden.

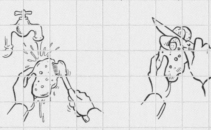

- Zucchini in dünne Scheiben schneiden.

- Apfel schälen und in Scheiben schneiden.

Zubereitung

- Die Kartoffel-, Zucchini- und Apfelscheiben
  in die Auflaufform legen.

- Den Backofen auf 200 °C vorheizen.

- Die Eier und die Sahne verrühren, mit Salz, Pfeffer
  und Muskatnuss würzen.

- Estragon in feine Streifen schneiden und
  mit der Eiersahne verrühren.

- Das Ganze gleichmäßig über die Gemüse- und Apfelscheiben gießen.

- Auflaufform mit Deckel für ca. 20 Minuten in den Backofen
  stellen (mittlere Schiene).

- Danach Deckel wegnehmen. Nach ca. 30 Minuten
  ist der Auflauf fertig.

13 Ein Kochrezept
a Vier Fotos passen zum Rezept. Welche?
b Bringen Sie die passenden Fotos
in die richtige Reihenfolge.

Reihenfolge der Fotos: ☐ ☐ ☐ ☐

14 Omas Tipps
⊙ 1.48 **Welche Tipps bekommt Felix?**
Hören Sie und kreuzen Sie an.
Richtig oder falsch?

	R	F
Für 7 Personen alle Zutaten x 2 nehmen.	☐	☐
Nina mag Zucchini.	☐	☐
Fisch oder Fleisch passen dazu.	☐	☐
Käse ist nicht so gut.	☐	☐

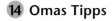 **Projekt**
Bringen Sie Rezepte mit. Finden Sie gemeinsam die deutschen Wörter. Machen Sie ein Rezeptheft im Kurs.

 | **TIPP** Suchwörter: kochen international, deutsch kochen, Chefkoch, Kochstudio

Im Alltag

1 Ich hätte gern …

Verkäufer/in

Guten Tag.
Sie wünschen?
Was hätten Sie gern?
Wer ist der Nächste, bitte? / Wer ist dran?

Darf es noch etwas sein? / Noch etwas?
Wie viel?

In Scheiben oder
am Stück?

Darf es ein bisschen mehr sein?
War's das? / Ist das alles?

Das macht 25 Euro zusammen.

Nein, nur EC-Karte.

Kunde/Kundin

Guten Tag.
Ich hätte gern … / Geben Sie mir bitte …
Haben Sie (auch) …?
Was kostet …?
Was ist heute im Angebot?

Ja, ich brauche noch … / Geben Sie mir noch …
100 g / 1 kg / 1 Glas … bitte!

In Scheiben.
Am Stück, bitte.

Ja, ist o. k. / Nein, bitte nur …
Ja, das war's. / Nein, ich brauche noch …

Nehmen Sie Kreditkarte?

Eine Tüte, bitte.

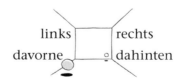

2 Wo …?

Wo finde ich …?
Wo haben Sie …?

links   rechts
davorne   dahinten

3 Was kochen wir?

Ich mache den Salat.
Ich koche die Gemüsesuppe.
Ich schneide das Gemüse.
Ich nehme ein Pfund Mehl,
    etwas Öl und Wasser.
Ich brauche noch Tomaten und Salami.

Im Alltag
EXTRA
▶ S. 246

Grammatik

1 Verbformen: *mögen, nehmen, essen, lesen* (▶ S. 27)

Infinitiv	mögen	nehmen	essen	lesen
ich	**mag**	nehm-e	ess-e	les-e
du	**mag**-st	nimm-st	iss-t	lies-t
er/es/sie	**mag**	nimm-t	iss-t	lies-t
wir	**mög**-en	nehm-en	ess-en	les-en
ihr	**mög**-t	nehm-t	ess-t	les-t
sie/Sie	**mög**-en	nehm-en	ess-en	les-en

2 Verben mit Akkusativ

Ich **nehme** einen Salat, ein Ei und eine Tomate. Ich brauche keine Zwiebeln.
Ich **mag** keinen Salat, keine Eier und keine Tomaten. Ich esse gerne Äpfel.

Verben mit Akkusativ in *Berliner Platz 1* siehe: www.langenscheidt.de/berliner-platz

TIPP Verben immer so lernen:

schneiden (A)
Ich schneide den/einen Apfel.

3 Artikel und Nomen: Akkusativformen

	Maskulinum (der)	Neutrum (das)	Femininum (die)	Plural (die)
Ich mag	den Apfel	das Brot	die Tomate	die Äpfel/Brote ...
	einen Apfel	ein Brot	eine Tomate	– Äpfel/Brote
	keinen Apfel	kein Brot	keine Tomate	keine Äpfel/Brote

TIPP Den Akkusativ einfach lernen – Maskulinum Singular *-en*.

4 Nomen: Plural

¨–/–
der Apfel – die Äpfel
der Computer – die Computer

¨-e/-e
die Wurst – die Würste

¨-er/-er
das Glas – die Gläser

-n/-en
die Tomate – die Tomaten
die Frau – die Frauen

-s
das Kilo – die Kilos
der Park – die Parks

TIPP Nomen immer mit Artikel und Plural lernen.

die Tomate, –n
Ich esse gern Tomaten

Aussprache

ü- und *ö*-Laute

[i] + 😗 → [ü] Bitte, üben Sie! Natürlich. Fünf Minuten.
[e] + 😗 → [ö] Was möchten Sie? Zehn Brötchen.

TIPP [ü] und [ö] sind Laute mit Kuss 😗.

Familienleben

Nikola Lainović, 40
Wir sind hier gerade beim Abendessen. Meine Frau ist nicht da. Sie arbeitet von 17 bis 21 Uhr. Um acht Uhr bringe ich unseren Sohn und unsere Tochter ins Bett. Sie sind vier und sieben Jahre alt. Meine Tochter ist in der Grundschule, in der zweiten Klasse. Mein Sohn ist im Kindergarten.

Lernziele

- über die Familie sprechen
- das Datum sagen und schreiben
- über Geburtstage sprechen
- über Vergangenes sprechen

Sania Kelec, 34
Am Sonntag machen wir oft Picknick. Mein Mann, ich, unsere Kinder, ihre Freunde und unsere Oma. Wir nehmen Essen und Trinken mit. Die Erwachsenen reden und die Kinder spielen. Mein Sohn ist 13. Er findet Picknick langweilig.

Lore Bertuch, 86
Wir sind eine Wohngemeinschaft. Wir sind zwischen 71 und 89 Jahre alt. Meine beste Freundin und ihr Ehemann leben auch hier. Wir sind acht Personen. Zwei Ehepaare und vier Alleinstehende. Manchmal machen wir zusammen einen Ausflug.

Regine Kant, 43

Ich bin seit drei Jahren getrennt.
Ich erziehe meinen Sohn allein.
Tobi ist sechs und geht in die
erste Klasse. Manchmal ist es schwer. Ich
arbeite von 9 bis 16 Uhr. Danach kaufe ich
ein und mache den Haushalt. Tobi macht
seine Hausaufgaben fast immer allein.
In der Klasse von Tobi sind viele Kinder von
Alleinerziehenden.

Tim Kohl, 27

Das ist der achtzigste Geburtstag von
Oma. Auf dem Bild kann man nicht alle
sehen, aber alle ihre Kinder sind da. Mein
Onkel und sein kleiner Sohn, meine Tante
und ihre Tochter, meine Eltern
und meine Geschwister. Meine
Schwester und meine Eltern sieht
man nicht auf dem Foto und
mein Bruder steht ganz links.

1 Familienfotos

⊙ 1.49 **a Lesen Sie. Hören Sie dann zu. Zu welchen Fotos passen die Hörtexte 1–4?**
b Thema „Familie" – Sammeln Sie Wörter an der Tafel.

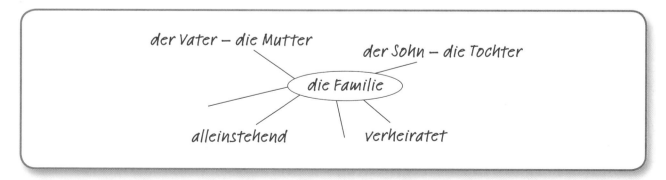

der Vater – die Mutter   *der Sohn – die Tochter*

die Familie

alleinstehend   *verheiratet*

2 Wie groß ist Ihre Familie?

⊙ 1.50

a Lesen Sie die Fragen 1–7 und hören Sie die Antworten a–g. Was passt zusammen?

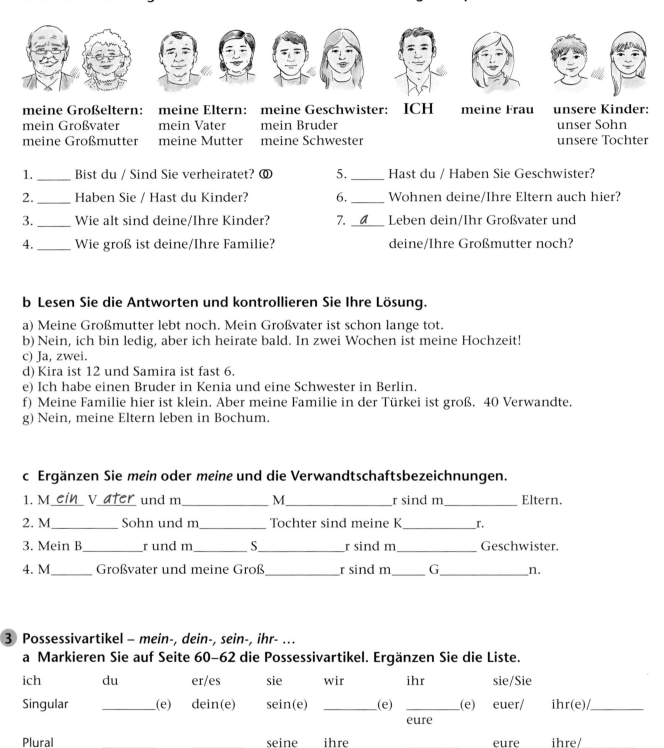

meine Großeltern:
mein Großvater
meine Großmutter

meine Eltern:
mein Vater
meine Mutter

meine Geschwister:
mein Bruder
meine Schwester

ICH

meine Frau

unsere Kinder:
unser Sohn
unsere Tochter

1. _____ Bist du / Sind Sie verheiratet? ⚭

2. _____ Haben Sie / Hast du Kinder?

3. _____ Wie alt sind deine/Ihre Kinder?

4. _____ Wie groß ist deine/Ihre Familie?

5. _____ Hast du / Haben Sie Geschwister?

6. _____ Wohnen deine/Ihre Eltern auch hier?

7. _*a*_ Leben dein/Ihr Großvater und
deine/Ihre Großmutter noch?

b Lesen Sie die Antworten und kontrollieren Sie Ihre Lösung.

a) Meine Großmutter lebt noch. Mein Großvater ist schon lange tot.
b) Nein, ich bin ledig, aber ich heirate bald. In zwei Wochen ist meine Hochzeit!
c) Ja, zwei.
d) Kira ist 12 und Samira ist fast 6.
e) Ich habe einen Bruder in Kenia und eine Schwester in Berlin.
f) Meine Familie hier ist klein. Aber meine Familie in der Türkei ist groß. 40 Verwandte.
g) Nein, meine Eltern leben in Bochum.

c Ergänzen Sie *mein* oder *meine* und die Verwandtschaftsbezeichnungen.

1. M_*ein*_ V_*ater*_ und m_____ M_____r sind m_____ Eltern.

2. M_____ Sohn und m_____ Tochter sind meine K_____r.

3. Mein B_____r und m_____ S_____r sind m_____ Geschwister.

4. M_____ Großvater und meine Groß_____r sind m_____ G_____n.

3 Possessivartikel – *mein-, dein-, sein-, ihr- ...*

a Markieren Sie auf Seite 60–62 die Possessivartikel. Ergänzen Sie die Liste.

ich	du	er/es	sie	wir	ihr	sie/Sie
Singular	_____(e)	dein(e)	sein(e)	_____(e)	_____(e) euer/ eure	ihr(e)/_____
Plural	_____	_____	seine	ihre	_____ eure	ihre/_____

⚠ Akkusativ Maskulinum Singular wie bei *ein/kein*: + *en*. Er besucht sein**en** Vater am Wochenende.

b Ersetzen Sie die markierten Wörter durch *sein/e, ihr/e, unser/e.*

1. Georg ist gut in der Schule. Er macht **die** Hausaufgaben allein.
2. Maria mag Deutsch. **Marias** Deutschlehrer ist sehr gut.
3. Wir machen die Salate und **die** Männer grillen.
4. Tim lebt in Bonn und **Tims** Vater in Berlin.
5. Sibylle studiert in Köln. **Sibylles** Eltern leben in Frankfurt.
6. Igor ist Kanadier. **Igors** Großvater kommt aus Russland.
7. Wo wohnst du und wo wohnt **der** Bruder?
8. Mein Bruder und ich besuchen **den** Vater jeden Monat ein Mal. Er lebt allein.

> *1. Er macht seine Hausaufgaben allein.*

④ Interviews im Kurs
a Schreiben Sie Ihren Familienstammbaum wie im Beispiel.

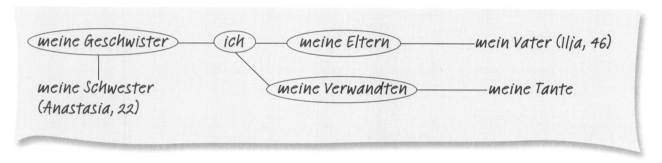

b Nehmen Sie Fragen aus Aufgabe 2. Fragen Sie im Kurs. Berichten Sie.

⑤ Aussprache: *-er(n)* und *ver-*
⊙ 1.51 **Hören Sie und sprechen Sie nach.**

meine Mut**ter** • mein Va**ter** • meine Geschwis**ter** • uns**er** Bruder • meine Elt**ern** • meine Toch**ter** •
meine Kind**er** • eu**er** Sohn • hier ist meine Schwes**ter** • meine V**er**wandten • **ver**heiratet

Das ist meine <u>Mut</u>ter und hier sind meine Ge<u>schwis</u>ter.↘   Das sind meine <u>El</u>tern.↘
Ich habe zwei <u>Brü</u>der und eine <u>Schwes</u>ter.↘   Meine <u>Kin</u>der sind ver<u>hei</u>ratet.↘

6 Geburtstage im Kurs

a Wiederholen Sie die Zahlen im Kurs.

Eins   *Zwei*

b Lesen Sie die Beispiele und die Tabelle. Markieren Sie die Endungen. 1.–19., 20., 21. … Was ist anders?

● Wann bist du geboren?
○ Am 1.2.1988.

Am ersten Zweiten neunzehnhundertachtundachtzig

● Wann hast du Geburtstag?
○ Am 24.8.

Am vierundzwanzigsten Achten.

Am ersten	Am achten	Am zwanzigsten
zweiten	neunten	einundzwanzigsten
dritten	zehnten	…
vierten	elften	dreißigsten
fünften	zwölften	einunddreißigsten
sechsten	dreizehnten	
siebten	…	

c Fragen Sie im Kurs und machen Sie eine Geburtstagsliste.

● Wann hast du Geburtstag?
○ Am 25. März.
● Im Frühling.
○ Nein, da ist in Südafrika Herbst.
● Wann bist du geboren?
○ 1982.

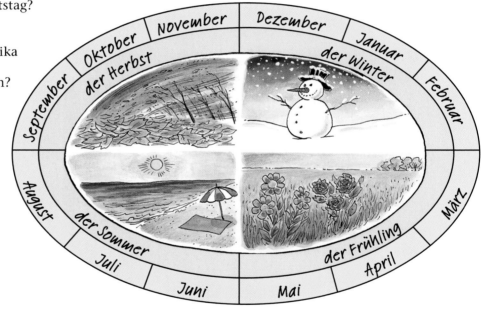

7 Bens Geburtstag

⊙ 1.52

a Anrufbeantworter (AB) – Lesen Sie die SMS und hören Sie zu. Was passt zusammen?

SMS 1 – AB ☐   SMS 2 – AB ☐   SMS 3 – AB ☐

＿ıll ⌢ 17:20 ▬	

Hi, ihr Alle!
Ich habe Geburtstag.
!30! :(:)))
Donnerstag 23.3.
Das Fest ist am 25.3.
20 Uhr – Kommt alle!
Ben

Fortsetzen   Mehr

Hi Ben!
Danke für die Einladung.
Ich kann nicht.
Bin in Frankreich. Arbeit!
Bin erst Ende April zu
Hause. Schade! Geschenk
kommt! Schönes Fest!
Sigrid

Fortsetzen   Mehr

Hi, Kati!
Ben hat Geburtstag.
Hast du ein Geschenk?
Ruf mich an.
Anne

Fortsetzen   Mehr

b Hören Sie den Anrufbeantworter noch einmal. Was ist richtig? Kreuzen Sie an.

AB 1

☐ Sigrid kommt doch.

☐ Sigrid gratuliert Ben.

AB 2

☐ Max kommt nicht.

☐ Max kommt später.

AB 3

☐ Kati hat ein Geschenk.

☐ Kati bringt Kuchen.

c Schreiben Sie SMS-Einladungen. Tauschen Sie im Kurs und schreiben Sie SMS-Antworten.

⊙ 1.53 **d Glückwünsche – Hören Sie und ordnen Sie dann 1–4 und a–d zu.**

1. Herzlichen Glückwunsch

2. Alles Gute und

3. Vielen Dank für

4. Vielen Dank für das

☐ a) Ihre Glückwünsche.

☐ b) zum Geburtstag!

☐ c) Geschenk.

☐ d) Liebe zum Geburtstag!

8 Danke sagen – Bens E-Mail

a Lesen Sie – Was sagt Ben: zum Cognac, zum Fest, zum Essen, zum Käsekuchen?

Von: BenBroder@freenex.de
An: Sigrid.Honnen@wapnet.com

Liebe Sigrid,
vielen Dank für deine Glückwünsche und dein Geschenk. Der Cognac ist super!
Mein Fest war sehr schön, aber du warst leider nicht da. Schade! Ich hatte viel Spaß.
Alle Freunde waren da und meine Eltern und Geschwister auch. Das Essen war toll.
Wir hatten viele Salate und einen super Käsekuchen
von Kati. Wir waren bis drei Uhr zusammen!

Liebe Grüße,
Ben

Cognac – super, Fest – ...

b Markieren Sie die Vergangenheitsformen von *sein* und *haben* im Text. Machen Sie eine Tabelle.

Infinitiv	sein	haben
ich	war	hatte
du	warst	hattest

c Schreiben Sie die Sätze 1–8 in der Vergangenheit.

1. Ich *habe* Geburtstag.
2. Wir *sind* zu Hause.
3. Meine Freundin *hat* keine Zeit.
4. Sie *ist* in Frankreich.
5. *Habt* ihr Musik?
6. Wir *haben* Live-Musik.
7. Das Fest *ist* schön.
8. *Seid* ihr auch da?

Ich hatte Geburtstag.

d Schreiben Sie vier Sätze im Präsens. Tauschen Sie im Kurs. Schreiben Sie die Sätze im Präteritum.

Ich habe keine Zeit.   *Ich hatte keine Zeit.*

9 Geburtstage in Deutschland

Wir glauben es nicht.
Ist es denn wahr?
Der Theo wird heute 60 Jahr'.
Er sieht noch aus wie dreißig
Und arbeitet noch fleißig.
Alles Gute und weiter viel Spaß!
Deine Familie und deine Freunde
wünschen dir das!

Kurt wird (50)
Bitte hupen!

Der Geburtstag ist in Deutschland ein wichtiger Tag. Man feiert mit der Familie und mit Freunden.

1 Für Jugendliche ist der sechzehnte und der achtzehnte Geburtstag sehr wichtig. Ab 16 darf man in bestimmte Restaurants auch allein gehen und man kann den Mopedführerschein machen. Mit 18 ist man erwachsen, darf z. B. den Autoführerschein machen, wählen und Entschuldigungen für die Schule selbst unterschreiben.

2 Erwachsene feiern besonders die runden Geburtstage 30, 40, 50 …

3 Man feiert meistens zu Hause, manchmal auch im Restaurant. Erwachsene feiern meistens am Abend. Man isst und trinkt, manchmal gibt es auch Musik zum Tanzen. Alte Leute feiern oft mit Mittagessen und Geburtstagskaffee am Nachmittag.

4 Zum Geburtstag gehört die Geburtstagstorte mit den Geburtstagskerzen. Das Geburtstagskind (Am Geburtstag ist man auch mit 80 Jahren noch „Geburtstagskind".) bläst die Kerzen aus. Das bringt Glück für das neue Lebensjahr.

5 In der Zeitung findet man oft Geburtstagsanzeigen. Die Familie oder die Freunde gratulieren mit diesen Anzeigen zu runden Geburtstagen.

6 Zum Kindergeburtstag lädt man auch Verwandte ein: Oma und Opa, Tante und Onkel … Das Kind lädt seine Freunde und Freundinnen ein. Die Gäste bringen Geschenke mit. Das Geschenk muss nicht groß sein.

7 Kindergeburtstage sind am Nachmittag. Es gibt Kaffee und Kuchen für die Erwachsenen, Kuchen und Saft für die Kinder. Die Gäste kommen um drei Uhr und um sieben oder acht Uhr ist das Fest zu Ende.

8 Oft organisieren die Eltern vom Geburtstagskind Spiele. Manchmal geht man auch zusammen weg, z. B. ins Schwimmbad, zum Eislaufen oder ins Kino.

a Sehen Sie die Bilder an. Was kennen Sie und was nicht?

b Markieren Sie mit R (richtig) oder F (falsch) oder 0 (nicht im Text).

1. ☐ Der Geburtstag ist wichtig.
2. ☐ Zum Geburtstag bekommt man Geschenke.
3. ☐ Die Geschenke sind meistens teuer.
4. ☐ Der 15. Geburtstag ist für Jugendliche sehr wichtig.
5. ☐ „Geburtstagskind" sagt man auch noch zu 40- oder 50-Jährigen.
6. ☐ Kindergeburtstage feiert man am Morgen.
7. ☐ Zum Kindergeburtstag kommen nur die Freunde.
8. ☐ Am Ende vom Kindergeburtstag gibt es Abendessen.

c Geburtstagswörter – Wie viele Kombinationen finden Sie im Text? Kennen Sie noch mehr?

das Kind
die Torte   GEBURTSTAG(S)
das Geschenk
die Kerze

die Kinder
der Kaffee
die Anzeige
der Kuchen

die Geburtstagstorte

Projekt: Geburtstag bei Ihnen.
Haben Sie Fotos? Wie feiert man bei Ihnen?

Der erste Geburtstag ist bei uns sehr wichtig.

Zum Geburtstag lädt man … ein.

Bei uns feiern viele an Neujahr Geburtstag.

Bei uns isst man … / trinkt man …

Im Alltag

1 Die Familie vorstellen

Meine Familie ist groß/klein.
Mein Sohn ist achteinhalb Jahre alt.
Meine Tochter ist zwölf.

Wir sind fünf Kinder.
Jürgen ist unser zweiter Papa.
Seine erste Frau lebt in Berlin.

Ich habe einen Bruder und zwei Schwestern.
Mein Bruder lebt in Russland.
Meine Schwester wohnt in Berlin.

Bist du verheiratet?
Nein, ich bin nicht verheiratet.
Ich bin ledig/verheiratet/getrennt/geschieden.

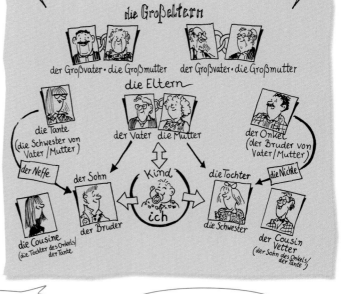

Sind Sie geschieden?

Darüber möchte ich nicht sprechen.

Das fragt man bei uns nicht.

> **TIPP**   Diese Fragen finden manche Menschen zu direkt: Wie alt sind Sie? Sind Sie verheiratet/
> geschieden …? Leben Sie allein? Haben Sie Kinder? Möchten Sie Kinder haben?

2 Datum

Wann bist du geboren?   Am 31. Oktober 1989.
Wann hast du Geburtstag?   Am 24.8. (vierundzwanzigsten Achten).
Da ist in Tansania Winter.

3 Einladungen und Glückwünsche zum Geburtstag

Einladung
Liebe Freunde!
Ich habe am Samstag, dem 31.10. Geburtstag und möchte
euch alle zu meiner Geburtstagsparty einladen.
Sie beginnt um 20 Uhr.
Bitte bringt etwas zum Essen mit: Salate, Nachtisch …
Ich freue mich auf euch

Robert

Herzlichen Glückwunsch zum Geburtstag.   Alles Gute und Liebe zum Geburtstag.
Gesundheit und viel Erfolg.

4 Danke sagen

Im Alltag
EXTRA
▶ S. 248

Vielen Dank für deine Einladung.
Vielen Dank für euer Geschenk. Es ist toll.
Danke für Ihre Geburtstagskarte. Ich habe mich sehr gefreut!

Grammatik

1 Possessivartikel: Formen

	der Bruder **das** Kind		**die** Schwester	Plural: **die** Eltern
ich	mein Bruder	mein Kind	meine Schwester	meine Eltern
du	dein	dein	deine	deine
er	sein	sein	seine	seine
es	sein	sein	seine	seine
sie/Sie	ihr/Ihr	ihr/Ihr	ihre/Ihre	ihre/Ihre
wir	unser	unser	unsere	unsere
ihr	euer	euer	eure	eure
sie/Sie	ihr/Ihr	ihr/Ihr	ihre/Ihre	ihre/Ihre

⚠	die Schwester		der Bruder
	↓		
ich	meine Schwester	du	dein Bruder

2 Possessivartikel: Nominativ – Akkusativ

Maskulinum	Neutrum	Femininum	Plural
Nominativ			
Das ist/sind … … mein Bruder.	… mein Kind.	… meine Schwester.	… meine Eltern.
Akkusativ			
Ich besuche … … meinen Bruder.	… mein Kind.	… meine Schwester.	… meine Eltern.

3 Ordinalzahlen und Datum

Am **ersten** Mai	Am **achten** Oktober	Am **zwanzigsten** April
zweiten	neunten	einundzwanzigsten
dritten	zehnten	…
vierten	elften	dreißigsten
fünften	zwölften	einunddreißigsten
sechsten	dreizehnten	
siebten	…	

4 Verben: Präteritum von *sein* und *haben*

sein	**haben**	Diese Ausdrücke signalisieren „Vergangenheit":
ich	war	hatte	gestern
du	warst	hattest	vorgestern
er/es/sie	war	hatte	letzten Montag/Mittwoch …
wir	waren	hatten	letzten Monat/März …
ihr	wart	hattet	
sie/Sie	waren	hatten	letzte Woche/Ferien

Aussprache

Sie sprechen kein „r". Sie sprechen (ein schwaches) „a".

am Wortende: -*er(n)*   Vorsilbe: *ver-*
die Eltern • der Bruder • hier • die Kinder   die Verwandten • verheiratet • verkaufen

Raststätte

1 Kopf oder Zahl

 Werfen Sie eine Münze.

 Zahl? Gehen Sie 1 Schritt weiter und lösen Sie Aufgabe A oder B.

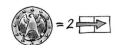 Kopf? Gehen Sie 2 Schritte weiter und lösen Sie Aufgabe A oder B.

 Richtig? Sie bleiben auf dem Feld.

 Falsch? Gehen Sie wieder zurück.

A **B**

Start

A		**B**
Buchstabieren Sie Ihren Namen.	**1**	Nennen Sie Ihre Telefonnummer.
Wie heißen die Artikel von: Liter • Glas • Dose?	**2**	Nennen Sie je ein Nomen mit der, das und die.
Antworten Sie. ● Hast du Geschwister? ○ …	**3**	Wie heißt die Frage? ● … ○ Marie ist 10 Jahre und Kevin ist bald 6.
Antworten Sie. ● Wie geht es Ihnen? ○ …	**4**	Antworten Sie. ● Sind Sie Frau Kraus? ○ …
Antworten Sie. ● Was trinkst du? ○ …	**5**	Ist der Satz richtig oder falsch: Möchten Sie Tee?
Zählen Sie rückwärts von 20 bis 10.	**6**	Nennen Sie die Preise. € 1,20 • € 8,80 • € 0,60
Nennen Sie Ihre Adresse mit Postleitzahl.	**7**	Ihre Stadt: Nennen Sie die Postleitzahl und die Vorwahl.
Wie heißt die Frage? ● … ○ Nein, meine Eltern wohnen in Stuttgart.	**8**	Antworten Sie. ● Wann bist du geboren? ○ …
Wie heißt das auf Deutsch?	**9**	Wie heißt das auf Deutsch?
Lesen Sie die Zahlen laut. 223 • 678 • 1245 • 3985	**10**	Welche Zahl fehlt in der Reihe? 2500 • 5000 • ? • 10000
Ergänzen Sie. ● Das ist … Waschmaschine. ○ Wie viel kostet … Waschmaschine?	**11**	Ergänzen Sie. ● Das ist … Wörterbuch. ○ Wie viel kostet … Wörterbuch?

Wie heißt die Frage? ● … ○ Eine Digitalkamera.	**12**	Wie heißt die Frage? ● … ○ 999 Euro.
Wie heißt das Gegenteil? neu – … , billig – …	**13**	Wie heißt das Gegenteil? Es funktioniert. – Es ist …
Nennen Sie die Uhrzeiten.	**14**	Nennen Sie die Uhrzeiten.
Wie heißt die Frage? ● … ○ Es ist Viertel vor neun.	**15**	Wann beginnt Ihr Deutschunterricht und wann ist er zu Ende?
Nennen Sie die Wochentage. MODIMIDOFRSASO	**16**	Wie heißt der Satz? Paul / aufstehen / um sechs Uhr.
Nennen Sie zwei Milchprodukte.	**17**	Nennen Sie zwei Obstsorten.
Wie kaufen Sie das? Milch – Liter • Bier – … • Käse – …	**18**	Wie kaufen Sie das? Milch – Liter • Bananen – … • Marmelade – …
Wie heißt die Pluralform? Nudel • Schnitzel • Birne	**19**	Wie heißt die Pluralform? Glas • Kartoffel • Ei
In der Bäckerei. Antworten Sie. ● Sie wünschen? ○ Ich hätte …	**20**	Gemüse kaufen. Antworten Sie. ● Ja, bitte? ○ Geben Sie …
Wie heißt die Frage? ● …? ○ Am Freitag kann ich nicht.	**21**	Wie heißt die Frage? ● …? ○ Gerne. Wann beginnt der Film?
Familie: Nennen Sie drei Verwandte.	**22**	Familie: Nennen Sie drei Verwandte.
Matis Laden. Was fragt Mati? (2 Beispiele)	**23**	Matis Laden. Was fragen Sie? (2 Beispiele)
Was essen Sie gerne? Ich mag …	**24**	Was essen Sie nicht gerne? Ich mag kein/keine/keinen …
Gratulieren Sie zum Geburtstag.	**25**	Danken Sie für das Geschenk.

Ziel

2 Wortfeld „Zeit"
Machen Sie ein Lernplakat im Kurs.

Wann stehst du auf?

Um sechs.

Von wann bis wann … ?

Wortfeld „Zeit"

Die Uhr
Es ist Viertel nach sechs.
Es ist 18 …

Viertel vor

Fragen:
Wie viel Uhr ist es?
Wann beginnt …

Vier nach …

6–9 Uhr
der/am Morgen
morgens
Guten Morgen!

9–11 Uhr
der Vormittag

11–
der M…

aufstehen, duschen

3 Zehn Verben – viele Sätze

Spielregel:
– A sagt ein Wort, B notiert Sätze dazu (30 Sekunden).
  Pro Satz ein Punkt.
– Dann sagt B ein Wort und A notiert Sätze.

– Spielzeit: 10 Minuten.

– Die Kursleiterin / Der Kursleiter kontrolliert.
  Wer hat die meisten Punkte?

A	B
aufstehen	einkaufen
aufmachen	anfangen
zumachen	essen
frühstücken	duschen
kochen	mitkommen
einladen	verkaufen
aufwachen	kaufen
besuchen	brauchen
einschlafen	zahlen
beginnen	mitbringen

A

aufstehen

B

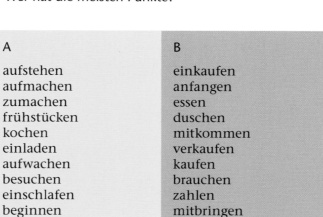

Wann stehst du auf?
Ich stehe um 8 Uhr auf.

④ Essen in Deutschland

Raten Sie und schreiben Sie die Lebensmittel und Getränke in die Statistik.

① Brot und
   Brötchen
② Fleisch
③ Obst
④ Gemüse
⑤ Kartoffeln
⑥ Reis
⑦ Zucker

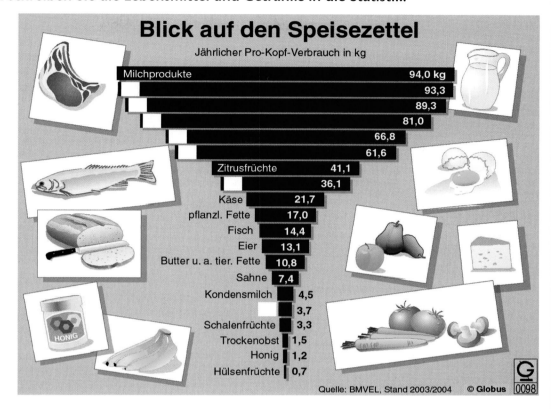

Blick auf den Speisezettel

Jährlicher Pro-Kopf-Verbrauch in kg

Milchprodukte	94,0 kg
	93,3
	89,3
	81,0
	66,8
	61,6
Zitrusfrüchte	41,1
	36,1
Käse	21,7
pflanzl. Fette	17,0
Fisch	14,4
Eier	13,1
Butter u. a. tier. Fette	10,8
Sahne	7,4
Kondensmilch	4,5
	3,7
Schalenfrüchte	3,3
Trockenobst	1,5
Honig	1,2
Hülsenfrüchte	0,7

Quelle: BMVEL, Stand 2003/2004   © Globus 0098

Effektiv lernen

Wortschatzkarten

Sehen Sie in der Wortliste nach. Schreiben Sie zehn Wortschatzkarten und üben Sie im Kurs.

Vorderseite (Deutsch)   Rückseite (Ihre Sprache)

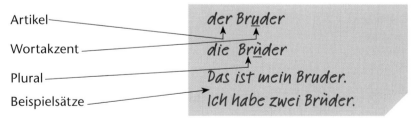

Artikel

Wortakzent

Plural

Beispielsätze

der Bruder

die Brüder

Das ist mein Bruder.

Ich habe zwei Brüder.

...

...

So können Sie mit Wortschatzkarten lernen:

1. Laut lesen.
2. Vorderseite lesen: Wie heißt das Wort in Ihrer Sprache? Und der Beispielsatz?
3. Rückseite (Ihre Sprache) lesen: Wie heißen das Wort und der Beispielsatz auf Deutsch?
4. Karten immer mitnehmen: So können Sie beim Warten lernen (beim Arzt, im Bus …)
5. Karten im Kurs tauschen.
6. Mit einer Partnerin / einem Partner lernen.

Video

Teil 1

In dem Text sind drei Fehler: Korrigieren Sie mit dem Video.

Gasan ist um halb acht Uhr aufgewacht. Er hat heiß geduscht und ist dann mit dem Bus in die Arbeit gefahren. Er arbeitet jeden Tag von 10 bis 14 Uhr.

Teil 2

a Einkaufen – Welcher Einkaufszettel passt?

3 Salat
2 Gurken
2 kg Tomaten
...

1 Salat
Zwiebeln
1 Gurke
Oliven
...

Weißbrot
3 Salat
3 Gurken
3 kg Tomaten

b Geburtstagsgeschenke

1. Ein Kollege / Eine Kollegin hat Geburtstag. Was kann man mitbringen?
2. Was bringt der Mann zum Geburtstag mit?

Was kann ich schon?

Machen Sie die Aufgaben 1–6 und kontrollieren Sie im Kurs.

1. Uhrzeit – Fragen und antworten Sie.

- Wie …?
- Es ist …

2. Machen Sie eine Verabredung.

- Hast du …?
- Ja … / Nein …

3. Lebensmittel einkaufen – Fragen und antworten Sie.

- Was … ?
- Geben Sie …

4. Was kaufen Sie? Sprechen Sie.

Steak (3)   Drei Steaks.

Ei (6) • Nudeln (500 g) • Apfel (3 kg) • Brot (2)

5. Die Familie

a) Wie nennt man die Frauen?

M…, T…, S…, G…

b) Wie nennt man die Männer?
V…, S…, B…, G…

6. Das Datum – Beantworten Sie a–c.

a) Wann hast du Geburtstag?
b) Seit wann bist du im Sprachkurs?
c) Der Wievielte ist heute?

Mein Ergebnis finde ich: ☺   ☺   ☹

Ich über mich

Stellen Sie Ihre Familie vor.

Mein Name ist …
Ich bin verheiratet / nicht verheiratet
… und/aber
… mein Mann/Freund /
… meine Frau/Freundin
Wir haben … Kinder.
Ich habe keine Kinder.
Meine Tochter heißt …
Sie ist … Jahre alt.
Mein Sohn …
Er/Sie hat am … Geburtstag …
Zum Geburtstag kommt/kommen …
Familie: die Großeltern
… die Eltern von meinem Mann /
meiner Frau
… meine/seine/ihre Schwester mit …

Ich heiße Wladimir und bin 21 Jahre alt.
Ich bin nicht verheiratet, aber ich habe
eine Freundin. Sie heißt Nadja. Ich habe
eine Schwester. Sie ist 16 Jahre alt.
Wir wohnen noch zu Hause bei unseren
Eltern.
Am Wochenende kommt oft die ganze
Familie: mein Onkel und meine Tante,
meine Großeltern … Manchmal sind wir
20 Personen.

Willkommen in Berlin

Bus 100

Lernziele
- Ortsangaben machen
- nach dem Weg fragen
- Hinweise zum Weg geben
- eine neue Arbeitsstelle antreten

U Nollendorfplatz

1 **Sie kommen in Berlin an.**
a Schauen Sie die Fotos an. Was möchten Sie machen? Was brauchen Sie? Kreuzen Sie an.

Ich möchte …

… eine Stadtrundfahrt machen. ☐
… das Regierungsviertel besichtigen. ☐
… einen Markt/Flohmarkt besuchen. ☐
… einen Kaffee trinken gehen. ☐
… einen Sprachkurs machen. ☐
… eine Wohnung finden. ☐
… ?

Ich brauche …

… einen Stadtplan. ☐
… ein Ticket (U-Bahn/S-Bahn/Bus). ☐
… ein Hotel. ☐
… ein Hostel / eine Jugendherberge. ☐
… ein Fahrrad. ☐
… einen Regenschirm. ☐

b Machen Sie eine Hitliste und vergleichen Sie im Kurs.

Ein Stadtplan ist sehr wichtig.

Ich brauche kein Fahrrad. Ich fahre mit der U-Bahn.

www.berlinonbike.de

VHS Tempelhof-Schöneberg

Hauptbahnhof

www.winterfeldt-platz.de

Hackesche Höfe

Reichstagsgebäude

2 Berlin kennenlernen

⊙ 2.2–5 **a Hören Sie die Dialoge 1–4. Welche Fotos passen?**

Dialog 1   Dialog 2   Dialog 3   Dialog 4

Foto _____   Foto _____   Foto _____   Foto _____

b Hören Sie die Dialoge noch einmal und kreuzen Sie an: richtig oder falsch?

R F

Dialog 1 a) Das Reichstagsgebäude ist in der Nähe vom Hauptbahnhof.
           b) Die Frau und der Mann gehen zu Fuß zum Hostel.

Dialog 2 a) Der Mann geht zur Touristeninformation.
           b) Der Bus 100 macht eine Stadtrundfahrt.

Dialog 3 a) Der Winterfeldtplatz ist in der Nähe vom Zoo.
           b) Die VHS (Volkshochschule) ist in der Nähe vom Winterfeldtplatz.

Dialog 4 a) Die Frau kennt Berlin nicht sehr gut.
           b) Sie fährt jeden Tag mit dem Fahrrad.

3 Wo ist bitte …? Wie komme ich …? Ich suche …

⊙ 2.6   **a Lesen Sie den Dialog und markieren Sie die Orte im Stadtplan. Hören Sie den Dialog.**

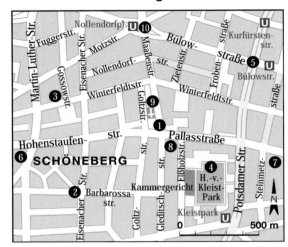

① Winterfeldtplatz

② Volkshochschule (VHS)

③ Seniorenwohnheim

④ Park (Heinrich-von-Kleist-Park)

⑤ Bank

⑥ Schule

⑦ Grundschule

⑧ AOK

⑨ Kirche

⑩ Nollendorfplatz

● Entschuldigung, wo ist bitte der Kleist-Park?
○ Das ist ganz einfach. Wir sind hier in der Winterfeldtstraße. Gehen Sie hier rechts in die Goltzstraße und dann immer geradeaus. Links sehen Sie eine Kirche, die St. Matthias-Kirche. Gehen Sie da links in die Pallasstraße bis zur AOK. Nach der AOK gehen Sie dann rechts in die Elßholzstraße. Da sehen Sie gleich vor dem Kammergericht links den Eingang zum Park.
● Also: in die Goltzstraße – dann geradeaus – Kirche – dann links – nach der AOK rechts – Park links.
○ Ja, es ist ganz einfach.
● Vielen Dank!

> Gehen Sie …
> rechts →
> links ←
> geradeaus ↑
> ungefähr … Meter

b Beschreiben Sie den Weg.

Standort:	Schule	Seniorenwohnheim	Park	Nollendorfplatz
Ziel:	VHS	Bank	Winterfeldtplatz	Grundschule

4 Auskunft geben – Imperativ

a Lesen Sie die Sätze und markieren Sie die Verben und Pronomen in den Antworten.

Fragen
● Wo ist der Markt?
● Hält der Bus am Rathaus?
● Wie komme ich nach Schöneberg?
● Ich möchte zum Fernsehturm.

Antworten
○ Gehen Sie hier immer geradeaus.
○ Fragen Sie bitte den Fahrer.
○ Nimm am besten die U-Bahn.
○ Ganz einfach, steig am Alexanderplatz aus.

b Schreiben Sie die Imperativ-Formen in die Tabelle.

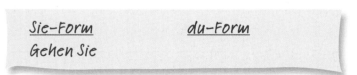

Sie-Form   du-Form
Gehen Sie

> Sie-Form: Sie gehen
>   ⤬
>   Gehen Sie …
> Du-Form: ~~Du nimmst~~
>   Nimm …

c Sie-Form/Du-Form – Schreiben Sie.

ein Ticket kaufen • zu Fuß gehen • ein Taxi nehmen • am Markt aussteigen • in die U6 umsteigen

5 Präpositionen mit Dativ

⊙ 2.7 **a Hören Sie den Dialog und markieren Sie die Präpositionen und Artikel.**

● Wie lange brauche ich zum Bahnhof?↗
○ Mit dem Bus oder mit der U-Bahn?↘
● Egal! Mein Zug fährt um 14 Uhr 30.↘
○ Mit dem Bus brauchen Sie 25 Minuten.↘
● Was?↗ Dann fahre ich lieber mit dem Taxi.↘
○ Ja, mit den Taschen ist ein Taxi besser!↘
  Die Taxis stehen in der Rosenstraße.↘
  Hier links und an der Apotheke rechts.↘
● Danke.↘

b Ergänzen Sie die Artikel und vergleichen Sie im Kurs.

Nominativ	der Bus	das Taxi	die Straßenbahn	die Taschen (Pl.)
Dativ (mit)	mit d_____	mit d_____	mit d_____	mit d_____
	mit ein_____	mit ein_____	mit ein_____	mit Taschen

⊙ 2.8 **c Hören Sie und ergänzen Sie die Präpositionen und Artikel.**

● Entschuldigung, wo ist bitte das Café Caro?
○ Das ist _in_ _der_ Weststraße. Fahr am besten mit der

  U 4 _____ Schöneberg.

▲ Nein, das ist nicht _____ _____ Weststraße! Das ist

  _____ Rosenplatz, ganz hier _____ _____ Nähe.

○ Stimmt, am besten gehst du _____ _____ Kreuzung rechts

  bis _____ Apotheke und dann _____ _____ Ampel links.

  Dann siehst du das Café.

● Ich muss vorher noch _zu_ _e_____ Bank oder Sparkasse.

○ Kein Problem, eine Sparkasse ist hier _____ Bahnhof oder

  davorne _____ _____ Bushaltestelle.

Wo? in/an/auf + Dativ

in der / im (in dem)
an der / am (an dem)
auf der / auf dem

Wohin? zu/nach + Dativ

(bis) **zur** (zu der)
(bis) **zum** (zu dem)

nach + Stadt/Stadtteil

d Ergänzen Sie die Dativ-Formen.

1. Meike und Leo fahren täglich mit d_____ S-Bahn z_____ Universität.

2. Kommst du mit z_____ Konzert? Die Gruppe „Wir sind Helden" spielt i_____ Alarm-Theater.

3. Am Wochenende fahre ich oft zu e_____ Freundin nach Berlin.

4. ● Fährst du mit d_____ Straßenbahn oder mit d_____ Fahrrad z_____ Schule?
   ○ Ich gehe zu Fuß!

5. Meine Lehrerin fährt mit e_____ VW-Käfer z_____ Arbeit.

6. Ich steige hier an d_____ Haltestelle aus. Dann ist es nicht mehr weit bis z_____ Kino.

6 Wo ist was in Ihrer Stadt?

Lesen Sie die Fragen und Antworten. Fragen Sie im Kurs.

Wo ist ein Wochenmarkt?
    das Rathaus?
    die Polizei?

Wie komme ich ...   nach/zum/zur ...?
Welche U-Bahn fährt ...
Welche Straßenbahn ...
Welcher Bus fährt ...

Wie viele Stationen/Haltestellen sind es bis ...?

Wie weit ist das zu Fuß?

Im   Zentrum.
In der   ...straße.
Am   ...platz.

Die Linie 5 fährt ins Zentrum.
Nehmen Sie / Nimm die Linie ... bis ...
Fragen Sie dann noch einmal.

Fünf oder sechs.

20 Minuten. / Zwei Kilometer.

*Das weiß ich leider nicht.
Ich bin nicht von hier.*

7 Frau Lipinskas neue Firma

⊙ 2.9–13   **Hören Sie. Nummerieren Sie die Bilder nach den Dialogen.**

Maria Lipinska, 26 Jahre

A ☐ bei der Bank/Sparkasse

B ☐ die Monatskarte

C ☐ in der Kantine

D ☑ bei der Anmeldung

E ☐ Termin im Personalbüro

8 **Wörter, Ausdrücke und Situationen**

a Hören Sie die Dialoge noch einmal. Ordnen Sie zu. Es gibt mehrere Möglichkeiten.

A Bank
ein Konto eröffnen

B Straßenbahn/Bus
Von wo bis wo ...?

E Personalbüro
Füllen Sie bitte ... aus.

Adresse	Das ist …	~~Von wo bis wo …?~~
Kasse	Ich brauche ein/e …	Was ist …?
Girokonto	Im zweiten Stock rechts.	Wo kann ich …?
Personalbogen	Hast du schon …?	Wo ist …?
Gehalt	Mein Name ist …	Welcher Tarifbereich?
Formular	Wo finde ich …?	Wo arbeiten Sie?
Monatskarte	Ist das so richtig?	Ich wohne in der …straße.
Passnummer	~~ein Konto eröffnen~~	~~Füllen Sie bitte … aus.~~

b Hören Sie noch einmal und ergänzen Sie Ihre Notizen.

9 **Aussprache: die Konsonanten *p, t, k* und *b, d, g***

⊙ 2.14 **a** Hören Sie und sprechen Sie nach.

1. Sie sprechen weich:
das Gehalt • gleich gegenüber • bitte • buchstabieren • Fragen Sie bitte dort im Büro. • Danke.

2. Sie sprechen hart:
das Konto • täglich geöffnet • das Ticket • und • Das tut mir leid. • ab Montag
Habt ihr ein Konto bei der Bank? • Na klar!

⊙ 2.15 **b** Hören Sie die Wortpaare und sprechen Sie nach.

er liegt – liegen • ab – aber • täglich – die Tage • das Fahrrad – die Fahrräder

10 **Informationen vor Ort**
Wählen Sie eine Situation. Schreiben und spielen Sie Dialoge.

1. Sie möchten die Öffnungszeiten
vom Ausländeramt wissen.
2. Sie sind am Bahnhof und
möchten nach Berlin fahren.
3. Sie möchten eine Monatskarte.
4. Sie sind in der Kantine.
Ihr Kollege stellt Sie einer
anderen Kollegin vor.
5. Sie sind im Sprachkurs und
müssen danach zum Rathaus.
6. Sie suchen einen Geld-
automaten.

 Projekt „Unsere Stadt"
Verteilen Sie Suchaufträge.
Sammeln Sie Informationen und hängen Sie sie im Kursraum auf.

Öffnungszeiten von Ämtern und Sparkassen, Standorte von Geldautomaten, Preise von Straßen-
bahnen und Bussen, Fahrpläne, Verkehrsverbindungen in andere Städte …

11 Annes Tipps

a Lesen Sie den Text und notieren Sie die Tipps.

Einkaufen   Essen/Trinken   Sehenswürdigkeiten   Ausflüge/Natur

---

VON: anne.koeker@sbz.com
AN: k.neidmann@deb.de

Liebe Karin,
hier meine Tipps: Am besten beginnst du mit einem Blick über Berlin! Vom Fernsehturm hat man einen fantastischen Blick! Er ist 368 Meter hoch!
Und dann eine Stadtrundfahrt: Das ist immer gut am Anfang. Es gibt viele Möglichkeiten: mit dem Bus 100, mit dem Schiff auf der Spree, mit dem Fahrrad oder mit der Fahrrad-Rikscha. Das ist am bequemsten, aber auch am teuersten!
Shopping: Am berühmtesten und ältesten ist das Kaufhaus KaDeWe. Da kannst du einkaufen und besser essen als zu Hause! Kaufhäuser gibt es auch am Potsdamer Platz. Viele kleine Geschäfte, Restaurants und Cafés findest du im Nikolaiviertel oder am Winterfeldtplatz.
Bei Regen: Es gibt in Berlin mehr Museen als in jeder anderen deutschen Stadt. Die meisten findest du auf der Museumsinsel. Das Mauermuseum in der Kochstraße (Geschichte der Berliner Mauer) ist auch sehr interessant. Was ist für dich am interessantesten? Schau am besten ins Internet: www.museen-berlin.de
Gehst du abends gern in die Disco oder lieber ins Kino? Das Kulturprogramm findest du in den Stadtmagazinen zitty oder tip. Die bekommst du auch am Bahnhof in Köln!
Ich möchte am liebsten mitkommen. Schreib mir eine Postkarte!
Liebe Grüße
Anne

---

hallo anne,
bin 4 tage in berlin -
mitte mai - brauche
tipps -
sehenswürdigkeiten,
kultur, shopping,
essen, kaffee und
kuchen
danke, lg karin

---

b Lesen Sie die Anzeigen und ergänzen Sie Annes Tipps.

Deutsches Technikmuseum

Museum für Verkehr und Technik: Kulturgeschichte der Verkehrs-, Kommunikations-, Produktions- und Energietechnik auf über 25.000 Quadratmetern.

Spektakuläre Luftfahrt- und Lokomotivenausstellung!

Deutsches Currywurst Museum

Deutsches Currywurst Museum
Berlin

Touristen wollen nicht nur fremde Länder und Städte, sondern auch fremde Sitten und hier vor allem auch die „Ess-Sitten" kennenlernen.

Alte und neue Freunde aus aller Welt erleben hier das kulinarische Wahrzeichen Berlins.

www.currywurstmuseum.de

berlin-rikscha-tours.de

Die Kindl-Bühne ist eine Open-Air-Bühne. Im Sommer finden dort Konzerte und Festivals statt.

Kindl-Bühne
An der Wuhlheide 187
12459 Berlin
Tel. : +49 (0)30 - 85 75 810
Fax : +49 (0)30 - 85 75 81 22
info@wuhlheide.de

Cinemaxx Potsdamer Platz
Potsdamer Str. 5
10785 Berlin-Tiergarten
Tel.: 030/25922111
Eintritt: 7,50 EUR, ermäßigt: 5 EUR

Strandbar Mitte
Monbijoustr. 3
www.strandbar-mitte.de

Haus am Checkpoint Charlie

Das Mauermuseum erzählt die Geschichte der Berliner Mauer 1961–1989. www.mauermuseum.de

Das Grips-Theater ist das bekannteste Kinder- und Jugendtheater Deutschlands. www.grips-theater.de

Bergmannstraße in Kreuzberg

Im Sommer wirkt die Bergmannstraße fast italienisch. Die Leute sitzen im Freien und trinken Kaffee in einem der vielen Straßencafés.

Flohmarkt am Mauerpark

Direkt neben dem Mauerpark ist ein Flohmarkt mit wenigen „Profi-Händlern". In den Cafés oder Bars kann man einen Kaffee trinken und Eis essen.
Flohmarkt am Mauerpark
Bernauer Straße 63-64
13355 Berlin-Mitte
Tel.: 0176 / 29250021
So 8-18 Uhr

Sightseeing in Berlin und Potsdam!

Mach mal Pause –
mit Kaffee, Kuchen oder Currywurst

Wir organisieren für Sie Stadtrundfahrten mit einer kleinen Pause. Zum Beispiel mit einem Snack bei Berlins ältester Currywurstbude am Mittag, Kaffee und Kuchen im Fernsehturm oder im Restaurant des Deutschen Bundestages am Nachmittag – oder eine Cocktailpause in einer Bar am Abend.
www.berlin-starting-point.de

Tanzschiff „Hanseat"
am Oststrand

dienstags - Shipyard SWING
mit DJ Swingin' Swanee
ab 20 Uhr (open end)

mittwochs - TANGO - Milonga auf dem Schiff mit Tanzlehrer Fernando Zapata. 21.00-21.30 Uhr
donnerstags – SALSA-SHIP mit Fernando Zapata. Beginn 20 Uhr mit Salsa-Unterricht und danach Salsa-Party.

Stern- und Kreisschifffahrt
Tel. 536360-0
Stadtrundfahrten auf dem Wasser:
Abfahrt alle 30 Minuten ab Nikolaiviertel
Brückenfahrten 3,5 Std. – Historische Stadtrundfahrten: 1 Std. – Spreefahrt 4 Std. – Tegel-City 4 Std.
www.sternundkreis.de

---

12 *Am schönsten, am liebsten, am besten ...*

a Lesen Sie die Sätze mit Superlativen. Welche Superlative finden Sie in Annes E-Mail?

Das Kaufhaus ist berühmt.
Eine Stadtrundfahrt mit dem Bus 100 ist bequem.
Das Mauermuseum ist interessant.

Das KaDeWe ist am berühmtesten.
Mit einer Rikscha fährt man am bequemsten.
Was ist für dich am interessantesten?

b *Gut, gern, viel* – **Schreiben Sie die Komparative und Superlative in die Tabelle.**

am besten   besser
am meisten
lieber   am liebsten
mehr

	Komparativ	Superlativ
gut		
gern		
viel		

Im Alltag

1 Entschuldigung, ich suche …

Entschuldigung, ich suche
den Rathausplatz. / das Ausländeramt. /
die Sparkasse.

Entschuldigung, wo finde ich
einen Geldautomaten? / ein Café? / eine Bank?

Entschuldigung, wo ist der Marktplatz? /
das Palast-Kino? / die Haltestelle?

2 Wie komme ich zum …?

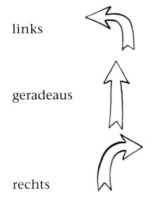

links

geradeaus

rechts

an der Ampel

an der Kreuzung

Wie komme ich nach/zum/zur …?
Wie lange brauche ich nach/zum/zur …?
Kann ich zu Fuß gehen?

Gibt es einen Bus / eine Straßenbahn?

Wie viele Stationen sind das?
Ist das weit?

Nehmen Sie die U-Bahn/S-Bahn … Richtung …
Hier steigen Sie um und nehmen die Linie … Richtung …

Das ist nicht weit.
Das sind zehn Minuten zu Fuß.
Das sind ungefähr … Meter.

Gehen Sie rechts/links/geradeaus …
und an der Ampel / an der Kreuzung … rechts/links.

3 Personalbüro, Bank, Bus/Bahn

Ich habe einen Termin bei Frau Stern.

Bitte nehmen Sie Platz. Frau Stern kommt sofort.
Füllen Sie bitte den Personalbogen aus.
Wir überweisen Ihr Gehalt auf ein Girokonto.

Ich möchte ein Girokonto eröffnen.

Gern. Ich brauche Ihren Ausweis/Pass.
Bitte lesen Sie das Formular genau durch.

Was schreibe ich hier?

Notieren Sie bitte hier Ihre Personalien,
die Passnummer und Ihre Adresse.
Bitte unterschreiben Sie hier.

Bekomme ich eine EC-Karte?

Sie können die Karte hier abholen.

Ich brauche eine Monatskarte
für die U-Bahn.

Welcher Tarifbereich? / Welche Zone?
Von wo bis wo fahren Sie?

Im Alltag
EXTRA
▶ S. 250

Grammatik

1 Nomen und Artikel: Dativ
Der Dativ im Satz

● Entschuldigung, ich möchte **zum Bahnhof Zoo.**
○ Möchten Sie **mit dem Bus** oder **mit der S-Bahn** fahren?

Dativ: Formen

	Maskulinum	Neutrum	Femininum	Plural
Nominativ	der Bus	das Taxi	die U-Bahn	die Busse/Taxis/U-Bahnen
Dativ	dem Bus	dem Taxi	der U-Bahn	den Bussen/Taxis/U-Bahnen
	einem Bus	einem Taxi	einer U-Bahn	– Bussen/Taxis/U-Bahnen
	keinem Bus	keinem Taxi	keiner U-Bahn	keinen Bussen/Taxis/U-Bahnen

Auch die Possessivartikel: mein/meine → meinem/meinem/meiner/meinen (Pl.)
dein/deine → deinem/deinem/deiner/deinen (Pl.)
…

2 Präpositionen mit Dativ

Wie?	**mit**	Wie fährst du nach Hause?	**Mit dem** Bus.	in + dem = im
Wo?	**in**	Wo ist die Apotheke?	**Im** Stadtzentrum.	an + dem = am
	an	Wo ist ein Kiosk?	**Am** Bahnhof.	zu + dem = zum
	auf	Wo ist der Markt?	**Auf dem** Kirchplatz.	zu + der = zur
Wohin?	**zu**	Wohin geht ihr?	**Zur** Schule. / **Zum** Bahnhof.	

3 Imperativ
Imperativsatz

Aussagesatz

Sie (gehen) zur Haltestelle Nollendorfplatz.

Du (nimmst) am besten die U-Bahn.

Imperativsatz

(Gehen) Sie zur Haltestelle Nollendorfplatz.

(Nimm) am besten die U-Bahn.

Verbform Imperativ: *Sie*-Form, *Du*-Form

	Präsens	Imperativ	Imperativsatz
Sie-Form	Sie gehen	Gehen Sie …	Gehen Sie zur Haltestelle.
Du-Form	du nimmst	~~du~~ nimmst	Nimm die Straßenbahn.

Aussprache

Konsonanten: *p, t, k* und *b, d, g*

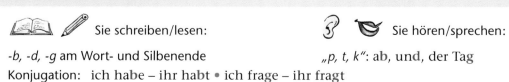

Sie schreiben/lesen: Sie hören/sprechen:

-b, -d, -g am Wort- und Silbenende   „p, t, k": ab, und, der Tag

Konjugation: ich habe – ihr habt • ich frage – ihr fragt

Plural: der Tag – die Tage • das Fahrrad – die Fahrräder • das Verb – die Verben

Zimmer, Küche, Bad

A

Köln-Neustadt, Aachener Straße, 4 Zimmer, Küche, Bad, WC, 103 m², Altbau, € 740 + NK.
0 22 34/79 00 90

B

5 ZKB billig! 125 m² Köln-Nippes, Altb. 4. OG, **Tel: 8 33 24 12**

C

Zentrum, Apartment, 3 Zimmer, Küche, Diele, Bad, Balkon, 82 m², € 630,–; Kaution. **Tel.: Köln 3 66 15 95, ab 17 Uhr.**

das Wohnzimmer

das Schlafzimmer

die Küche

die Toilette

das Bad

Lernziele

- Wohnungsanzeigen verstehen
- über die Wohnungssuche sprechen
- sich über eine Wohnung informieren
- Wünsche und Möglichkeiten ausdrücken

1 **Abkürzungen**

Lesen Sie die Anzeigen und klären Sie die Abkürzungen und Wörter.

ZKB	Zimmer, Küche, Bad	m²/qm	Quadratmeter
Altb.	Altbau	sep.	separat
zzgl. NK	zuzüglich Nebenkosten (Heizung, Wasser, Strom ...)	MM	Monatsmiete (Kaution)
		DU/WC	Dusche/Toilette (keine Badewanne)
OG	Obergeschoss		

Köln Zentrum, 2 ZKB, WC/DU, 86 m², Bahnhof 10 Min., € 585 + NK; Kaution: 2 MM Tel. 02 21/99 91 46 Ⓔ

Ⓓ **Lohmar**, 35-m²-Wohnung, 1 Zimmer, K, DU/WC, sep. Eingang, 250,- € plus 90,- € NK, S-Bahn 10 Min.; Tel. 0 22 67 / 8 27 83 50

Ⓕ **Zeitraum:** 01.01. bis 30.04. Köln Poll, 19 m², 1 Zimmer, möbliert in 63 m²-Wohnung, 2. Etage, sehr ruhig und hell, Bad, Kabel-TV, Waschmaschine, 2 Min. zur Linie 7! Nur für Frauen! Miete € 230 (Kaution € 500); Tel. 20 04 33

2 **Ich suche eine Wohnung.**

⊙ 2.16–18 **a Hören Sie die drei Dialoge und ordnen Sie sie den Anzeigen zu.**

Dialog 1   Dialog 2   Dialog 3
Anzeige ☐   Anzeige ☐   Anzeige ☐

b Hören Sie die Dialoge noch einmal.
Notieren Sie Informationen zu den Stichwörtern.

Nebenkosten/Kaution
S-Bahn/U-Bahn/Bus
Auto

3 **Über die Wohnsituation sprechen**
a Arbeiten Sie zu zweit. Fragen und antworten Sie. Wo wohnst du? / Wo wohnen Sie?

Wie viele Zimmer hast du / haben Sie?
Wie viel kostet deine/Ihre Wohnung?
Ist das billig/teuer?
Ist deine/Ihre Wohnung ruhig?
Hat deine/Ihre Wohnung …
    einen Parkplatz / einen Garten /
    eine Terrasse / einen Balkon?
Liegt die Wohnung im Zentrum /
    am Stadtrand?
Was ist in der Nähe? Was ist wichtig?
– mein Arbeitsplatz
– der Supermarkt / …
– das Kino / die Disco / …
– der Spielplatz / die Schule …
– eine Haltestelle
– Sportmöglichkeiten

Wo wohnst du?

Ich wohne in der Frankfurter Straße.

b Stellen Sie die Wohnung von Ihrem Partner / Ihrer Partnerin im Kurs vor.

4 Wohnungssuche

a Lesen Sie die Texte und markieren Sie wichtige Informationen für die Wohnungssuche.

Lucia Paoletti ist 25 Jahre alt und Italienerin. Sie macht ein Praktikum als Toningenieurin bei RTL in Köln. Zurzeit kann sie bei Freunden wohnen, aber sie sucht ein Zimmer für drei bis vier Monate. Sie will in vier Wochen umziehen. Lucia hat nicht viel Geld. Sie hat 500 Euro im Monat und will am Wochenende als Babysitterin arbeiten. Vielleicht kann sie in Köln bleiben und dort studieren.

Ulrike und Bernd Klotz haben zwei Kinder. Sie wollen jetzt eine 4-Zimmer-Wohnung mieten, denn bald kommt das dritte Kind. Herr Klotz ist Taxifahrer und verdient ungefähr 1900 Euro im Monat. Seine Frau betreut privat zweimal pro Woche zu Hause eine Kindergruppe mit drei Kindern und bekommt 250 Euro. Die Arbeit kann sie auch mit dem Baby machen, denn die Familie braucht das Geld.

Das sind Radshif und Silvia Kalam. Radshif ist Ingenieur und arbeitet seit zwei Jahren in Köln. Silvia ist Deutschlehrerin und unterrichtet acht Stunden in der Woche. Sie will nicht mehr arbeiten. Sie ist schwanger. Vielleicht bleibt sie ein oder zwei Jahre zu Hause. Radshif verdient zurzeit 2200 Euro netto und Silvia bekommt 650 Euro im Monat. Sie suchen eine Wohnung mit einem Kinderzimmer, aber nicht zu teuer. „Wir können maximal 700 € bezahlen."

b Suchen Sie auf Seite 88/89 eine Wohnung für Lucia, Familie Klotz und Familie Kalam.

c Schreiben Sie die Dialoge und spielen Sie.

Dialog 1	Dialog 2
● Eva Stortz.	● Millowitsch.
○ Kalam / Ich suche …	○ Klotz / Ich suche …
● Sind Sie verheiratet?	● Ist die Wohnung für Sie allein?
○ + / Baby	○ – / Frau, Kinder
● Das ist schön. Die Wohnung ist sehr gut für drei Personen.	● Das ist ideal. Im Haus wohnen drei Familien mit Kindern.
○ Miete / € ?	○ Miete / € ?
● 630 € / plus Nebenkosten.	● 620 €. Dazu kommen etwa 60 € Nebenkosten.
○ – / zu teuer	

5 Modalverben – *wollen* und *können*

a Markieren Sie in den Texten von Aufgabe 4 *können/wollen* und das Verb im Infinitiv.

b Schreiben Sie Sätze aus dem Text wie im Beispiel. Sammeln Sie dann weitere Sätze an der Tafel. Lesen Sie die Sätze laut.

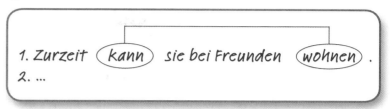

1. Zurzeit (*kann*) *sie bei Freunden* (*wohnen*).
2. ...

c Konjugation – Markieren Sie die Modalverben und machen Sie eine Tabelle.

1. Ich kann nicht so viel Miete bezahlen und ich will auch nicht.
2. Du hast kein Geld, aber du willst eine große Wohnung haben.
3. Wollt ihr auch eine Wohnung im Zentrum mieten?
4. Nein, das können wir nicht bezahlen.
5. Du kannst gerne vier Wochen hier wohnen.
6. Wollen wir zusammen eine Wohnung mieten?
7. Peter und Tom wollen eine Wohnung im Zentrum kaufen.
8. Könnt ihr den Garten mitbenutzen?

Infinitiv	wollen	können
ich	will	kann
du	willst	
er/es/sie		

d Ergänzen Sie *wollen* oder *können*.

1. ● Hat die Wohnung einen Kabelanschluss?

   ○ Nein, aber Sie _____ auf dem Balkon eine Satellitenantenne installieren.

2. ● Ich bin drei Monate in Bangkok. _____ du in der Zeit in meiner Wohnung wohnen?

   ○ Super, das passt. Ich _____ erst im September in meine Wohnung einziehen.

3. ● _____ ihr die Fahrräder bitte im Hof abstellen? Ich _____ den Kinderwagen in den Flur stellen.

4. ● _____ ihr zusammen eine Wohnung suchen?

   ○ Ja, das ist nicht so teuer.

5. ● Wo _____ ich meine Wäsche trocknen?

   ○ Wo du _____! In der Küche, im Bad. Du _____ sie auch im Keller oder im Speicher trocknen.

6 *Und, oder, aber, denn*

a Was passt zusammen? Ordnen Sie zu.

1. Wir haben eine Zwei-Zimmer-Wohnung,	___ a) denn wir haben vier Kinder.
2. Morgen früh habe ich keine Zeit,	___ b) oder ich bleibe bei meinen Eltern.
3. Wir brauchen eine große Wohnung,	___ c) aber Sie können jetzt gleich kommen.
4. Die Wohnung ist ruhig	___ d) und sie liegt in der Nähe vom Park.
5. Ich suche ein möbliertes Zimmer	___ e) aber sie ist zu klein. Wir brauchen drei Zimmer.

b Schreiben Sie die Sätze weiter. Vergleichen Sie im Kurs.

Ich möchte viel Geld haben und ...
Ich möchte viel Geld haben, denn ...

Ich möchte viel Geld haben, aber ...
Ich möchte viel Geld haben oder ...

7 Magdas Wohnung

⊙ 2.19 **a Schauen Sie die Fotos an und hören Sie zu. Nummerieren Sie die Fotos.**

b Richtig oder falsch? Kreuzen Sie an.

	R	F
1. Magda hat eine Anzeige in der Zeitung gelesen.	☐	☐
2. Frau Feldmanns Wohnung war plötzlich frei.	☐	☐
3. Magda hat eine kleine Wohnung mit Küche und Bad.	☐	☐
4. Sie ist heute in ihrem neuen Zimmer aufgewacht.	☐	☐
5. Marek hat beim Umzug geholfen.	☐	☐
6. Magda hat die Kartons getragen.	☐	☐
7. Frau Feldmann hat gekocht.	☐	☐
8. Alle haben zusammen gefeiert.	☐	☐

Hilfe!
Ich suche ein Zimmer
zur Untermiete.
Tel: 0175 – 3456219

Tel: 0175 – 3456219 (×11)

c Ordnen Sie den Dialog. Hören Sie zur Kontrolle.

● Ich habe gerade deine SMS gelesen! Du hast eine Wohnung? Wie hast du denn das gemacht?

○ __e__

● Hast du die Wohnung schon gesehen?

○ ____

● Und deine Vermieterin, ist sie nett?

○ ____

● Und wie hast du den Umzug gemacht? Hattest du ein Auto?

○ ____

● Und jetzt bist du müde, oder?

○ ____

a) ○ Gesehen? Am Wochenende haben wir mein Bett und den Schreibtisch geholt und gestern habe ich die erste Nacht in meinem Zimmer geschlafen!

b) ○ Frau Feldmann ist super. Und der Mietvertrag ist auch in Ordnung. Es ist ein Standard-Mietvertrag.

c) ○ Ja, aber es war ein toller Tag! Am Abend habe ich gekocht und wir haben Frau Feldmann eingeladen. Wir haben alle zusammen gegessen, Wein getrunken und ganz viel erzählt.

d) ○ Ja, Marek war da. Er hat ein Auto gemietet. Peter und Tom haben die Kartons und die Möbel getragen und ich habe alles ausgepackt. Es ist fast alles fertig.

e) ○ Eigentlich ganz einfach! Ich habe eine Anzeige im Supermarkt aufgehängt: „Hilfe! Ich suche ein Zimmer zur Untermiete." Frau Feldmann hat den Zettel gelesen und sofort angerufen. Sie hatte ein Zimmer frei und ich kann ihre Küche und das Bad im Flur benutzen.

d Lesen Sie den Dialog zu zweit.

8 Perfekt

a Markieren Sie die Perfektformen in 7c. Wie heißen die Infinitive?

> ● Ich habe gerade deine SMS gelesen! Du hast eine Wohnung? Wie hast du denn das gemacht?

 lesen   machen

b Ergänzen Sie die Regel.

Die meisten Verben bilden das Perfekt so:

1. _____ + Partizip II = Perfekt

2. Das Partizip II steht immer am Satz_____.

Ich	(habe)	die SMS	(gelesen)	.
Wie	(hast)	du das	(gemacht)	?
Er	(hat)	eine Zeitung	(gekauft)	.

9 Radshif und Silvia haben eine Wohnung gefunden.

a Schreiben Sie.

zuerst • dann • danach • später • schließlich • zuletzt

eine Zeitung	gekauft haben
die Anzeige	gelesen haben
den Vermieter	angerufen haben
die Wohnung	angesehen haben
den Mietvertrag	unterschrieben haben
Kartons	gepackt haben
viele Freunde	angerufen haben
alles	hochgetragen haben
zusammen	gegessen haben und
die Nachbarn	zum Fest eingeladen haben

> *Zuerst haben Radshif und Silvia eine Zeitung gekauft. Sie haben ...*

b Wie haben Sie Ihr Zimmer / Ihre Wohnung / Ihr Haus gefunden? Sprechen/Schreiben Sie.

Ich habe ...   gekauft/gefunden/telefoniert / einen Termin gemacht ...

10 Aussprache: w, f/v, s

⊙ 2.20   **a Hören Sie und sprechen Sie nach.**

wohnen • warm • eine Woche • die Wohnung   Wer wohnt in der Wohnung?

Fest • vermieten • der Beruf • fünf   Er ruft den Vermieter um Viertel vor vier an.

sie lesen • am Sonntag • suchen • sehr sauber   Susanne geht am Samstag in den Supermarkt.

was • der Bus • das Wasser • alles • Spaß   Klaus liest montags die Zeitung im Bus.

⊙ 2.21   **b Hören Sie und sprechen Sie nach.**

Wer vermietet die <u>Wo</u>hnung?↗   Wer will eine <u>Wasch</u>maschine verkaufen?↗
Welchen Beruf hat Walter <u>Fi</u>scher?↗   Frau Funk kommt um Viertel vor <u>fünf</u>.↘
Am Samstag essen sie Pizza und Sa<u>lat</u>.↘   Dazu gibt es Mineralwasser und <u>Saft</u>.↘

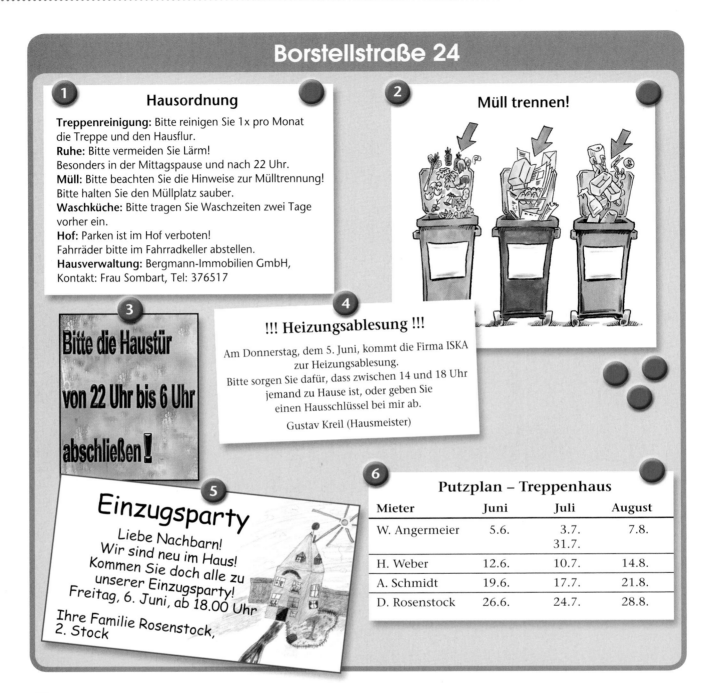

Borstellstraße 24

1 Hausordnung

Treppenreinigung: Bitte reinigen Sie 1x pro Monat die Treppe und den Hausflur.
Ruhe: Bitte vermeiden Sie Lärm!
Besonders in der Mittagspause und nach 22 Uhr.
Müll: Bitte beachten Sie die Hinweise zur Mülltrennung!
Bitte halten Sie den Müllplatz sauber.
Waschküche: Bitte tragen Sie Waschzeiten zwei Tage vorher ein.
Hof: Parken ist im Hof verboten!
Fahrräder bitte im Fahrradkeller abstellen.
Hausverwaltung: Bergmann-Immobilien GmbH,
Kontakt: Frau Sombart, Tel: 376517

2 Müll trennen!

3 Bitte die Haustür von 22 Uhr bis 6 Uhr abschließen!

4 !!! Heizungsablesung !!!

Am Donnerstag, dem 5. Juni, kommt die Firma ISKA zur Heizungsablesung.
Bitte sorgen Sie dafür, dass zwischen 14 und 18 Uhr jemand zu Hause ist, oder geben Sie einen Hausschlüssel bei mir ab.

Gustav Kreil (Hausmeister)

5 Einzugsparty

Liebe Nachbarn!
Wir sind neu im Haus!
Kommen Sie doch alle zu unserer Einzugsparty!
Freitag, 6. Juni, ab 18.00 Uhr

Ihre Familie Rosenstock,
2. Stock

6 Putzplan – Treppenhaus

Mieter	Juni	Juli	August
W. Angermeier	5.6.	3.7. 31.7.	7.8.
H. Weber	12.6.	10.7.	14.8.
A. Schmidt	19.6.	17.7.	21.8.
D. Rosenstock	26.6.	24.7.	28.8.

11 Hausgemeinschaft
Welche Texte passen zu den Aussagen 1–6?

Text

1. Hören Sie, es ist Mittagspause. Machen Sie die Musik leise! _____

2. Herr Kreil, hier ist mein Schlüssel. Ich bin heute nicht da. _____

3. Guten Tag, ich bin Frau Weber aus dem 3. Stock. Vielen Dank für die Einladung. Mein Freund und ich kommen gern. _____

4. Die Zeitungen dürfen Sie nicht in die grüne Tonne tun. _____

5. Morgen ist Samstag, da müssen wir den Keller putzen. _____

6. Ist die Haustür schon zu? Es ist fünf vor zehn. _____

12 Der Umzug

2.22   **a Schauen Sie die Bilder an und hören Sie zu.**

b Lesen Sie die Sätze. Ordnen Sie die Sätze den Bildern zu.

1. Was ist denn hier passiert?

2. Klar, Mann. Steht hier auf dem Zettel: Borstellstraße 24.

3. Die Küche geht schnell. Die Schränke sind fast leer.

4. Halt! Anhalten! Das sind meine Möbel!

5. Hier sind noch zwei Kisten.

6. Die Tür ist offen, keiner da.

Bild	A	B	C	D	E	F
Aussage						

c Hören Sie noch einmal. Was ist passiert?

☐ Herr Schmidt zieht aus.

☐ Die Möbelpacker haben die falsche Wohnung ausgeräumt.

Im Alltag

1 Ist die Wohnung frei?

Ich habe Ihre Anzeige gelesen.
Ich suche ein Zimmer / eine Wohnung.
Ist die Wohnung / das Zimmer noch frei?   Ja./Nein, sie/es ist leider schon weg.
Wann kann ich die Wohnung ansehen?   Heute/Morgen/ … ab 18 Uhr.

ZKB	Zimmer, Küche, Bad
Altb.	Altbau
zzgl. NK	zuzüglich Nebenkosten (Heizung, Wasser, Strom …)
DU/WC	Dusche/Toilette (keine Badewanne)
m²/qm	Quadratmeter
sep.	separat
MM	Monatsmiete (Kaution)
OG	Obergeschoss

2 Was kostet die Wohnung?

Wie hoch ist die Miete?   Die Wohnung kostet 600 €.
Wie hoch sind die Nebenkosten?   Etwa 200 € zuzüglich Heizung.
Muss ich Kaution bezahlen?   Ja, zwei Monatsmieten.

3 Wo kann ich …?

Wo kann   ich meine Wäsche waschen/trocknen?   Auf dem Speicher. / Im Keller.
          man das Auto parken?   Auf der Straße. / Es gibt eine Garage.
          man das Fahrrad abstellen?   Im Hausflur/Hof/Fahrradkeller …

Hat die Wohnung Kabelanschluss?
Gibt es eine Satellitenantenne?
Kann ich eine Satellitenantenne installieren?

Gibt es in der Nähe   einen Supermarkt?
                       eine Haltestelle?
                       ein Schwimmbad?

Wie weit ist es bis   zum Bahnhof?
                       zum Supermarkt?
                       ins Zentrum?

Wo kann man hier   einkaufen?
                       joggen?
                       Sport machen?
                       schwimmen gehen?
                       …

Grammatik

1 Modalverben – *wollen* und *können*

Satzklammer

	Modalverb		Infinitiv
Ich	(will)	eine Wohnung	(mieten).
Wir	(können)	die Wohnung morgen	(ansehen).
Wann	(könnt)	ihr	(einziehen)?

Konjugation

	können	wollen
ich	kann	will
du	kannst	willst
er/es/sie	kann	will
wir	können	wollen
ihr	könnt	wollt
sie/Sie	können	wollen

2 Perfekt

Satzklammer

	haben (konjugiert)		Partizip II
Ich	(habe)	die Kartons	(gepackt).
Lucia	(hat)	den Mietvertrag	(verstanden).

Perfekt mit *haben*

Das Perfekt bildet man so:
1. *haben* + Partizip II vom Verb: Er **hat** die Zeitung **gekauft**, aber nicht **gelesen**.
2. Das Partizip II steht immer am Satzende.   Er hat die Zeitung **gekauft**, aber nicht **gelesen**.
3. Im Partizip II ist die Verbendung -**t** oder -**en**.   Er hat die Zeitung ge**kauft**, aber nicht ge**lesen**.
4. Das Partizip II fängt meistens mit **ge**- an.   Er hat die Zeitung **ge**kauft, aber nicht **ge**lesen.

arbeiten	hat	gearbeitet	lernen	hat	gelernt
essen	hat	gegessen	machen	hat	gemacht
haben	hat	gehabt	schlafen	hat	geschlafen
lesen	hat	gelesen	trinken	hat	getrunken

> lesen
> ich lese / er liest
> ich habe gelesen
> Ich habe die Anzeigen gelesen.

TIPP   Verben immer mit Perfekt lernen.

Aussprache

w, f/v, s

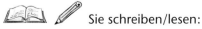 Sie schreiben/lesen:

w

f/v

s-   am Wort-/Silbenanfang

-s   am Wort-/Silbenende/ss/ß

  Sie hören/sprechen:

♪: wer • Wein • schwer • wohnen

fahren • anfangen • vier

♪: Sonntag • sehr • besuchen

Bus • Spaß • Wasser

Was ist passiert?

Lernziele

- über Vergangenes sprechen
- einen Lebenslauf verstehen
- über die eigene Person sprechen
- persönliche Informationen erfragen

1 Das Wochenende

a Welche Wörter passen zu den Bildern?

☐ Unfall ☐ Schulfest ☐ Sport ☐ Kindergarten ☐ Ausflug ☐ Geburtstag ☐ Musik

b Lesen Sie die Dialoge. Ordnen Sie zu.

Dialog 1 – Bild ☐

● Was hast du am Wochenende gemacht?
○ Ich war in einem Konzert. Das war toll!

Dialog 2 – Bild ☐

● Wo warst du gestern? Ich habe über eine Stunde gewartet!
○ Ich war im Krankenhaus. Ich bin vom Fahrrad gefallen.

Dialog 3 – Bild ☐

● Und was habt ihr am Wochenende gemacht?
○ Wir haben am Samstag nach dem Mittagessen im Kindergarten gearbeitet.

Dialog 4 – Bild ☐

● Du hast drei Kuchen gebacken?
○ Ja, alle Eltern haben etwas mitgebracht.

Dialog 5 – Bild ☐

● Und was haben Sie am Wochenende gemacht?
○ Wir haben am Samstag ein Picknick gemacht. Ich habe lange geschlafen.
   Ich bin um elf aufgestanden und vor dem Frühstück …

⊙ 2.23 **c Lesen Sie 1–5 und hören Sie die Dialoge. Richtig oder falsch? Kreuzen Sie an.**

                                                                            R   F
1. Das Konzert hat über zwei Stunden gedauert.   ☐   ☐
2. Dhanushka war nach dem Unfall im Krankenhaus.   ☐   ☐
3. Die Familie hat nach dem Mittagessen die Wohnung renoviert.   ☐   ☐
4. Anna hat vor dem Schulfest Kuchen gebacken.   ☐   ☐
5. Herr Rohrer hat vor dem Frühstück einen Ausflug gemacht.   ☐   ☐

**d Wo ist Ben? Lesen Sie die Postkarte
und fragen Sie im Kurs.**

> Was hat Ben am
> Wochenende gemacht?

> Was hat er gesehen?

Lieber Deutschkurs A1,
ich bin am Freitag nach dem Kurs ganz spontan
in die Hauptstadt von Bayern gefahren.
Die Stadt ist toll und ich habe schon viel gesehen:
den Marienplatz, den Englischen Garten und das
Hofbräuhaus.
Ratet mal, wo ich bin …

Bis bald und viele Grüße!
Euer Ben

P. S.: Weiter viel Spaß beim Lernen!

> Wohin ist er gefahren?

> Er ist …

**2 Ihr Wochenende
Was haben Sie am Wochenende gemacht?**

Ich bin … aufgestanden • bin … gegangen • habe … eingekauft • habe … gegessen • bin … gefahren
habe … geschlafen • habe … gemacht

> Ich habe lange geschlafen. Ich bin um …

3 Was ist passiert?

a Nummerieren Sie die Ausdrücke.

- ☐ hat weggebracht (die Flaschen)
- ☐ ist aufgestanden
- ☐ hat geputzt (die Wohnung)
- ☐ ist gefallen (vom Fahrrad)

- ☐ hat geklingelt (der Wecker)
- ☐ hat geduscht
- ☐ hat gefrühstückt
- ☐ hat gewählt (112)

b Schreiben Sie die Geschichte von Carlos.

Zuerst … Dann … Danach … Zuletzt …

> *Der Wecker hat um 6 Uhr geklingelt
> und Carlos ist aufgestanden.
> Zuerst hat er geduscht und dann …*

> Der Wecker hat **um 6 Uhr** geklingelt.
> **Um 6 Uhr** hat der Wecker geklingelt.

c Wie geht die Geschichte weiter? Erzählen Sie.

hat gerufen	(den Krankenwagen)
ist gefahren	(zum Krankenhaus)
ist gewesen	(drei Stunden im Krankenhaus)
ist gefahren	(nach Hause)

ist gegangen	(ins Bett)
hat ferngesehen	(den ganzen Abend)
hat angerufen	(seine Mutter)

4 Perfekt mit *sein*
Diese Verben bilden das Perfekt mit *sein*. Wie heißen die Infinitive?

ist gefahren ist gewesen
ist gegangen ist geblieben
ist gekommen ist passiert
ist gefallen
ist eingeschlafen
ist aufgewacht
ist aufgestanden

> ⚠ Verben mit Bewegung bilden das Perfekt mit sein.
> Genauso: sein, bleiben, passieren

5 Ihr Tag
a Ergänzen Sie die Fragen.

1. nach Hause kommen: Wann ___*bist*___ du gestern *nach Hause gekommen* ?
2. Hausaufgaben machen: Wie lange _____ du _____?
3. am Computer arbeiten: Wie lange _____ du _____?
4. im Internet suchen: Was _____ du _____?
5. E-Mail schreiben: Wie viele _____ du _____?
6. am Sonntag aufstehen: Wann _____ du _____?
7. für den Test lernen: Wie lange _____ du _____?
8. zu Mittag essen: Wann _____ du gestern _____?

b Schreiben Sie Antworten zu 5a in ganzen Sätzen.

> *Ich bin gestern um vier Uhr nach Hause gekommen.*

c Was hast du … gemacht?
Fragen Sie im Kurs.

vorgestern – gestern
letzten Monat – letztes Wochenende – letzte Woche
am Samstagabend – am Sonntagmittag
gestern Morgen/Nachmittag/Abend
vor dem Frühstück – nach der Arbeit

Was hast du gestern gemacht?

Ich war in München. Ich habe Freunde besucht.

Ich bin um 6 Uhr aufgestanden und habe Hausaufgaben gemacht.

Nach der Arbeit bin ich ins Kino gegangen.

6 Aussprache
⊙ 2.24 a h-Laut – Hören Sie und sprechen Sie nach.

heute • hier in Hamburg • Hausaufgaben • nach Hause kommen • Hunger haben •
von Hannover nach Hamburg • in Heidelberg • heiraten • Hallo, Hanna!
Gestern hat Herr Hansen seine Heidi geheiratet.↘ • Wo?↗ In Hamburg!↘
Heute hat Hanna keine Hausaufgaben gemacht.↘ • Hanna war im Krankenhaus!↘

⊙ 2.25 b Vokal-Neueinsatz – Hören Sie und sprechen Sie nach.

um |acht • um |eins • am |Abend • ein |Eis |essen • mit |Anne • hat |angerufen • im |Internet
Wann hat |Anne |angerufen?↗ • Geht Tom |Eis |essen?↗ • Der Kurs geht von |acht bis |eins.↘

7 **Das Fotoalbum von Swetlana Riesen**
  a Schauen Sie die Fotos an.
     Beantworten Sie 1–6. Raten Sie.

⊙ 2.26 **b Hören Sie das Interview.**
       Korrigieren Sie Ihre Vermutungen aus 7a.

1 = Raten Sie. 2 = Korrigieren Sie.

1. Swetlana Riesen kommt …

1	2	
☐	☐	aus Polen
☐	☐	aus Russland
☐	☐	aus Spanien

2. Zu Foto A: Wer ist Swetlana?

1	2
☐	☐

3. Zu Foto B: Sie geht …

1	2	
☐	☐	in die Küche.
☐	☐	zum Geburtstag.
☐	☐	in die Schule.

4. Zu Foto C: Was macht sie hier?

1	2	
☐	☐	Sie fährt in den Urlaub.
☐	☐	Sie arbeitet als Straßenbahnfahrerin.
☐	☐	Sie fährt in die Stadt.

5. Zu Foto D: Wer ist das?

1	2	
☐	☐	Swetlana und ihre Schwester.
☐	☐	Swetlana und ihre Tochter.
☐	☐	Swetlana und ihr Sohn.

6. Zu Foto E: Wo ist das?

1	2	
☐	☐	Bei einer Familienfeier.
☐	☐	Im Sprachkurs.
☐	☐	Bei der Weihnachtsfeier in der Firma.

8 Lebenslauf
Ordnen Sie die Textabschnitte in der richtigen Reihenfolge.

☐ a) 1993 sind wir nach Deutschland ausgereist. Zunächst habe ich einen Sprachkurs besucht und habe dann einen 8-monatigen Lehrgang „Handel, Lager und Versand" gemacht.

☐ b) Dann habe ich eine Ausbildung als Straßenbahnfahrerin gemacht und habe ein Jahr als Straßenbahnfahrerin in Tula gearbeitet. 1989 sind wir wieder nach Orenburg gezogen. Dort habe ich in einem Bauunternehmen gearbeitet.

☐ c) Seit dem 1. Februar 2000 bin ich Angestellte in der Anna-Luise-Altendorf-Stiftung in Minden.

☐ d) Nach der Schule bin ich mit meiner Familie 1981 nach Tula gezogen. Tula liegt bei Moskau. Da habe ich dann meine Ausbildung als Kassiererin in der Handelsschule gemacht. Danach habe ich fünf Jahre im Einzelhandel gearbeitet.

☐ 1️⃣ e) Ich heiße Swetlana Riesen. Ich bin im Jahr 1964 in Orenburg in Russland geboren. Meine Mutter hat als Buchhalterin gearbeitet. Ich habe zwei Geschwister: eine Schwester und einen Bruder. 1971 bin ich in Kasachstan in die Schule gekommen.

☐ f) Bei der DAA habe ich danach eine Umschulung zur Industriekauffrau gemacht. Das hat noch einmal 21 Monate gedauert.

9 Interviews im Kurs
a Lesen Sie die Stichwörter und notieren Sie Fragen für Interviews.

Name	Wie?
Geboren	Wann? Wo?
Eltern	Beruf/Arbeit?
Geschwister	Bruder/Schwester?
Wohnen	mit Mutter/Vater/Onkel/Tante/Großeltern?
Schulbildung	Welche Schule? Von wann bis wann? Wo?
Berufsausbildung	Welcher Beruf? Von wann bis wann? Wo?
Ausreise/Umzug	Wann? Wohin? Mit Familie / allein?
Sprachkurs/Lehrgang	Wo? Wie lange? Was?
Familie	verheiratet? Kinder?
Beruf/Arbeitsstelle	Was? Wo?

Wann sind Sie nach Deutschland gekommen?

Wie heißen Sie? Wo sind Sie ...?

b Notieren Sie Stichwörter zu Ihrem Lebenslauf.

c Machen Sie Interviews im Kurs.

10 **Wiener Geschichten**

a Lesen Sie die E-Mail. Was hat Olga gemacht? Schreiben Sie den Tagesablauf.

VON: o.minakova@dep.de
AN: kimmiller@zdx.com

Liebe Kim,
ich bin am Freitag nach Wien gefahren. Im Internet habe ich ein super-
billiges Angebot gefunden:
‚Wien-City-Tour', Busfahrt und Hotel nur 120,- Euro!
Ich bin sehr früh aufgestanden. Der Bus ist schon um 6 Uhr abgefahren.
Und im Bus habe ich gelernt. Wortschatz wiederholt!

„Der Bus, -se: Der Bus fährt um 17 Uhr ab.
Wie viele Stationen sind es bis zum Prater, bitte?
Entschuldigung, wie komme ich zum Stephansdom?"

Der Bus ist bis ins Zentrum gefahren. Am Naschmarkt bin ich ausgestiegen.
Zuerst habe ich gefrühstückt. Nach dem Frühstück bin ich zum Prater
gefahren. Ich bin mit dem Riesenrad gefahren und habe fast ein Kilo Eis
gegessen. Schöööön!
Abends waren wir dann in einem „Beisl". Das sind kleine Weinlokale.
Nach zwei Gläsern Wein habe ich alle Leute prima verstanden.
Wien ist super! Eine tolle Stadt. Da kann man viel erleben … :-)

Für morgen haben wir auch schon ein Programm: Stephansdom, Hofgarten
und zum Schluss ins Café Sacher. Um 17 Uhr fährt der Bus. Und ich muss
wieder zurück, allein. Leider …

Ich muss dir ganz viel erzählen!!
Bis bald und viele Grüße
deine Olga

b Was hat Olga nicht in der E-Mail geschrieben? Sammeln Sie Ideen im Kurs.

Wen hat sie kennengelernt?   *Wo …?*   *Mit wem war Olga im Beisl?*

⊙ 2.27 **c Kim ruft Olga an. Lesen und hören Sie.**

○ …
● Wie war's in Wien?
○ Super! Wien war super! Eine tolle Stadt …
● Äh, ich habe mal eine Frage an dich, vielleicht ein bisschen indiskret …
○ Kim! Du bist meine Freundin, frag mich! Dir sage ich alles!
● In deiner E-Mail hast du geschrieben, „Nach dem Frühstück bin *ich* zum Prater gefahren." und dann hast du geschrieben, „Abends waren *wir* dann in einem Beisl." … Wie heißt er?
○ Also Kim! Das ist wirklich indiskret … Er heißt Leopold …
● Und?
○ Ein echter Wiener. Er lacht gern, er …
● Olga! Bist du verliebt?
○ Vielleicht, ein bisschen …
● Wie hast du ihn kennengelernt?

⊙ 2.28 **d Sehen Sie die Bilder an. Wer ist Leopold? Hören Sie zur Kontrolle.**

⊙ 2.29 **e Lesen und hören Sie weiter.**

○ … Dann hat er mich gefragt: „Kennst du Wien?" Ja, und dann hat er mir seine Stadt gezeigt. Wir sind mit seinem Auto ins Zentrum gefahren und dann sind wir durch die Altstadt spaziert. Und am Abend sind wir in ein „Beisl" gegangen. Und im „Beisl" … ähm … also … am nächsten Morgen ist er ins Hotel gekommen und hat mich abgeholt. Wir haben den Stephansdom …
● Stopp! Das weiß ich doch alles, das hast du mir in deiner E-Mail geschrieben. Was war im Beisl? Ich möchte wissen, was du nicht geschrieben hast! Erzähl mir mehr von euch.

⊙ 2.30 **f Überlegen Sie: Was war im „Beisl"? Hören Sie dann den Schluss.**

> Sie haben gesungen.

> Er hat eine Geschichte erzählt.

11 W-Fragen

a Wählen Sie einen Textabschnitt a, c oder e. Sammeln Sie W-Fragen.

b Tauschen Sie im Kurs. Ihr Partner / Ihre Partnerin schreibt die Antworten.

Wer?	Wer ist nach Wien gefahren?
Was?	Was hat … zuerst gemacht?
Wann?	Wann ist der Bus …?
Wen?	
Warum?	
Woher?	
Wo?	

> **TIPP** W-Fragen helfen beim Verstehen von Texten.

Auf einen Blick

1 Was hast du gemacht?

Was	hast du gestern gemacht?
Wann	bist du gestern nach Hause gekommen?
Wie lange	hast du für den Test gelernt?
Wie viel Zeit	hast du für die Aufgaben gebraucht?
Von wann bis wann	warst du in der Schule?

2 Gestern und vorgestern …

Gestern/Vorgestern	hat mein Freund angerufen.
Gestern Morgen/Mittag/…	bin ich zum Bahnhof gegangen.
Letzte Woche	sind wir nach Düsseldorf gefahren.
Letztes Wochenende	hatte ich keine Zeit.
Letzten Monat	haben wir ein Konzert besucht.
Letztes Jahr	war ich zu Hause.
Am Samstagabend	bin ich nach Hause gefahren.
Am Wochenende	habe ich nichts gemacht.

3 *Vor* und *nach*

vor
Vor dem Wochenende
habe ich eingekauft.

nach
Nach dem Wochenende
muss ich wieder arbeiten.

4 Einen Lebenslauf verstehen – über die eigene Person sprechen

Familienname:	Riesen	Ich heiße …
Vorname:	Swetlana	
Geburtstag:	02.03.1964	Ich bin am … geboren.
Geburtsort:	Orenburg, Russland	Ich bin in … geboren.
Schule:	1971–1981	Von … bis … bin ich in die …schule gegangen.
Berufsausbildung:	Straßenbahnfahrerin/	Danach habe ich … gelernt / … studiert.
	Kassiererin/Industriekauffrau	
Beruf:	Industriekauffrau	Ich bin … von Beruf.

Im Alltag
EXTRA
▶ S. 254

Grammatik

1 **Perfekt: Satzklammer** (▶ S. 97)

	sein		**Partizip II**
Ich	(bin)	am Freitag nach Wien	(gefahren).
Der Bus	(ist)	um 6 Uhr	(abgefahren).

2 **Perfekt mit** *sein*

Bewegung	fallen	Carlos ist vom Fahrrad gefallen.
	fahren	Er ist ins Krankenhaus gefahren.
Zustandsveränderung	einschlafen	Olga ist im Bus eingeschlafen.
	aufwachen	Sie ist kurz vor Wien wieder aufgewacht.
Ausnahmen	bleiben	Sie ist im Zug geblieben.
	passieren	Es ist nichts passiert.
	sein	Ich bin in Wien gewesen.

kommen
ist gekommen
Er ist um acht nach
Hause gekommen.

fahren
ist gefahren
Sie ist nach Wien
gefahren.

umziehen
ist umgezogen
Sie ist gestern
umgezogen.

Diese Verben der Bewegung/Zustandsveränderung brauchen Sie in A1:
aufstehen, bleiben, fahren, gehen, kommen, schwimmen, sein, umziehen, werden

3 *Vor/nach/seit* **mit Dativ**

Vor dem Schulfest habe ich Kuchen gebacken.
Nach dem Mittagessen haben wir im Kindergarten gearbeitet.
Seit dem 1. Februar 2009 lebe ich in Deutschland.

Aussprache

1 *h*-**Laut**

Sie schreiben/lesen:
h- am Wort- und Silbenanfang
⚠ Sie sprechen kein h nach Vokalen.

Sie hören/sprechen:
heute • Haus • wiederholen • Alkohol
nehmen • fahren

2 **Vokal-Neueinsatz**

Sie sprechen den Vokal am Wortanfang „neu".
um |acht • um |eins • am |Abend • ein |Eis |essen • im |Internet

1 Wege beschreiben

a Sammeln Sie Redemittel für Wegbeschreibungen an der Tafel.

2.31 **b** Sie hören drei Dialoge. Wo wollen die Leute hin?

Dialog 1	Dialog 2	Dialog 3

Ziel: _____ Ziel: _____ Ziel: _____

	A	B	C	D	E	F	G	H	I	J
1	Fußball-stadion		Post			Park				
2	Sporthalle				Rathaus		Metzgerei		Schwimm-bad	
3			Kaufhaus		Markt		Bäckerei			
4	Bahnhof		Pizzeria Augusta							● 1
5	Bahnhof						Kranken-haus		Sparkasse	
6			Volkshoch-schule		Touristen-information				Super-markt	
7	Disco		Hotel		● 3					● 2

2 Informationen vor Ort

a Wählen Sie eine Situation. Schreiben und spielen Sie Dialoge.

1. Sie sind in der Post und wollen zum Bahnhof.
2. Sie sind am Bahnhof und wollen zum Rathaus.
3. Sie sind in der Volkshochschule und wollen zum Supermarkt.
4. Sie sind in der Touristeninformation. Sie brauchen Euros.
5. Sie sind im Schwimmbad und haben Hunger.

b Sie sind an Ihrem Ziel angekommen. Spielen Sie weiter.

1. Sie sind am Bahnhof und möchten nach Berlin fahren.
2. Sie möchten die Öffnungszeiten vom Schwimmbad wissen.
3. Sie möchten eine Monatskarte für die U-Bahn.

3 W-Fragen-Spiel

a Ergänzen Sie die Fragen. Es gibt zum Teil mehrere Möglichkeiten.

1. W_____ ko_____ du?
2. W_____ ist das R_____?
3. W_____ ko_____ ich z_____ V_____?
4. W_____ U-_____ fährt z_____ Z_____?
5. W_____ B_____ fährt n_____ Schöneberg?
6. W_____ v_____ St_____ sind es b_____ z_____ P_____?
7. W_____ wo_____ d_____?
8. W_____ v_____ Zi_____ h_____ d_____ Wohnung?
9. W_____ i_____ d_____ N_____?

> *Wann kommst du? Um 12 Uhr.*
> *Oder: Woher kommst du? Aus ...*
> *Oder: Wie kommst du? Mit dem ...*

b Tauschen Sie Ihre Fragen im Kurs. Schreiben Sie Antworten.

4 Verben wiederholen
Schreiben Sie 20 Verben aus den Kapiteln 4 bis 9 auf Karten.

A nimmt eine Karte.   B wählt eine Person aus dem Kasten.   A sagt einen passenden Satz.

ich	wir
	du ihr
Carlos	Herr und Frau Müller

Carlos spricht Spanisch und Deutsch.

5 Ein Tagesablauf

a Schreiben Sie einen Satz zum Tagesablauf von Frau Fischer auf einen Zettel.
Tauschen Sie im Kurs und schreiben Sie weiter.

b Lesen Sie die Texte im Kurs vor.

Am Morgen steht Frau Fischer auf.
Um ...

6 Zimmer – Küche – Bad

a Wählen Sie ein Foto und schreiben Sie einen Notizzettel wie im Beispiel.

Ich wohne in Düsseldorf.
Meine Wohnung hat 100 qm.
Sie hat drei Zimmer und einen Balkon.
Die Miete ist 1200 Euro.

Die Wohnung liegt an einem Park.
In der Nähe gibt es ein Schwimmbad
und ein Einkaufszentrum.
...

b Spielen Sie im Kurs wie im Beispiel.

Wo wohnst du?

Wie groß ist deine Wohnung?

Wie hoch ist die Miete?

Ich wohne in Berlin.

Die Wohnung hat …

Die Miete ist …

Effektiv lernen

Lernpläne helfen beim Lernen.

Mein Lernplan:	Woche: 6.10.–11.10
Montag	Aussprache: „s"/„ch"
Dienstag	Nomen + Artikel lernen
Mittwoch	Dialoge laut lesen
Donnerstag	Zeitung lesen!
Freitag	Nomen + Artikel
Samstag	––
Sonntag	––

a Überlegen Sie: Wie viele Minuten lernen Sie pro Tag? Was lernen Sie wie oft?

b Was können Sie zu Hause üben? Sammeln Sie Beispiele im Kurs.

– Wortschatz-/Lernkarten schreiben
– Übungen wiederholen

– Aussprache üben
– ...

c Ist ein Lernplan gut für Sie? Testen Sie es. Machen Sie Ihren Lernplan für eine Woche.

Video

Teil 1
München – moderne Architektur

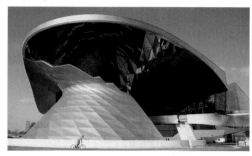
Olympiastadion

BMW Zentrale

HighLight Towers

BMW Welt

Welche Wegbeschreibung passt? Kontrollieren Sie mit dem Video.

① ② ③

Teil 2
Wohnungssuche

a Für welche Wohnungsanzeige interessiert sich die Frau?

A
Von Privat!
2-Zimmer-Wohnung, Altbau
U-Bahn-Nähe
520,– € + 140 € NK
Müller, Tel. 2 45 69 97, abends

B
**Herrliche
2-Zimmer-Wohnung**
Ruhig, Zentrum!
600 €, zzgl. NK • 2 MM Kaution
Stegmüller Immobilien
Mobil: 01 73/88 88 88 29

C **4-Zimmer-Wohnung
mit Dachterrasse, sofort frei!**
Erstbezug!
1200,- € plus NK
Ihr Immobilienspezialist Stegner
Telefon 8 83 36 71

b Sie hat viele Fragen. Antworten Sie.

Wie hoch sind die Nebenkosten?
Muss sie Kaution bezahlen?
Wo kann sie ihre Wäsche trocknen?
Wo kann sie ihr Fahrrad abstellen?

Hat die Wohnung Kabelanschluss?
Ist die Wohnung ruhig?
Hat die Wohnung einen Balkon?
Kann man in der Nähe einkaufen?

Was kann ich schon?

Machen Sie die Aufgaben 1–7 und kontrollieren Sie im Kurs.

1. Fragen Sie nach dem Weg.

… das Rathaus?
… zum Bahnhof?
… ist das Internetcafé?

2. Beantworten Sie die Fragen.

Wo wohnen Sie?
Wie kommen Sie in die Stadt?

3. Ein Telefongespräch beginnen

● Sparkasse, guten Tag.
○ …
● Einen Moment, ich verbinde.

4. Thema „Wohnung" – Fragen Sie.

…? 65 qm.
…? 550 € im Monat.
…? 150 €, inklusive Heizung.
…? Im Fahrradkeller.
…? Nein, aber eine Bushaltestelle.

5. Sagen, was man an einem Tag gemacht hat

Zeitpunkt: gestern/vorgestern – letzte Woche – am Samstag/Wochenende …
Was?
Wann?
Wie lange?
Wie viel Zeit?
Von wann bis wann?

6. Was können Sie? Nennen Sie je drei Beispiele.

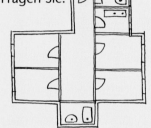

Ich kann gut singen.

7. Über die Familie sprechen. Ergänzen Sie.

Ich liebe m_____ Sohn.

Wo wohnt d_____ Mutter?

Petra fährt nach Potsdam. I_____ Vater wohnt dort.

U_____ Tochter geht schon in die Schule.

8. Was wollen Sie? Nennen Sie drei Beispiele.

Nächsten Monat …

In zwei Jahren …

Mein Ergebnis finde ich: ☺ ☺ ☹

Ich über mich

Lesen Sie den Text und sehen Sie die Bilder an.
Schreiben Sie dann über Ihre Wohnung und/oder die Wohnungssuche.

Land des Lächelns

Die Wohnungssuche war für mich und meinen Mann kein Problem. Ein Makler hat für uns gesucht. Dann haben wir drei Wohnungen angesehen. „Dort will ich wohnen!", habe ich bei der zweiten Wohnung gedacht. Sie liegt in der Nähe vom Englischen Garten. Ich mag diesen Park sehr.
Wir haben Glück gehabt. Einen Tag später haben wir den Mietvertrag unterschrieben und der Vermieter hat uns den Schlüssel gegeben. „Endlich ist die Zeit im Hotel zu Ende.", haben wir gedacht.
Am Abend sind wir noch einmal zur neuen Wohnung gefahren. Vor der Wohnungstür haben wir dann aber ein Problem gehabt. Der Schlüssel hat nicht gepasst! Ein paar Sekunden später hat ein Mann die Tür aufgemacht. „Was möchten Sie bitte?", hat er gefragt. „Wir wohnen hier.", hat mein Mann auf Englisch gesagt.
Dann hat der Mann plötzlich gelächelt.
„Ah! Sie sind meine neuen Nachbarn. Aber Sie wohnen über mir! Im 3. Stock. Dort ist eine Wohnung frei."
Wir haben uns entschuldigt und sind die Treppe einen Stock höher gegangen. Und der Schlüssel hat gepasst. Endlich. Das war unsere Wohnungssuche.
Und natürlich lächelt unser Nachbar immer, wenn er uns sieht.

Hiromi aus Japan

1 Berufe

a Welche Berufe kennen Sie auf Deutsch?

Erzieher/in	Hotelfachmann/Hotelfachfrau
Buchhalter/in	Kraftfahrzeugmechaniker/in
Elektriker/in	Lehrer/in
Taxifahrer/in	Raumpfleger/in
Informatiker/in	Ingenieur/in
Koch/Köchin	Sekretär/in
Kellner/Kellnerin	Verkäufer/in
…	

b Welche Berufe finden Sie im Bild?

c Welche Berufe gibt es im Kurs?

2 Arbeitsalltag

⊙ 2.32 **Hören Sie die Dialoge und kreuzen Sie an: richtig oder falsch?**

	R	F
1. Herr Kölmel muss um halb elf Uhr zum Chef.	☐	☐
2. Herr Wetz ist in der Buchhaltung.	☐	☐
3. Theo arbeitet gern im Büro.	☐	☐
4. Sabrina Bartusch ist Raumpflegerin.	☐	☐
5. Die Elektriker müssen im Lager Lampen reparieren.	☐	☐
6. Erhan fährt am 15. August nach Frankreich.	☐	☐
7. Das Personalbüro ist im ersten Stock.	☐	☐

3 Drei Berufe

a Lesen Sie Text 1 und kreuzen Sie an: richtig oder falsch?

Lena Pirk, 24 Jahre (Informatikerin)

Text 1

Ich bin Informatikerin. Ich arbeite seit zwei Jahren bei „City-Express". Ich schreibe Programme für die Firma und pflege die Homepage. Bei Computerproblemen rufen die Kollegen an und ich helfe ihnen. Ich berate die Firma auch beim Kauf von Computern. Die Arbeit gefällt mir. Sie ist interessant und macht Spaß. Ich kann selbstständig arbeiten. Wir haben Gleitzeit: Von 9 bis 15 Uhr müssen alle da sein. Man kann aber auch schon um 7 Uhr kommen oder bis 8 Uhr abends arbeiten. Einmal im Monat habe ich am Wochenende Bereitschaftsdienst. Da muss ich immer das Handy dabeihaben. Bei Computerproblemen muss ich sofort in die Firma. Das gefällt mir natürlich nicht so gut. Das Gehalt ist nicht schlecht. Netto sind es 1900 Euro im Monat.

	R	F
1. Lena Pirk hilft den Kollegen bei Problemen.	☐	☐
2. Der Chef sagt ihr immer genau, was sie machen muss.	☐	☐
3. Bei der Firma „City-Express" arbeiten alle von 8 bis 17 Uhr.	☐	☐
4. Lena arbeitet nie am Wochenende.	☐	☐
5. Lena hilft beim Kauf von Computern.	☐	☐

b Fragen – Lesen Sie Text 2 und 3 und beantworten Sie die Fragen 1–5.

1. Wie viel verdienen Alvaro und Sandra in der Stunde?
2. Wie viele Stunden müssen sie in der Woche arbeiten?
3. Von wann bis wann arbeiten sie jeden Tag?
4. Ist Alvaro gern auf Montage?
5. Wo möchten Sandra und die Kinder leben und wo ihr Mann?

Text 2

Ich arbeite als Elektriker. Die Arbeit gefällt mir und die Kollegen sind nett. Fast jede zweite Woche muss ich in eine andere Stadt auf Montage. Das finde ich gut. Man lernt neue Kollegen kennen.

Ich muss morgens um sieben Uhr anfangen und arbeite bis vier. Im Sommer stehe ich gern früh auf, dann bin ich oft der Erste im Betrieb. Aber im Winter ist es manchmal hart. Wir haben die 38-Stunden-Woche. Manchmal müssen wir Überstunden machen, aber das Wochenende gehört meistens mir und meiner Familie. Das Geld? Na ja, es geht: elf Euro Stundenlohn. Als Meister verdiene ich mehr, deshalb möchte ich bald die Meisterprüfung machen. Mein Chef hilft mir dabei. In drei Jahren will ich meine eigene Firma haben. Hoffentlich klappt es!

Alvaro Peneda, 27 Jahre (Elektriker)

Text 3

Den Job als Raumpflegerin mache ich seit zwei Jahren. Eigentlich bin ich Verkäuferin. Jetzt muss ich Büros putzen. Die Arbeit gefällt mir nicht, aber ich bin lieber Putzfrau als arbeitslos. Mein Mann und ich arbeiten für die gleiche Zeitarbeitsfirma. Die Bezahlung ist schlecht, nur sieben Euro die Stunde. Und die Arbeitszeit wechselt oft. Zurzeit muss ich von 16 bis 20 Uhr arbeiten. Mein Mann muss sogar bis 22 Uhr arbeiten. Zum Glück helfen uns die Kinder im Haushalt.
Mein Mann will nach Stuttgart. Er sagt: „Dort ist alles besser, da musst du nicht mehr putzen." Ich möchte lieber hierbleiben und mein Sohn und meine Tochter auch. Bei uns gibt es bald einen neuen Supermarkt. Ich habe die Stellenanzeigen gelesen. Vielleicht kann ich da als Verkäuferin arbeiten. Ich muss eine Bewerbung schreiben und dann gehört die Stelle vielleicht mir!

Sandra Klose, 38 Jahre (Raumpflegerin)

c Schreiben Sie Fragen zu den Texten auf. Fragen Sie im Kurs.

> Hat Sandra einen Beruf?

> Wie viel ...?

> Was arbeitet ...?

> Wie heißt ...?

> Als was ...?

> Seit wann ...?

> Wann steht Alvaro auf ...?

> Ja, sie ist Verkäuferin.

> Das weiß ich nicht.

> Das steht nicht im Text.

4 Ich muss …

Schreiben Sie die Sätze mit *müssen* wie im Beispiel.

1. (aufstehen) / jeden Morgen / um fünf Uhr / ich (…) / .
2. (helfen) / den Kollegen / bei Computerproblemen / (…) du / ?
3. manchmal / für eine Woche / auf Montage / er (…) / gehen / .
4. (arbeiten) / samstags / manchmal / wir (…) / .
5. (putzen) / in der Großstadt / nicht mehr/ du (…) / .
6. (schreiben) / die Bewerbung / schnell / ich (…) / .
7. (…) Sie / Überstunden / (machen) / viele / ?
8. (anfangen) / jeden Tag / um 7 Uhr / (…) ihr / ?
9. das Formular / (ausfüllen) / zuerst / Sie (…) / .

müssen	
ich	muss
du	musst
er/es/sie	muss
wir	müssen
ihr	müsst
sie	müssen

> 1. Ich (muss) jeden Morgen um fünf Uhr (aufstehen).
>
> 2. (Musst) du

5 Im Personalbüro

⊙ 2.33 **a Hören Sie und ordnen Sie a–e zu.**

● Guten Tag, Herr Kölmel. Was kann ich für Sie tun?
○ _____ c
● Wann wollen Sie in Urlaub gehen?
○ _____
● Moment. Das geht leider nicht. Im August will Frau Bartusch drei Wochen Urlaub machen.
○ _____
● Hm. Haben Sie schon mit Frau Bartusch gesprochen?
○ _____
● Ah, ich verstehe. Sie wollen zusammen Urlaub machen?
○ _____
● Ja dann! Herzlichen Glückwunsch!

a) ○ Ja! Sie ist einverstanden!

b) ○ Ich weiß! Deshalb muss ich auch im August in Urlaub gehen.

c) ○ Ja! Wir heiraten am 31. Juli. Und vom 1. bis 20. August ist unsere Hochzeitsreise.

d) ○ Vom 31. Juli bis zum 20. August.

e) ○ Guten Morgen, Frau Ruppert. Ich möchte meinen Urlaub anmelden.

b Spielen Sie den Dialog.

c Fragen Sie im Kurs.

am ersten > der erste

der zweite, der **dritte** ...
der **siebte**, der achte ...
der **zehnte**, der elfte ...
der **zwanzigste**, der **dreißigste** ...

● Der Wievielte ist heute?
○ Heute ist …

● Wann machst du Urlaub?
○ Vom 1. bis zum 14. Juni.

Welches Datum haben wir heute?

Wie lange dauert …?

Wann sind die Sommerferien?

Ist der dreizehnte Elfte ein Freitag?

6 Aussprache: Ich-Laut, Ach-Laut, *sch*

⊙ 2.34 **a Hören Sie und sprechen Sie nach.**

1. a- o- u- au- + ch   suchen • machen • die Buchhaltung • auch • am Wochenende
Wir haben acht Sachbearbeiter. • Herr Koch ist auch Buchhalter.

2. ch/-ig   ich • möchten • manchmal • welche • hoffentlich • ein Mechaniker •
Das ist nicht wichtig. • Hoffentlich klappt es! • Natürlich in München!

3. st-, sp-, sch   schreiben • Spaß machen • im dritten Stock • früh aufstehen •
über Berufe sprechen • Überstunden machen • Der Stundenlohn ist schlecht.

⊙ 2.35 **b Hören Sie und sprechen Sie nach.**

1. Viele Kollegen möchten Überstunden machen.↘ Ich auch!↘
2. Herr Koch ist Buchhalter.↘ Das Gehalt ist nicht schlecht.↘
3. Machen Sie mittwochs Überstunden?↗ Ich arbeite vierzig Stunden in der Woche.↘

7 **Arbeitsplatz und Beruf**

a **Was ist für Sie wichtig?**
Wählen Sie aus und schreiben Sie fünf Sätze.

Ich möchte	(nicht) mit den Händen arbeiten.
Ich will	viel Geld verdienen.
Ich kann	meinen Tag frei einteilen. keine anstrengende Arbeit machen. mit Kindern arbeiten. morgens früh anfangen. nachmittags früh aufhören. (nicht) im Büro arbeiten. an der frischen Luft arbeiten. viel/wenig Auto fahren. mit vielen Menschen Kontakt haben. mit dem Fahrrad zur Arbeit fahren. …
Die Arbeit muss	interessant/kreativ/sicher … sein. gut bezahlt sein. Spaß machen.

die Ärztin

die Krankenschwester

b **Ich möchte als … arbeiten –**
Spielen Sie eine Pantomime.

Auto …

fahren …

Taxifahrerin?

c **Welche Berufe aus diesem Kapitel gefallen Ihnen?**

Wie gefällt dir der Beruf Erzieherin?

Erzieherin gefällt mir.
Ich möchte mit Kindern arbeiten.

d **Interviews im Kurs – Sammeln Sie Fragen und Beispiele für Antworten.**
Machen Sie Interviews. Sie können auch Personen erfinden.

Beruf   Urlaub

anfangen   Stunden pro Woche

aufhören

Geld   Kollegen   Spaß

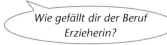

Was bist du von Beruf?

Ich bin Sängerin.

8 **Stellenanzeigen**

a Lesen Sie die Aufgaben 1–7 und die Anzeigen A–F.

Anzeige

1. Ein Bekannter zeigt Ihnen die Stellenanzeige der Spedition. ____
2. Sie arbeiten gerne mit jungen Menschen zusammen. ____
3. Sie machen einen Sprachkurs. Am Abend möchten
   Sie noch zwei Stunden arbeiten. ____
4. Ihre Freundin liest gern und sucht einen Job. ____
5. Sie sprechen gerne mit Menschen. ____
6. Sie wollen in einem Büro arbeiten. ____
7. Sie suchen eine feste Stelle. ____

(A) Huber Gastronomie
Koenigspark

Wir suchen ab sofort
zur Festanstellung

Imbissverkäufer/in
für Fernsehturm

Kellner/in
für das Restaurant im Fernsehturm

Kassierer/in
für das Restaurant am Buggelsee

Wir bieten einen interessanten
Arbeitsplatz in einem jungen Team.

Bitte rufen Sie Frau Dierkes an.
Telefon 0 69 / 30 66 85

Huber Gastronomie · Ludwig-Erhard-Ring 8

(B) Der Lüdenscheidt-Verlag sucht für die Arbeitsstelle
„Zentrale Datenverarbeitung"
zum 1. September

eine Informatikerin / einen Informatiker

Aufgaben:
Weiterentwicklung unserer www-Benutzeroberfläche
Design und Programmierung von Web-Services

Anforderungen:
Abgeschlossenes Hochschulstudium im Bereich Informatik
Erfahrungen in Java, Javascript und Flash
Bewerbungen qualifizierter Wissenschaftler/innen
begrüßen wir besonders!
Bewerbungen mit den üblichen Unterlagen an:
Lüdenscheidt-Verlag, Direktor, Postf. 101021, 68016 Mannheim

(C) In 35 Städten in Deutschland sind wir präsent.
Zum Ausbau unseres Services in Frankfurt suchen wir engagierte und fachkundige
Mitarbeiter:

Sachbearbeiterin/Sekretärin
für Telefonservice und Abrechnungen

Sie kommen aus der Speditionsbranche. Sie sind kommunikationsfreudig, kundenorientiert,
einsatzfreudig und teamorientiert.
Wir garantieren Ihnen einen interessanten Arbeitsplatz und gute Bezahlung.

Schreiner im Außendienst
Handwerkliche Fähigkeiten zeichnen Sie aus. Sie haben Erfahrung im Möbelkundendienst und einen Führerschein Klasse 3. Eine Schreinerausbildung ist von Vorteil.

Firma Höhne, Sabine Schütz, Tel. 0721 / 1 29 81-12

(D) **Klafkis Presse & Buch GmbH**
sucht ab sofort für Schichtdienst in unserem
Geschäft im Hauptbahnhof
engagierte/n, freundliche/n, zuverlässige/n
Buchhändler/in
(Erfahrungen im Buchhandel und
sehr gute Deutschkenntnisse sind Voraussetzung.)
Vollzeitstelle, befristet auf 12 Monate
Bewerbungen bitte an:
Frau Pohl 0202 / 214365

(E) **Telefonieren Sie gern?**
Macht Ihnen die Arbeit in einem netten,
jungen Team Spaß? Wir suchen freund-
liche Damen und Herren mit angenehmer
Telefonstimme zum sofortigen Beginn.

Rufen Sie uns an:

030 / 5 57 38

(F) Wir suchen zum Sofortbeginn:
Reinigungsfrau
für unseren neuen Laden in der
Schreiber-Passage (Stadtmitte).
Arbeitszeit: Mo.–Fr. ab 20 Uhr,
Samstag ab 16 Uhr, je 2 Stunden

Wiener Spezialitätenbäckerei
Sprechen Sie mit Herrn Kobel:
Tel. ab Mo. 8 Uhr, 93 12 53

b Ordnen Sie die Anzeigen den Aussagen zu. Mehrere Lösungen sind möglich.

9 Informationen in den Anzeigen

a Notieren Sie je eine Information zu jedem Stichwort.

Arbeitszeit   Kollegen   Ausbildung

b Welche Informationen fehlen? Notieren Sie zwei Beispiele.

Anzeige A: Arbeitszeit

c Wichtige Wörter finden – Wählen Sie aus jeder Anzeige ein oder zwei Wörter aus und schlagen Sie sie im Wörterbuch nach. Vergleichen Sie im Kurs.

Festanstellung: fest?   anstellen? / Anstellung?

10 Zwei Telefongespräche

⊙ 2.36–37   **a Hören Sie.**
Welche Anzeigen passen?

Telefongespräch	1	2
Anzeige	☐	☐

b Hören Sie noch einmal. Kreuzen Sie an: richtig oder falsch?

Telefongespräch 1   R   F
1. „Provision" heißt: Man bekommt jeden Monat Geld.   ☐   ☐
2. Die Firma macht keine Arbeitsverträge.   ☐   ☐

Telefongespräch 2   R   F
1. Der Stundenlohn ist 10 Euro.   ☐   ☐
2. Die Arbeitszeit ist von 15 Uhr bis 20 Uhr 30.   ☐   ☐

Projekt „Stellenanzeigen"
Stellenanzeigen in Ihren Regionalzeitungen. Was ist interessant?
Sammeln Sie Beispiele. Machen Sie ein Plakat im Kurs.

Auf einen Blick

Im Alltag

1 Ich arbeite bei …

Wo arbeiten Sie?
Als was arbeiten Sie?

Wie viele Stunden arbeiten Sie
am Tag / in der Woche?

Von wann bis wann müssen Sie …?
Was verdient man als … pro Stunde/Monat?

Wie viele Tage haben Sie Urlaub?
Müssen Sie viele Überstunden machen?

Ich arbeite bei …
Ich bin Künstlerin/Kellner/Sachbearbeiterin …
Ich arbeite als Putzfrau bei einer Zeitarbeitsfirma.
… Stunden am Tag / in der Woche.

Von … bis … Uhr.
… € die Stunde.
… € brutto/netto im Monat.
30 Tage im Jahr.
…

 Manche Leute finden die Frage „Was verdienen Sie?" zu privat.

2 Wer ist am Apparat?

Sie rufen an:
1. Die andere Person
   meldet sich:

– Schildt. / Michaela Schildt.
– Spedition Höhne, guten Tag.
– Spedition Höhne, mein Name ist Conny Kramer,
  was kann ich für Sie tun?

2. Sie begrüßen, sagen, wer Sie sind und
   was Sie wollen:

– Hallo, hier ist Swetlana, wie geht's?
– Guten Tag, mein Name ist Bauer,
  ich möchte … sprechen / Informationen über …

oder wen Sie sprechen wollen:

– Guten Tag, mein Name ist Bauer,
  ich möchte Herrn/Frau … sprechen /
– Können Sie mich mit Herrn/Frau … verbinden?

3. Die andere Person reagiert:

– Einen Moment, ich verbinde.
– Herr/Frau … ist zurzeit nicht im Haus.
– Können Sie vielleicht später noch einmal
  anrufen?

Probleme am Telefon – nachfragen:

– Wer ist am Apparat?
– Mit wem spreche ich?
– Können Sie das bitte wiederholen?
– Sprechen Sie bitte etwas lauter/langsamer.
– Entschuldigung, ich habe mich verwählt.

3 Das gefällt mir

Welcher Beruf gefällt Ihnen?

Was gefällt Ihnen an Ihrem Beruf?

Mein Beruf gefällt mir. Ich bin gerne Elektriker.
Ich möchte gern Taxifahrerin sein.
Ich arbeite gern im Freien.
Ich möchte gern selbstständig arbeiten.

Grammatik

1 Satzklammer (Zusammenfassung) (▶ S. 97, 107)

		Position 2			Satzende
trennbare Verben	Ich	stehe	um acht Uhr	auf.	
	Wir	kaufen	immer samstags	ein.	
		Kommst	du	mit?	
Modalverben	Du	kannst	morgen lange	schlafen.	
	Du	musst	nicht so früh	aufstehen.	
		Kannst	du mir mal	helfen?	
Perfekt	Ich	habe	gestern lange	gearbeitet.	
	Ich	bin	nach Hamburg	gefahren.	
		Hast	du schon Urlaub	gemacht?	

2 Modalverb *müssen* (▶ S. 97)

Infinitiv	müssen	
ich	muss	Ich **muss** am Wochenende arbeiten.
du	musst	**Musst** du heute lange im Büro bleiben?
er/es/sie	muss	Er **muss** sofort kommen. Alle Computer sind kaputt.
wir	müssen	Wir **müssen** mal wieder Urlaub machen.
ihr	müsst	Wann **müsst** ihr mit der Arbeit fertig sein?
sie	müssen	Herr und Frau Klose **müssen** abends oft arbeiten.

3 Ordinalzahlen

der/die/das   **erste**, zweite, **dritte**, vierte … **siebte**, achte, zwölf**te**, dreizehn**te** …
zwanzig**ste**, einundzwanzig**ste** … dreißig**ste**, einunddreißig**ste** …

Aussprache

Laute: *ich – ach – sch*

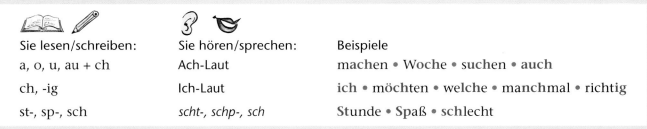

Sie lesen/schreiben:	Sie hören/sprechen:	Beispiele
a, o, u, au + ch	Ach-Laut	machen • Woche • suchen • auch
ch, -ig	Ich-Laut	ich • möchten • welche • manchmal • richtig
st-, sp-, sch	*scht-, schp-, sch*	Stunde • Spaß • schlecht

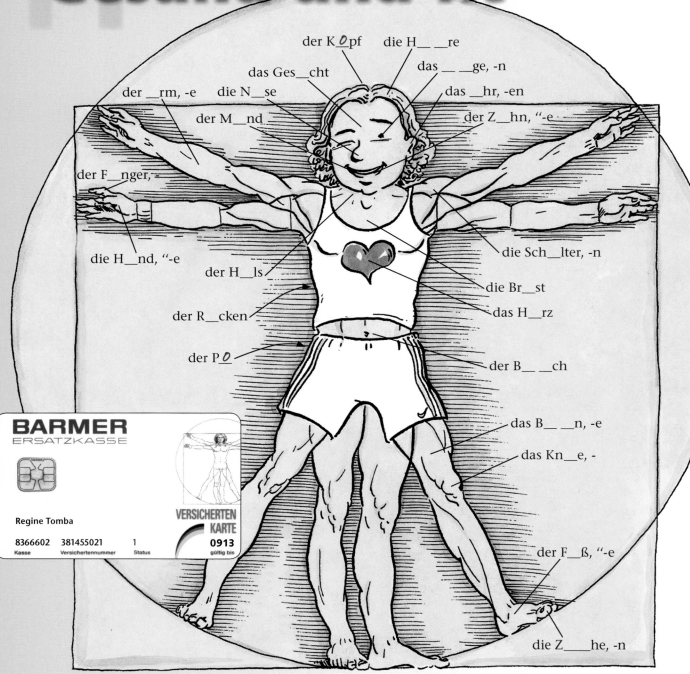

der K_o_pf · die H___re

das Ges__cht · das ___ge, -n

der ___rm, -e · die N__se · das __hr, -en

der M__nd · der Z__hn, "-e

der F__nger, -

die H__nd, "-e · die Sch__lter, -n

der H__ls · die Br__st

der R__cken · das H__rz

der P_o_ · der B____ch

das B_____n, -e

das Kn__e, -

der F__ß, "-e

die Z____he, -n

BARMER
ERSATZKASSE

Regine Tomba

8366602   381455021   1
Kasse   Versichertennummer   Status

VERSICHERTEN
KARTE
0913
gültig bis

① **Der Körper**

a Welche Körperteile kennen Sie? Sammeln Sie an der Tafel.

⊙ 2.38 b Hören Sie und ergänzen Sie: *a, e, i, o, u, ü, au, ei*.

⊙ 2.39 c Hören Sie und zeigen Sie auf die Körperteile.

② **Körperteile**
Welche Körperteile gibt es einmal, zweimal, zehnmal? Sprechen Sie.

Lernziele

• Körperteile benennen
• Gespräche beim Arzt führen
• über Fitness sprechen
• Gesundheitsprobleme beschreiben
• Termine vereinbaren

Ich habe / Der Mensch hat zwei Augen.

Trainingsplan: März

Basis: 2 x 30 Minuten

Rücken: 2 x 30 Min.

Kurs: 10 x 45 Min.

3 Im Fitness-Studio

⊚ 2.40   **a Hören Sie und kreuzen Sie an: richtig oder falsch?**

Dialog 1
● Hallo, ich bin Dirk.
○ Hallo, Sabine, Sabine Winterer.
● Wir duzen uns hier alle, ist das o. k.?

	R	F
a) Dirk und Sabine gehen zusammen ins Fitness-Studio.	☐	☐
b) Sabine kann sich immer bei Dirk informieren.	☐	☐
c) Dirk testet Sabines Gesundheit.	☐	☐

Dialog 2
● Was möchtest du machen? Erzähl mal.
○ Tja, äh, also …, ich möchte abnehmen.
  Eine Diät mache ich schon, aber das ist
  nicht genug. Deshalb möchte ich auch
  Sport machen.

	R	F
a) Sabine ist zu dick.	☐	☐
b) Sabine joggt täglich.	☐	☐
c) Sabine hat Rückenprobleme.	☐	☐

Dialog 3
● Gut, dann können wir anfangen.
  Am Anfang ist immer ein Basisprogramm
  für den ganzen Körper wichtig:
  Beine, Bauch, Brust, Schultern, Arme und
  Rücken.

	R	F
a) Sabine muss nur den Rücken trainieren.	☐	☐
b) Radfahren ist gut für die Kondition.	☐	☐
c) Sabine wählt den Kurs „Kick die Kilos".	☐	☐

b Was kann Sabine im Alltag für ihre Gesundheit tun? Geben Sie Tipps.

4 Was tun Sie für Ihre Fitness?
Wählen Sie Fragen aus und fragen Sie im Kurs.

1. Trainierst du im Fitness-Studio?
2. Fährst du regelmäßig Fahrrad?
3. Gehst du laufen/joggen?
4. Was tust du für deine Kondition?
5. Gehst du regelmäßig zum Arzt/Zahnarzt?
6. Spielst du Fußball? / Machst du Gymnastik?
7. Kannst du mir eine gute Übung für den Rücken / den Bauch / die Beine zeigen?

5 **Bei der Hausärztin**

a Lesen Sie die Aussagen.

⊙ 2.41–42 **b Hören Sie und markieren Sie die richtigen Aussagen.**

  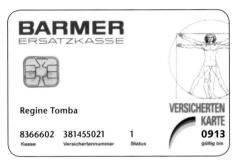

Dialog 1
In der Anmeldung

1. Frau Tomba spricht mit *der Sprechstundenhilfe / der Apothekerin / der Ärztin*.
2. Sie braucht *die Versichertenkarte / eine Krankmeldung / ein Rezept*.
3. Sie muss *später kommen / im Wartezimmer warten / ein Formular ausfüllen*.

Dialog 2
Im Sprechzimmer

1. Die Ärztin schickt Frau Tomba *ins Krankenhaus / in die Apotheke / zum Röntgen*.
2. Frau Tomba bekommt *ein Rezept / ein Medikament / einen Verband*.
3. Für den Röntgenarzt braucht sie *ein Rezept / eine Notiz / eine Überweisung*.

c Ordnen Sie 1–5 zu. Hören Sie dann Dialog 2 noch einmal. Üben Sie den Dialog.

● Guten Tag, Frau Tomba. Was fehlt Ihnen denn? ____

● Hm, wie lange haben Sie das schon? ____

● Wir müssen erst mal röntgen. Ich schreibe eine Überweisung
und ein Rezept für Schmerztabletten und eine Salbe. ____

● Ich schreibe Sie bis Freitag krank. ____

● Dreimal am Tag zu den Mahlzeiten. ____

● Nein, das dürfen Sie nicht! Gehen Sie viel spazieren.

1. ○ Darf ich Sport machen?
2. ○ Hier oben tut es so weh und da.
3. ○ Ich brauche eine Krankmeldung.
4. ○ Seit vorgestern …
5. ○ Wie oft muss ich die Tabletten nehmen?

6 **Fragen und Antworten beim Arzt**

a Lesen Sie die Antworten. Welche Fragen kann der Arzt stellen? Sammeln Sie.

① Ich habe Bauchschmerzen, meistens nach dem Essen.

② Ich habe keinen Hausarzt.

③ Frau Dr. Schulze in der Weststraße.

④ Ja, abends nehme ich meistens eine Schlaftablette.

⑤ Nein, nicht regelmäßig, manchmal habe ich starke Schmerzen. Dann nehme ich eine Schmerztablette.

⑥ Nein, ich bin das erste Mal beim Arzt.

⑨ Seit vier Wochen ungefähr.

⑦ Das habe ich schon lange, bestimmt seit drei Jahren. Es wird immer schlimmer.

⑧ Mein Bein tut weh und ist dick.

⑩ Ich nehme eine Salbe, aber die hilft nicht viel.

⊙ 2.43 **b Hören Sie die Fragen und ordnen Sie die Antworten zu.**

A: *1*   B: ___   C: ___   D: ___   E: ___   F: ___

7 Modalverben: *dürfen* und *sollen*

⊙ 2.44 **a *Dürfen* – Ergänzen Sie die Formen. Hören Sie zur Kontrolle.**

1. ● _____ ich Fußball spielen?

   ○ Nein, Sie _____ keinen Sport machen.

2. ● _____ wir Computer spielen?

   ○ Ja, ihr _____ ein bisschen spielen.

3. ● Herr Doktor, _____ mein Mann rauchen?

   ○ Er _____ auf keinen Fall rauchen.

dürfen	
ich	**darf**
du	**darf**st
er/es/sie	**darf**
wir	dürfen
ihr	dürft
sie/Sie	dürfen

b *Sollen* – Sprechen Sie im Kurs.

> *Die Ärztin hat gesagt, ich soll viel Tee trinken.*

> *Die Ärztin hat gesagt, ihr sollt viel schlafen.*

sollen	
ich	soll
du	sollst
er/es/sie	soll
wir	sollen
ihr	sollt
sie/Sie	sollen

viel Tee trinken
zu Hause bleiben
die Tabletten vor dem Essen nehmen
einen Termin beim Orthopäden machen
täglich eine Stunde spazieren gehen
zum Arzt gehen
eine Krankmeldung holen
Zwiebeln mit Honig essen

viel Obst essen
viel schlafen
keinen Kaffee trinken
keinen Sport machen
im Bett bleiben
in der Firma Bescheid sagen
eine heiße Zitrone trinken
ein warmes Bier trinken

c Schreiben Sie Anweisungen und vergleichen Sie im Kurs.

1. Jonas hat Schnupfen und Fieber.

2. Sabine hat Husten, aber kein Fieber.

3. Paul ist hingefallen. Er kann nicht gut laufen.

Jonas soll viel schlafen. Er soll ...

8 Imperativ – Ihr-Form

a Was passt? Ordnen Sie zu. Es gibt mehrere Möglichkeiten.

1. Ich habe Kopfschmerzen.
2. Dürfen wir draußen spielen?
3. Wann sollen wir die Tabletten nehmen?
4. Wir haben Durst.
5. Ich möchte meine Ruhe haben.

a) Geht zum Spielplatz oder spielt Fußball.
b) Vorsicht, heiß! Trinkt langsam.
c) Jan und Lisa, seid bitte leise!
d) Jetzt! Und dann kommt bitte zum Abendessen.
e) Nein, macht zuerst eure Hausaufgaben.

b Markieren Sie die Imperativ-Formen in 8a.

c Schreiben Sie Imperativ-Formen mit den Wörtern aus 7b.

Trinkt viel Tee! Bleibt ...

9 Termine machen, absagen, verschieben

⊙ 2.45 **a Lesen und hören Sie.**

Dialog 1
- ● Praxis Dr. <u>Bl</u>eiche, <u>Sch</u>midt, guten <u>Tag</u>.
- ○ <u>Beck</u>ord, guten <u>Morgen</u>. Ich brauche einen Ter<u>min</u>.
- ● Zur <u>Vor</u>sorge?
- ○ <u>Nein</u>, ich habe <u>Schmer</u>zen, vor allem <u>abends</u>.
- ● Können Sie nächste Woche <u>Donner</u>stag? Um halb <u>vier</u>?
- ○ Geht es nicht <u>früher</u>?
- ● Einen Termin haben wir <u>nicht</u>, aber Sie können <u>morgen</u> kommen. Sie müssen aber <u>warten</u>.
- ○ <u>Gut</u>, danke, dann komme ich lieber <u>morgen</u>.

Dialog 2
- ● Praxis Dr. <u>Gebauer</u>, mein Name ist <u>Braun</u>, guten <u>Tag</u>.
- ○ <u>Luhmann</u>, guten <u>Tag</u>. Ich habe heute einen Termin zur <u>Vor</u>sorge für meinen <u>Sohn</u>. Für die <u>U6</u>. Es tut mir <u>leid</u>, aber ich kann heute nicht <u>kommen</u>. Können wir den Termin ver<u>schieben</u>?
- ● Na<u>türlich</u>! Wann können Sie denn <u>kommen</u>? Vormittags oder <u>nachmittags</u>?
- ○ Lieber <u>vormittags</u>.
- ● Am <u>Diens</u>tag, dem 18. September um <u>11</u> Uhr?
- ○ <u>Ja</u>, das passt <u>gut</u>.

Dialog 3
- ● Praxis Dr. <u>Kamp</u>, <u>Rü</u>ther, guten <u>Tag</u>.
- ○ <u>Blasig</u>, guten <u>Tag</u>. Ich habe morgen einen Ter<u>min</u> bei Ihnen.
- ● <u>Ja</u>, um 9 Uhr <u>30</u>.
- ○ <u>Gen</u>au. Ich muss leider <u>abs</u>agen, meine Tochter ist <u>krank</u>.
- ● Möchten Sie einen <u>neuen</u> Termin?
- ○ <u>Ja</u>.
- ● In <u>2</u> Wochen, am <u>1</u>. August um 8 Uhr <u>30</u> habe ich einen Termin <u>frei</u>.
- ○ <u>Ja</u>, das <u>geht</u>, vielen <u>Dank</u>.

b Notieren Sie Sätze. Die Dialoge helfen. Vergleichen Sie im Kurs.

<u>einen Termin vereinbaren</u>   <u>einen Termin verschieben</u>   <u>einen Termin absagen</u>
Ich brauche einen Termin.

c Schreiben und spielen Sie Dialoge.

10 Termine und Pünktlichkeit

**a Wie ist es in Deutschland? Was denken Sie?
Markieren Sie und sprechen Sie im Kurs.**

> Sie kommen um …

1. Arzt	Der Termin ist um 8 Uhr 15.	8.00 – 8.15 – 8.40
2. Freundin	Sie treffen eine Freundin um 18 Uhr im Café.	17.45 – 18.00 – 18.30
3. Abendessen	Sie sind um 19 Uhr eingeladen.	18.45 – 19.00 – 19.30
4. Bahnhof	Der Zug geht um 12 Uhr 37.	12.30 – 12.40 – 12.50
5. Konzert	Das Konzert beginnt um 20 Uhr.	19.45 – 19.55 – 20.15
6. Unterricht	Der Unterricht beginnt um 9 Uhr.	8.45 – 8.55 – 9.15
7. Kino	Das Kino beginnt um 19 Uhr 30.	19.25 – 19.40 – 20.00

b Wie ist das in Ihrem Land?

11 *Ja* oder *Doch*

2.46 **a** *Ja* oder *Doch* – **Hören Sie und ergänzen Sie.**

1. Willst du **nicht** zum Arzt gehen?   _____, ich habe schon angerufen.

2. Hast du eine Überweisung?   _____.

3. Hast du deine Tabletten genommen?   _____, vor dem Essen.

4. Nimmst du **keine** Tabletten?   _____, immer vor dem Frühstück.

b *Ja, Doch* oder *Nein* – **Ergänzen Sie.**

1. Haben Sie am Mittwochnach-   _____, von 16–18 Uhr.
mittag keine Sprechstunde?   _____, Mittwochnachmittag haben wir geschlossen.

2. Wollen Sie keine Tabletten?   _____, so schlecht geht es mir nicht.
            _____, dann geht es mir heute Abend besser.

3. Hast du noch Kopfschmerzen?   _____, ich lege mich gleich ins Bett.
            _____, mir geht's wieder gut.

12 Aussprache: *r*

2.47 **a** **Hören Sie und sprechen Sie nach.**

Sie sprechen *r*:   der Rücken • ein Rezept • die Grippe • die Brust • Karies • krankschreiben

Sie sprechen kein *r*:   der Finger • die Schulter • untersuchen • um vier Uhr • zur Vorsorge
            Geht es früher? • Ja, am Donnerstag.

2.48 **b** **Hören Sie und sprechen Sie nach.**

1. Er hat Grippe und geht zum Hausarzt.↘   4. Wer braucht ein Rezept?↗
2. Darf Frau Traube am Computer arbeiten?↗   5. Was macht Ihr Sohn im Urlaub?↗
3. Der Arzt untersucht den Rücken und die Schulter.↘   6. Wir möchten euch wiedersehen.↘

Projekt
Ärzte und Krankenhäuser in Ihrer Nähe

Suchen Sie:

– fünf Ärzte (Internist, Augenarzt …) mit Adressen und Telefonnummern.
– die Notrufnummern von Polizei, Feuerwehr …
– drei Krankenhäuser (Adressen/Telefonnummern).
– Notdienste (Apotheken, Ärzte, Zahnärzte …).

Suchwörter: Notdienst Apotheke + Stadt

www

Viva — Das Gesundheitsmagazin

Große Fitness-Umfrage: Was tun Sie für Ihren Körper?

Laura Brause (25), kaufmännische Angestellte

(A) Ich laufe jeden Morgen eine halbe Stunde! Das braucht mein Körper. Im Büro sitze ich den ganzen Tag vor dem Computer. Früher hatte ich oft Probleme mit starken Rückenschmerzen – heute bin ich den ganzen Tag fit. Zum Frühstück esse ich nur frisches Obst und Müsli, in der Firma dann meistens einen Joghurt oder einen Salat. Das normale Kantinenessen macht dick!

Alexa Koller (35), Geschäftsfrau

(B) Bei mir im Haus gibt es ein Sonnenstudio. Da gehe ich oft abends hin. Das ist gut für meine Haut. Für regelmäßigen Sport habe ich keine Zeit. Ich bin Geschäftsfrau und habe einen kleinen Gemüseladen. Ich muss jeden Tag zehn Stunden arbeiten und habe viel Stress. Deshalb rauche ich auch noch. Nächstes Jahr will ich damit aufhören. Vielleicht mache ich dann auch mehr Sport – Schwimmen oder so.

Eva Raguet (16), Schülerin

(C) Ich bin im Volleyballverein. Das ist prima! Wir trainieren zweimal in der Woche und am Samstag spielen wir gegen andere Clubs. Volleyball ist super! In unserem Verein haben wir einen großen Fitnessraum, da bin ich auch einmal in der Woche.

13 Lesetraining

a Lesen Sie schnell. Zu welchen Texten passen die Aussagen?

	Texte
1. Sport ist interessant. Aber nur im Fernsehen.	_____
2. Gesund essen ist sehr wichtig.	_____
3. Etwas Sport und gesunde Ernährung sind wichtig.	_____
4. Sport? Keine Zeit!	_____
5. Ich brauche viel Sport.	_____
6. Sport, ja klar! Gesund leben, ja, aber …	_____

Sibylle Roth (58), Frührentnerin

Ⓓ Ich bin seit ein paar Jahren Vegetarierin. Früher war ich oft krank. Das hatte bestimmt mit meiner falschen Ernährung zu tun! Seit drei Jahren esse ich nur noch Biogemüse, Obst und Milchprodukte von einem Biobauern aus unserer Region. Jetzt bin ich wieder schlank und habe fast keine Probleme mehr mit meiner Gesundheit. Ich sage immer: Auf die gesunde Ernährung kommt es an! Bei mir in der Nähe gibt es eine tolle Sauna. Da gehe ich alle zwei Wochen mit Freunden von mir hin.

Johannes Blass (45), Ex-Möbelpacker

Ⓔ Ich finde Sport super. Jeden Samstag sehe ich drei Stunden Sport im Fernsehen. Aktiv darf ich nichts machen, weil ich Probleme mit meinem kaputten Rücken habe. 15 Jahre Möbelpacker! „Berufskrankheit", sagt der Arzt. Heute arbeite ich im Büro, aber durch das Sitzen habe ich zehn Kilo zugenommen. Mit dem Rauchen will ich aufhören, denn ich habe oft Husten und viele Erkältungen. Sonntags mache ich immer einen kurzen Spaziergang.

Tom Koenig (25), Verkäufer

Ⓕ Fitness? Das ist das Wichtigste in meinem Leben! Mindestens dreimal die Woche: Mountainbikefahren, Joggen, Schwimmen, im Winter Skifahren usw. Gesund essen ist auch wichtig, aber ich esse gern gut und es macht mir Spaß, mit Freunden zusammen ein paar Bier zu trinken. Zu Hause rauche ich fast nicht mehr. Meine Freundin ist Nichtraucherin. Früher habe ich viel Squash gespielt, aber ich habe ein bisschen Probleme mit meinen Knien.

Das Gesundheitsmagazin

b Lesen Sie genau. Wer tut was für seine Gesundheit? Notieren Sie Stichwörter.

Laura: laufen, Obst, Salat ...

c Wer lebt gesund, wer nicht? Schreiben Sie die Namen auf die Skala.

gesund	ungesund

14 Zwei Interviews

⊙ 2.49   Hören Sie. Wohin passen Angelika und Uli auf der Skala in 13c.

Im Alltag

1 Ich habe Probleme mit …

Arzt/Ärztin	Patient/Patientin
Welche Beschwerden haben Sie?	Ich habe Probleme mit dem/der …
Wo tut es Ihnen weh? Haben Sie Schmerzen?	Mein Bein/Arm/Finger … tut weh. Ich habe …schmerzen. Ich habe Schnupfen/Husten/Grippe/Fieber. Hier oben/unten/hinten tut es weh. Ich bin krank.
Wie lange haben Sie das schon? Seit wann haben Sie das schon?	Seit … Tagen/Wochen / letztem Montag.
Haben Sie Fieber?	Ja./Nein.
Tut das hier weh? Hatten Sie das schon einmal? Nehmen Sie Medikamente? Waren Sie schon einmal beim Arzt?	Ja./Nein.

Gute Besserung!

2 Medikamente nehmen

Wie oft soll ich die Medizin nehmen?

Dreimal täglich eine Tablette, am besten vor dem Essen.

Wie oft?	1–3 x täglich/stündlich
Wie viel?	3 Tabletten / 20 Tropfen
Wann?	morgens/mittags/abends – vor/nach dem Essen
Wie lange?	Fragen Sie den Arzt. Bis die Schmerzen weg sind. / Bei Bedarf.

> **TIPP** Fragen Sie den Arzt oder in der Apotheke!

3 Termin vereinbaren/Anmeldung

Haben Sie am Montag/morgen/übermorgen Zeit? Können Sie heute/morgen … um 15 Uhr?	Ich habe einen Termin bei Dr. … Ich arbeite bis vier Uhr. Ich kann ab fünf Uhr.
Kommen Sie am Donnerstag / in drei Tagen wieder.	Ich kann morgens/nachmittags / nächste Woche (nicht). Kann ich den Termin verschieben? Ich muss den Termin absagen. Ich kann leider nicht kommen. Brauche ich einen Termin oder kann ich einfach vorbeikommen?

Im Alltag EXTRA
▶ S. 258

> ⚠ In Deutschland ist 8 Uhr 15 = 8 Uhr 15.

Grammatik

1 Modalverben *dürfen* und *sollen* (▶ S. 97, S. 123)

Satzklammer

	Modalverb		Infinitiv
Der Arzt hat gesagt, ich	(soll)	drei Tage zu Hause	(bleiben).
Wann	(darfst)	du wieder	(aufstehen)?

Konjugation

	dürfen	sollen		dürfen	sollen
ich	darf	soll	wir	dürfen	sollen
du	darfst	sollst	ihr	dürft	sollt
er/es/sie	darf	soll	sie/Sie	dürfen	sollen

Bedeutung

dürfen	Es ist erlaubt.	Ich darf Sport machen.
nicht dürfen	Es ist verboten.	Du darfst zwei Tage nicht duschen!
sollen	Eine andere Person sagt, es ist (nicht) wichtig/gut …	Der Arzt hat gesagt, ich soll viel trinken.

2 Ja/Nein-Fragen und Antworten: *Ja, Nein, Doch*

+		**–**	
Hast du Fieber?	Ja. / Nein.	Warst du **nicht** beim Arzt?	Doch. / Nein.
Trinkst du genug?	Ja. / Nein.	Hast du jetzt **keine** Kopfschmerzen mehr?	Doch. / Nein.

3 Imperativ (Zusammenfassung)

Sie-Form	Sie kommen	Kommen Sie	Kommen Sie um 16 Uhr 30.
du-Form	**du nimmst**	~~du~~ **nimm**~~st~~	**Nimm** die Medizin!
ihr-Form	**ihr esst**	~~ihr~~ **esst**	**Esst** viel Gemüse!

⚠ sein **Seien Sie / Sei / Seid** leise!   fahren **Fahren Sie / Fahr / Fahrt** nicht so schnell!

Aussprache

Laute: *r*

Sie lesen/schreiben r:	Sie hören/sprechen kein r:
-**er** am Wortende	Finger • Schulter • Tochter • Kinder
r nach langem Vokal	vier • Uhr • ihr • wir • der
in den Präfixen *vor-, ver-, er-*	vorstellen • verboten • verkaufen • erklären

Schönes Wochenende!

Lernziele

- eine Reise buchen
- Hotelinformationen erfragen
- Fahrkarten kaufen
- über das Wetter sprechen
- Anzeigen verstehen

SONNE – SAND – SYLT

169 Euro p. P.

3 Tage
Doppelzimmer mit Frühstück
Pension Windjammer

1 Bilder und Wörter
a Welche Wörter passen zu welchen Bildern?

die Jugendherberge	abfliegen	die Übernachtung	das Einzelzimmer
der Flughafen	die Ankunft	aussteigen	die Halbpension
das Flugzeug	die Durchsage	der Koffer	das Fahrrad
der Flug	ankommen	die Tasche	das Ticket
fliegen	die Reise	das Gepäck	das Reisebüro
das Doppelzimmer	der Ausflug	der Rucksack	der Abflug
der Bus	der Reiseführer	der Ausweis/Pass	die Bahn
der Prospekt	einsteigen	das Hotel	das Auto
	wandern	schwimmen	Fahrrad fahren

> *Zu Bild A passt zum Beispiel:*
> *die Reise, das Reisebüro, der Reiseführer.*

Hafengeburtstag Hamburg

Drei Tage Hamburg mit Flug ab München,
Hotel mit Halbpension
Superangebot ab **199 €**
(im Doppelzimmer)

gemeinschaft erleben
jugendherberge.de

2.50 b Sie hören drei Dialoge und eine Ansage. Was passt zu welchen Bildern?

c Hören Sie noch einmal. Kreuzen Sie an: richtig oder falsch?

	R	F
1. Die Reise ist mit Halbpension.	☐	☐
2. Jugendherbergen sind billiger als Hotels.	☐	☐
3. Man kann mit dem Zug auf die Nordseeinsel Sylt fahren.	☐	☐
4. Der Flug nach Berlin ist pünktlich.	☐	☐

2 Reiseziele

**a Wohin möchten Sie gerne fahren? Was möchten Sie tun?
Sammeln Sie Reiseziele und Aktivitäten.**

Städte	Regionen	Aktivitäten
nach Berlin •••••••	in die Alpen	nichts tun • schwimmen etwas besichtigen

b Machen Sie eine Hitliste im Kurs. Jede/r kann fünf Punkte verteilen.

c Sprechen Sie.

| Ich möchte
Ich will | an den Bodensee/Chiemsee
an die Ostsee/Nordsee/Küste
ans Meer
in den Schwarzwald
in die Berge/Alpen
nach Hamburg/Berlin/Wien | fahren | und wandern/schwimmen/ausruhen.
den/das/die … besichtigen. |

*Ich möchte ans Meer fahren
und ausruhen.*

3 Eine Reise buchen

a Hören Sie den Dialog. Was sagen diese Zahlen: 8.-10., 159, 14, 21?

● Was kann ich für Sie <u>tun</u>?↗
○ Meine Freundin und <u>ich</u> wollen im Mai ein Wochenende ver<u>rei</u>sen, aber es darf nicht viel <u>kos</u>ten.↘ Haben Sie da etwas für mich?↗
● Wohin <u>möch</u>ten Sie denn?↗ Ans <u>Meer</u>, in die <u>Ber</u>ge?↗
○ <u>Egal</u>, wir wollen nur ein paar Tage <u>raus</u> hier.↘ Vielleicht nach Ber<u>lin</u> oder <u>Ham</u>burg.↘
● Da <u>ha</u>be ich etwas für Sie.↘ Vom 8. bis 10. Mai zum <u>Ha</u>fengeburtstag nach <u>Ham</u>burg.↘ Doppelzimmer mit <u>Früh</u>stück, Flug ab <u>Mün</u>chen für 159 Euro pro Per<u>son</u>.↘
○ Das ge<u>fällt</u> mir.↘ Um wie viel Uhr ist der <u>Flug</u>?↗
● Sie fliegen am Freitag<u>nach</u>mittag um 14 Uhr <u>hin</u> und am Sonntag um 21 Uhr zu<u>rück</u>.↘
○ <u>Gut</u>, dann <u>neh</u>me ich das.↘
● Für wen kann ich reser<u>vie</u>ren?↗
○ Für <u>mich</u> und meine <u>Freun</u>din.↘
● Wie möchten Sie be<u>zah</u>len?↗ <u>Bar</u> oder mit <u>Kar</u>te?↘
○ <u>Bar</u>.↘

b Lesen Sie den Dialog laut.

c Variieren Sie den Dialog: Datum, Reiseziel, Preise und Uhrzeiten.

4 Wohin? – an/in mit Akkusativ

a Markieren Sie die Präpositionen und Akkusativformen in 3a. Vergleichen Sie im Kurs.

b Lesen Sie die Beispiele und ergänzen Sie in 1–5.

1. Ich möchte im Sommer _____ Alpen fahren.

2. Wollen wir am Samstag _____ Museum gehen?

3. Ich fahre im April _____ Schwarzwald zum Wandern.

4. Ich will nächste Woche _____ Chiemsee zum Schwimmen.

5. Ich möchte in Wien _____ Burgtheater gehen.

> **Wohin?**
> **an den** See fahren
> **in den** Wald gehen
> **ans** Meer fahren
> **ins** Museum gehen
> **in die** Berge fahren
> **in die** Stadt gehen

5 Personalpronomen im Akkusativ
a Ergänzen Sie in 1–5 die Pronomen.

1. Ich möchte verreisen. Haben Sie ein Sonderangebot für _____?

2. Ich habe für mich und _____ eine Wochenendreise gebucht.

3. Ich kann auch gleich Karten für „Tarzan" für _____ reservieren.

4. Der Hamburger Hafen ist toll. Man kann _____ mit dem Schiff besichtigen.

5. Ist das Maritime Museum interessant? Ich möchte _____ gerne besuchen.

	Akkusativ
ich	mich
du	dich
er	ihn
es	es
sie/Sie	sie/Sie

b Wählen Sie einen Satz von 1–5 aus. Schreiben und spielen Sie einen Mini-Dialog.

6 Fahrkarten kaufen

⊙ 2.52

a Lesen Sie die Sätze. Hören Sie zu und kreuzen Sie an: richtig oder falsch?

	R	F
1. Der Mann möchte nach Heidelberg fahren.	☐	☐
2. Er will mit dem Auto zurückfahren.	☐	☐
3. Er hat eine BahnCard.	☐	☐
4. Der Zug fährt um Viertel nach neun ab.	☐	☐
5. Er will mit einem ICE fahren.	☐	☐
6. Er muss einmal umsteigen.	☐	☐
7. Er reserviert einen Fensterplatz.	☐	☐

b Hören Sie den Dialog noch einmal und lesen Sie mit.

Teil 1: Ort und Datum

- ● Guten Tag,↘ ich möchte eine Fahrkarte von Würzburg nach Heidelberg.↘
- ○ Für wann?↗
- ● Für den 3. August.↘
- ○ Um wie viel Uhr möchten Sie fahren?↗
- ● Um neun.↘
- ○ Um 9 Uhr 30 fährt ein ICE und um 9 Uhr 35 ein Regionalexpress, aber bei beiden Zügen müssen Sie einmal umsteigen.↘

Teil 2: Kauf und Reservierung

- ○ Einfach?↗
- ● Nein, hin und zurück.↘
- ○ Haben Sie BahnCard?↗
- ● Ja. BahnCard 25, 2. Klasse.↘
- ○ Möchten Sie einen Sitzplatz reservieren?↗
- ● Ja, bitte.↘
- ○ Fenster oder Gang?↘
- ● Wie bitte?↗
- ○ Möchten Sie am Fenster sitzen oder am Gang?↘
- ● Am Fenster, bitte.↘
- ○ Gut, das kostet dann 73 Euro.↘

c Lesen Sie die Dialoge laut.

d Variieren Sie: Strecke, Tag, Uhrzeit, Zugtyp, Preise.

	Kunde 1	Kunde 2
Strecke	München – Hamburg	Heidelberg – Iphofen
Datum/Dauer	12.3.–16.3.	morgen
Ermäßigung	BahnCard 25	Nein
Verbindung	ICE	ICE/Regionalexpress (keine Reservierung)
Abfahrt – Ankunft	10:55–16:53	9:24–13:06
Umsteigen	1 x, Würzburg	2 x, Frankfurt, Würzburg
Reservierung	2. Klasse	2. Klasse, Fenster
Preis	91,50 Euro	41 Euro

7 An der Rezeption

⊙ 2.53 **a** Sehen Sie die Bilder an und hören Sie die Dialoge. Wo passen die Bilder?

Dialog 1
- ● Guten Tag. Kann ich Ihnen helfen?↗
- ○ Wir haben eine Reservierung für ein Doppelzimmer.↘
- ● Wie heißen Sie, bitte?↗
- ▲ Ich bin Angela Happle und das ist Jürgen Braun.↘
- ● Wir haben für Sie zwei Nächte reserviert.↘ Richtig?↗
- ○ Ja.↘
- ● Können Sie bitte dieses Formular ausfüllen?↗
- ○ Ja klar.↘
- ● Ihr Zimmer ist 210.↘ Der Frühstücksraum ist gleich hinter der Rezeption.↘
- ○ Danke.↘

Dialog 2
- ○ Eine Frage.↘ Haben Sie W-Lan hier?↗
- ● Nein, aber neben dem Eingang steht ein Computer mit Internetanschluss.↘
- ▲ Und wo ist der Fernsehraum?↗
- ● Hinter dem Frühstücksraum.↘
- ○ Haben wir einen Kühlschrank im Zimmer?↗
- ● Ja, er steht unter dem Fenster.↘

b Lesen Sie den Dialog laut.

c Wo? – Ergänzen Sie die Präpositionen *hinter, neben, unter* und die Artikel im Dativ.

1. ● Gibt es einen Fernsehraum?

   ○ Ja, gleich _____ _____ Frühstücksraum.

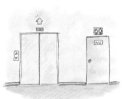

2. ● Wo finde ich die Toiletten?

   ○ _____ _____ Aufzug rechts.

3. ● Wo ist meine Jacke?

   ○ Ich glaube, _____ _____ Bett.

d Hotel/Pension/Jugendherberge: An der Rezeption – Sammeln Sie Fragen.

> *Ab wann gibt es Frühstück?*
> *Bis wann ...?*   *Wie viel kostet ...?*   *Wo ist ...?*

e Schreiben und spielen Sie Dialoge.

Ab wann gibt es Frühstück?   *Frühstück gibt es von 6 Uhr bis 10 Uhr.*

8 Das Wetter

2.54 **a Hören Sie zu. Welche Bilder passen zu den Geräuschen?**

b Ordnen Sie die Wortgruppen den Fotos zu.

①
der Regen
die Wolken / der Wind
Es regnet.
Es ist kühl.
Das Wetter ist schlecht.

②
der Schnee
Es schneit.
Es ist kalt.
Es hat minus drei Grad Celsius.

③
die Sonne
Die Sonne scheint.
Es ist warm.
Das Wetter ist schön.

c Wie ist das Wetter heute? Wie war es gestern / vor einer Woche / vor zwei Wochen?

9 Das Wetter in Deutschland und in Ihrem Land
Sprechen Sie im Kurs.

Ich finde das Wetter in Deutschland Es ist Mir gefällt Ich mag	gut / ganz gut / nicht so gut / schlecht. zu warm/kalt/nass/trocken … der Sommer / der Winter … den Herbst / den Frühling …
Bei uns gibt es In meinem Land / In …	nur zwei Jahreszeiten: Sommer und Winter. nur Trockenzeit und Regenzeit. regnet es im Sommer oft/selten/nie. scheint drei Monate lang die Sonne.
Im Sommer/Herbst Im Winter	ist es oft sehr warm/kalt/windig … haben wir immer/nie Schnee. ist es oft sehr kalt: Minus 15 Grad Celsius.

Im Sommer ist es oft über 40 Grad warm.

10 Aussprache: Zwei Konsonanten
2.55 **Hören Sie und sprechen Sie nach.**

Sie hören/sprechen: Sie lesen/schreiben:

„ts"   das Zimmer • die Information • bezahlen • rechts • sitzen • der Sitzplatz
„pf"   empfehlen • der Apfelsaft • der Kopf • abfahren • die Abfahrt
„ks"   extra • ein Taxi • der Frühstücksraum • links • sonntags
„st"   zuerst • im August • Hast du Zeit? • Wann kommst du?
„scht"   im dritten Stock • am Strand • die Stadt besichtigen • umsteigen

www.bahn.de (A1)

Preisbeispiel für Gruppenreisen (DB)
Beim Gruppe&Spar-Angebot sparen
Sie bis zu 70 % vom Normalpreis.
Sie zahlen nie mehr als 36,60 EUR für
eine einfache Fahrt p. P., egal
wie weit Sie in Deutschland reisen.
Ab 6 Personen sind Gruppenreisen
besonders günstig

Das Baden-Württemberg-Ticket (A2)

Bis zu fünf Personen oder Eltern oder
Großeltern mit beliebig vielen eigenen
Kindern können fahren. Ohne Kilo-
meterbegrenzung in Baden-Württem-
berg! Für nur 28 Euro. Mo–Fr 9ʰ–3ʰ,
Sa–So 0ʰ–3ʰ des Folgetages

Schönes Wochenende-Ticket (B1)

5 Leute – ein Tag – nur 37 EUR
Gilt Sa und So in allen Nahverkehrszügen,
2. Kl. ohne Kilometerbeschränkung

www.mitfahrzentrale.de (B2)

*Fahren Sie einfach mit! Von Haustür zu
Haustür! Preisbeispiel für eine Person von
München nach Berlin:
550 km für nur rund 45 Euro*

Flug Düsseldorf (Weeze) – Marrakesh (C1)
Topangebot **nur 49,99** inkl. Gebühren

5 Tage Marrakesh (C2)
Flug und Hotel
Spitzenpreis
299 €
inkl. aller Gebühren

Bustours München (D1)
Unser Preishit: Tagesausflug nach Salzburg •
Erw. 24,– EUR, Kind (bis 14 J.) 12,– EUR •
Tgl. Abfahrt 9 Uhr, Rückkehr gegen 20 Uhr.
Rufen Sie uns an, wir beraten Sie gerne!
Tel. 83 45 88

Panorama-Rundfahrten (D2)
Tagestour von München nach
Schloss Neuschwanstein! Abfahrt
DI, DO, SA 9 Uhr – Besichtigung
inkl., **p. P. nur 41,– EUR**
Und viele Sonderfahrten zum
günstigen Preis! Tel. 0 89 - 36 09 61

---

11 Anzeigen

Lesen Sie die Anzeigen und die Aufgaben A–D. Welche Anzeige passt jeweils zur Situation?

A Sie möchten mit einigen Freunden von Stuttgart nach Hamburg fahren. ___*A1*___

B Sie müssen nach Berlin. _____

C Sie suchen einen Flug nach Marokko. Es darf nicht viel kosten. _____

D Sie und Ihre Tochter möchten eine Tagestour machen. Sie möchten aber nicht so viel Geld ausgeben. _____

12 Ein Kursausflug

2.56   **a Dialog 1 – Wann ist die Abfahrt zum Kursausflug? Kreuzen Sie an.**

   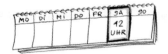   

☐ am Freitag um 10 Uhr   ☐ am Samstag um 12 Uhr   ☐ am Samstag um 10 Uhr

2.57   **b Dialog 2 – Wo fährt der Bus ab? Kreuzen Sie an.**

☐ am Bahnhof   ☐ an der Sprachschule   ☐ am Marktplatz

2.58   **c Dialog 3 – Wo isst die Gruppe? Kreuzen Sie an.**

☐ Wir bringen etwas zum Essen mit.   ☐ Wir essen im Restaurant.   ☐ Wir essen nicht zusammen.

13 Abkürzungen verstehen
Suchen Sie in den Anzeigen die Abkürzungen zu diesen Wörtern:

pro Person • Euro • Uhr • inklusive • Montag • Freitag • Samstag • Sonntag • Telefon • Kilometer • 2. Klasse • Jahre • täglich

Projekt:
Tourist in Ihrer Stadt

Was ist interessant?
Wo sind Sie am liebsten?
Was muss ein Tourist sehen?

Machen Sie Handyfotos.
Schreiben Sie einen kurzen Text.
Vergleichen Sie im Kurs.

Das ist der Fluss.
Der Fluss ist sehr schön.
Er heißt Neckar.
Ich bin gern am Neckar.
Am liebsten im Frühling und im Herbst.
Hier kann ich ausruhen und träumen.

Auf einen Blick

1 Ich möchte verreisen.

Angestellte/r im Reisebüro

Kann ich Ihnen helfen?
Wir haben ein Sonderangebot.
Für wen kann ich reservieren?
Wie möchten Sie bezahlen?

Kunde/Kundin

Ich möchte für ein Wochenende verreisen.
Es darf nicht viel kosten.
Gibt es ein Sonderangebot?
Ich möchte ein Zimmer reservieren.
Ich zahle bar / mit Kreditkarte.

2 Ich habe eine Reservierung.

Angestellte/r im Hotel

Wie kann ich Ihnen helfen?

Können Sie bitte das Formular ausfüllen?

Gast

Ich habe eine Reservierung für ein Einzelzimmer/
    Doppelzimmer mit Frühstück/Halbpension.
Haben Sie ein Zimmer für mich?
Ja klar, haben Sie einen Kuli für mich?

Gast

Wo ist der Frühstücksraum / die Bar /
    das Restaurant / der Fernsehraum /
    der Aufzug?
Haben Sie Internet/W-Lan?
Gibt es einen Föhn im Zimmer?

Gibt es einen Kühlschrank / ...?

Angestellte/r

Der Fernsehraum ist neben/hinter/vor/unter ...

Ja, wir haben W-Lan. Eine Stunde kostet zwei Euro.
Ja. / Nein, aber Sie bekommen hier einen.

Die Minibar ist im Schrank.

3 Ich möchte eine Fahrkarte nach ...

Bahnangestellte/r

Wie kann ich Ihnen helfen?
Für wann?
Um wie viel Uhr möchten Sie fahren?
Um ... fährt ein ICE.
Um ... fährt ein Regionalexpress.
Sie müssen in ... umsteigen.

Einfach?
Haben Sie BahnCard?
Möchten Sie reservieren?
Fenster oder Gang?
Das kostet dann ... Euro.

Kunde/Kundin

Ich möchte eine Fahrkarte von ... nach ...
Für den 3. August.
Um ...

Nein, hin und zurück.
Ja, BahnCard 25, 2. Klasse. / Nein.
Ja, bitte. / Nein, danke.
Fenster, bitte.

4 Wie ist das Wetter?

Das Wetter ist gut.
Die Sonne scheint.
Es ist warm und trocken.
Es ist zu warm, über 32 °C!
Heute Morgen ist es warm.
Morgen wird es kalt.

Das Wetter ist schlecht.
Es regnet. / Es schneit.
Es ist kalt und nass.
Es ist zu kalt, unter minus 10 Grad.
Es regnet den ganzen Tag.

Im Alltag
EXTRA
▶ S. 260

Grammatik

1 Personalpronomen (Übersicht): Nominativ und Akkusativ Singular

Nominativ	ich	du	er	es	sie	Sie
Akkusativ	mich	dich	ihn	es	sie	Sie

2 Präpositionen – Frage: Wohin? → Akkusativ (▶ S. 87)

Wohin möchten Sie fahren/gehen?

An den Chiemsee.
In den Schwarzwald.
Ans Meer.
Ins Museum.
In die Berge.
An die Küste.

3 Präpositionen – Frage: Wo? ● Dativ (▶ S. 87)

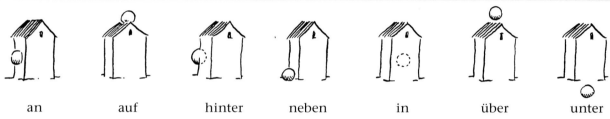

an · auf · hinter · neben · in · über · unter

Wir machen Ferien **am** Meer.
Auf dem Marktplatz ist heute ein Fest.
Der Frühstücksraum ist **hinter** der Rezeption rechts.

Ich mache am liebsten **im** Schwarzwald Urlaub.
Die Bank ist gleich **neben** dem Rathaus.
Unter meinem Zimmer ist das Restaurant.
Ich wohne direkt **über** einem Supermarkt.

4 Verbindungen mit *es*

Wetter	Es regnet.	Wie lange regnet es schon?
	Es schneit.	Hat es in München geschneit?
	Es ist kalt.	Wie lange ist es schon so kalt?
Ausdrücke	Es tut mir leid.	
	Es gibt hier viele Museen.	
persönliches	Wie geht es dir?	
Befinden	Mir geht es super.	
	Es tut weh.	

Aussprache

Konsonantenverbindungen *z – x – pf – st*

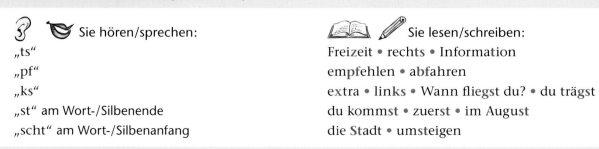

Sie hören/sprechen:

„ts"
„pf"
„ks"
„st" am Wort-/Silbenende
„scht" am Wort-/Silbenanfang

Sie lesen/schreiben:

Freizeit • rechts • Information
empfehlen • abfahren
extra • links • Wann fliegst du? • du trägst
du kommst • zuerst • im August
die Stadt • umsteigen

① Wiederholungsspiel

Sie können zu zweit oder zu viert (in zwei Gruppen) spielen.

1. Legen Sie eine Münze auf ein Feld. Lösen Sie die Aufgabe.
2. Haben Sie drei Münzen in einer Reihe?
   Sie haben gewonnen.

Familie: Ergänzen Sie die Eltern: der _____ / die _____ die Groß_____: der _____ die _____	Was haben Sie gestern gemacht? Vier Dinge. Ich habe …	Wie heißt der Plural? Saft, Fuß, Büro, Bus
Wetter 	Wie heißt das Partizip? hören lesen einkaufen	Wer ist das? zwei Söhne, zwei Väter – aber nur drei Personen
Nennen Sie fünf Lebensmittel.	Fragen Sie. Bus Uhrzeit Rathausplatz	„Wohnungssuche" – drei Fragen Wie … Wann … Wo …
Welche Körperteile haben wir zweimal? Vier Beispiele. Wir haben zwei A…	Antworten Sie bitte. Lernen Sie nicht Deutsch?	Wie heißt das Präteritum von sein und haben? ich … du …
Nennen Sie vier Krankheiten.	Was bedeuten die Abkürzungen? ZKB NK qm	Sie können nicht arbeiten und brauchen ein Medikament. Was sagen Sie zum Arzt?

einer Reihe

Sie gehen zum Arzt. Was müssen Sie mitbringen?	In welcher deutschen Stadt steht der „Reichstag"? 	Dativpräpositionen: drei Beispielsätze mit – in – an – auf – zu
5 Berufe	Vokale: kurz oder lang? Sprechen Sie. Öffnungszeiten Wohnung Woche	 Wie heißt die Frage? 1900 Euro, netto
Ergänzen Sie den Dialog. Arzt: Haben Sie Bauchschmerzen? Sie: Nein, …	Arbeit – Was ist wichtig? Drei Beispiele. Ich möchte … Ich will nicht … Die Arbeit muss …	Ergänzen Sie bitte. Ich arbeite G… . Manchmal schon ab 7 Uhr 30 und manchmal erst ab 9 Uhr.
Sie suchen den Bahnhof. Fragen Sie. – W…	Fahrkarte kaufen: ICE, Heidelberg, 3. Oktober, BahnCard, hin und zurück	Wie heißt der Satz? Ich / müssen / jeden Tag / arbeiten / 8 Stunden /.
Wortfeld „Stadt": fünf Nomen. 	Wohnung. Was ist wichtig? Vier Beispiele. Wo? Wie viel? …	Wie heißt das Gegenteil? früh ▶ s… teuer ▶ … interessant ▶ …

2 **Wie gut kennen Sie „Berliner Platz NEU"?**
Ein Spiel gegen die Uhr. Bilden Sie Gruppen und spielen Sie nach Zeit.

Wer ist Beata?   *Äh, …*

1. Was hat Carlos nach seinem Fahrradunfall gemacht?

2. Mit welcher Buslinie kann man in Berlin eine Stadtrundfahrt machen?

3. Wer ist Beata?

4. Aus welchem Land kommt Hiromi?

5. Was zeigt dieses Bild?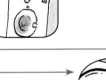

6. Wer ist das?

7. Was ist das?

8. Was kostet ein Pfund Tomaten bei Mati?

9. Welches Problem hat Frau Tomba?

10. Nennen Sie die kompletten Namen von drei Kursteilnehmern aus dem Buch.

11. Wann hat Ben Geburtstag?

12. Kommt Kasimir aus Russland?

13. Wo arbeitet Swetlana heute?

14. Wo sind Angela Happle und Jürgen Braun?

15. Ist Lena Pirk Raumpflegerin?

16. Um wie viel Uhr macht die Sparkasse auf?

17. Wo kauft Frau Schmidt gerne ein?

18. Wo wohnt Lucia Paoletti?

19. Was ist Lukas Bucher von Beruf?

20. Wie viel Gramm Zucchini braucht man für einen Zucchiniauflauf?

21. Wie viel verdient Lena Pirk im Monat?

22. War Swetlana früher Busfahrerin?

23. Was macht Herr Kölmel vom 1.–20. August?

24. Was essen die Deutschen am liebsten?

25. Wo lernt Olga in Wien einen jungen Mann kennen?

26. Zu welcher Adresse fährt „Möbel-Blitz"?

27. Welches Museum ist am „Checkpoint Charlie" in Berlin?

28. Welches Problem hat Herr Wetz mit der Lohnabrechnung?

29. Welches Rezept bekommt Frau Tomba?

30. Wie viele Kinder hat Frau Klose?

Effektiv lernen

Wörter in Gruppen lernen

Hier sind 100 Wörter. Ordnen Sie sie in Gruppen. Wie? Das bestimmen Sie.

1 Abend	26 Gleitzeit	51 Mann	76 Sohn
2 arbeiten	27 Gramm	52 Medikament	77 Sparkasse
3 arbeitslos	28 Grippe	53 Milch	78 spazieren gehen
4 Arbeitsplatz	29 günstig	54 Mineralwasser	79 spielen
5 aufstehen	30 Haltestelle	55 Mittagessen	80 Sport
6 Banane	31 Hausarzt	56 Mutter	81 Straßenbahn
7 Bauchschmerzen	32 Hausnummer	57 nach	82 Stunde
8 billig	33 Joghurt	58 Nebenkosten	83 Tante
9 blau	34 kaputt	59 nehmen	84 Tee
10 Brot	35 Kartoffel	60 Obst	85 Telefonnummer
11 Büro	36 Käse	61 öffnen	86 Teller
12 Butter	37 Kino	62 Orangensaft	87 Ticket
13 Cafeteria	38 Kollege	63 Parkplatz	88 U-Bahn
14 Computer	39 kommen	64 Pass	89 Uhr
15 dauern	40 Konto	65 Postleitzahl	90 umsteigen
16 duschen	41 Kopf	66 Preis	91 Unterricht
17 essen	42 Krankmeldung	67 putzen	92 verdienen
18 Fahrrad	43 Küche	68 Rathaus	93 Verkäuferin
19 Familienfeier	44 Kühlschrank	69 Reise	94 vermieten
20 feiern	45 Kuli	70 reparieren	95 Waschmaschine
21 Fisch	46 Kultur	71 rot	96 wehtun
22 funktionieren	47 Kundin	72 Salat	97 Wohnung
23 Geld	48 Lebenslauf	73 sauber machen	98 zahlen
24 Geschwister	49 Liter	74 schmecken	99 Zentrum
25 Gesicht	50 machen	75 Sekretärin	100 Zucker

a **Wählen Sie zwei oder drei Wortfelder aus und schreiben Sie die Wörter auf ein großes Blatt. Ergänzen Sie Ihre Wortfelder mit weiteren Wörtern.**

b **Sie haben drei Minuten Zeit. Wie viele Nomen aus der Liste können Sie mit Artikel und Pluralform nennen?**

c **Markieren Sie alle Verben in der Liste und schreiben Sie zehn Verben mit der Perfektform ins Heft.**

arbeiten	ich arbeite	ich habe gearbeitet

VIDEO

Teil 1
Gesund und fit
a Wo hat der Mann Schmerzen? Markieren Sie.

b **Wie geht die Geschichte weiter? Kreuzen Sie an.**

☐ Er geht sofort zum Arzt.
☐ Er ruft an und braucht einen Termin.
☐ Er hat keine Zeit und geht nicht zum Arzt.

Teil 2
Schönes Wochenende

Welches Angebot suchen die Schauspieler aus?

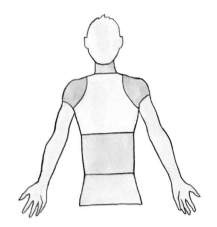

Wellness-Weekend mitten in Europa
Hotel am Schloss in der Oberpfalz

Abschalten am geografischen Mittelpunkt Europas.
Schwimmbad und Sauna im Hotel.

Am Samstag
4-Gänge-Schmankerl-Menü.

Zwei Übernachtungen,
Frühstück inklusive Menü,
für **99 Euro** pro Person

Hindelang
Kurztrip ins zauberhafte Allgäu!

Alpenhotel in schönster Südhanglage
mit herrlichem Alpenpanorama.
Zwei Übernachtungen und Frühstück
für **99 Euro** pro Person.

Bustours München
Tagesausflug nach Salzburg

Erw. **24,– EUR**, Kind (bis 14 J.) **12,– EUR**
Tgl. Abfahrt 9 Uhr, Rückkehr gegen 20 Uhr.

Erzählen im Unterricht

Auf Seite 113 haben Sie die Geschichte „Land des Lächelns" von Hiromi aus Japan gelesen. Hiromis Lehrer heißt Christoph Ulreich. Bei ihm ist das Erzählen im Unterricht sehr wichtig. Er sagt: „Durch das Erzählen lernen sich die Leute kennen und es entsteht eine positive und warme Atmosphäre im Kurs. Und dann macht das Deutschlernen richtig Spaß."

Sie möchten auch eine Geschichte erzählen? www.langenscheidt-unterrichtsportal.de/ichuebermich

Was kann ich schon?

Machen Sie die Aufgaben 1–12 und kontrollieren Sie im Kurs.

1. Ihr Nachbar / Ihre Nachbarin – vier Informationen
   > Das ist …
   > Er/Sie ist …

2. Preise
   > Was …
   > der Fernseher? …
   > Das ist …

3. Öffnungszeiten
   > W… … die Apotheke …?

4. Im Supermarkt an der Käsetheke
   > Sie wünschen, bitte?

5. Im Kurs hat jemand Geburtstag. Was wünschen Sie?

6. Fragen Sie nach dem Weg.

7. Beruf – Stellen Sie drei Fragen. Was …? • Von wann …? • Wie viel …?

8. Beim Arzt. Was sagen Sie?
   > Was fehlt Ihnen denn?

9. Wohnungssuche – drei Fragen

10. Gestern/vorgestern – drei Fragen

11. Lebenslauf – drei Aussagen geboren • Schule • Beruf

12. Reisebüro
    > Kann ich Ihnen helfen?

Mein Ergebnis finde ich: ☺ ☺ ☹

Ich über mich

Schreiben Sie über Ihre Berufserfahrungen.

Nach der Schule habe ich eine Ausbildung als Krankenschwester gemacht. Dann habe ich drei Jahre in einem Krankenhaus für Kinder gearbeitet. Danach habe ich in der Verwaltung gearbeitet. Aber Büroarbeit kann ich nicht so gut. Ich arbeite lieber mit Kindern. Also bin ich zurück auf die Station. Vor zwei Jahren bin ich mit meiner Familie nach Deutschland gezogen. Ich habe gleich wieder eine Stelle im Krankenhaus bekommen und arbeite als Gesundheits- und Krankenpflegerin.

Ich habe schon viele Jobs gemacht: Taxifahrer, Kellner, Verkäufer. Früher wollte ich Ingenieur werden - aber ich arbeite lieber mit Menschen und ich kann gut organisieren. Heute habe ich mit zwei Freunden eine kleine Firma: Wir renovieren Wohnungen. Und wir machen auch Umzüge. Manchmal arbeite ich 60 Stunden in der Woche, aber ich verdiene gut.

1 Hallo!

1 Die Kursliste

⊙ 3.2   **1.1 Wie? Woher? – Ergänzen Sie die Dialoge.**
      Hören Sie zur Kontrolle. Lesen Sie laut.

Familienname:	Nunes
Vorname:	Mônica
Land:	Brasilien
Stadt:	Porto Alegre
Sprachen:	Portugiesisch, Spanisch

Dialog 1

● _Wie_____ heißen Sie?

○ Ich _____ Mônica Nunes.

● _____ kommen Sie?

○ Ich _____ aus Porto Alegre.

Dialog 2

● Hallo, ich _____ Noriko. Wie heißt du?

○ Naira.

● _____ kommst du, Naira?

○ Ich _____ aus Bolivien.

   Und _____ kommst du?

● _____ Japan.

1.2 Schreiben Sie die Wörter in das Formular.

A̶n̶r̶e̶d̶e̶ • Stadt • Land • Vorname • Familienname/Nachname

_Anrede_____	Frau
_____	Yong-Min
_____	Kim
_____	Korea
_____	Seoul

2 *Sie* und *du*

⊙ 3.3   **Ergänzen Sie: *Sie, du, Frau*. Hören Sie zur Kontrolle.**
      Lesen Sie laut.

Dialog 1

● Guten Tag. Mein Name ist Wohlfahrt.

   Wie heißen _____?

○ Guten Tag, _____ Wohlfahrt. Ich bin Carlos Sánchez.

Dialog 2

● Hallo, ich bin Carlos. Wie heißt _____?

○ Tag, Carlos. Ich bin Yong-Min.

3 Aussprache: Melodie und Akzent

⊙ 3.4 **3.1 Lesen und hören Sie.**
Kreuzen Sie an: ↘ oder ↗?

3.2 Hören Sie noch einmal und markieren
Sie das Akzentwort wie im Beispiel.

	↘	↗
1. Wie <u>heißen</u> Sie?	☐	☒
2. Ich heiße Carlos.	☐	☐
3. Mein Name ist Carlos Sánchez.	☐	☐
4. Entschuldigung, wie heißen Sie?	☐	☐
5. Sánchez, Carlos Sánchez.	☐	☐
6. Woher kommen Sie?	☐	☐
7. Aus Valencia.	☐	☐
8. Wie bitte?	☐	☐
9. Aus Valencia in Spanien.	☐	☐

4 Sich vorstellen

⊙ 3.5 **Hören Sie. Was ist richtig: a oder b? Kreuzen Sie an.**

Dialog 1
a Tag, Susi, ich bin Eva.
b Guten Tag, Frau Susi.

Dialog 2
a Hallo, ich bin Carlos.
b Guten Tag, Herr Kraus.

Dialog 3
a Hallo, ich bin Paul.
b Und woher kommen Sie?

5 W-Fragen und Aussagesätze
Schreiben Sie die Sätze in die Tabelle.

~~Wie heißen~~ Sie? • ~~Mein Name~~ ist Olga Minakova. • Woher kommst du? • Ich heiße Paul. •
Ich komme aus Russland. • Woher kommen Sie? • Ich bin aus Italien • Wie ist Ihr Name?

		Verb	
W-Fragen	*Wie* _____	*heißen*	_____
	_____	⬭	_____
	_____	⬭	_____
	_____	⬭	_____
Aussagesätze	*Mein Name* _____	⬭	_____
	_____	⬭	_____
	_____	⬭	_____
	_____	⬭	_____

6 Steckbriefe

6.1 Hören Sie zu und kreuzen Sie an. ⊙ 3.6

1. Peter ist	2. Selma ist	3. Sie	4. Sie spricht
☒ der Familienname.	ⓐ der Vorname.	ⓐ kommt aus Italien.	ⓐ Deutsch und Italienisch.
ⓑ der Vorname.	ⓑ der Nachname.	ⓑ wohnt in Italien.	ⓑ Russisch und Portugiesisch.

6.2 Länder und Sprachen – Ergänzen Sie.

D *eutschland*   die _____   die U _____

D *eutsch*   T _____   U _____

S _____   R _____   K _____

S _____   R _____   K _____

6.3 Länder und Sprachen in Ihrem Kurs. Schreiben Sie.

_____

_____

_____

_____

7 Deutschkurs A1

7.1 Hören Sie zu und ergänzen Sie den Dialog. Lesen Sie den Dialog laut. ⊙ 3.7

In • spricht • kommt • aus • ist • Wo

● Wer _____ das?↗

○ Das ist Mehmet Korkmaz.↘

● Woher _____ er?↗

○ Er kommt _____ Izmir.↘

● _____ liegt das?↗

○ _____ der Türkei.↘

Mehmet _____ auch Persisch! ↘

7.2 Diese Namen kennen Sie. Ergänzen Sie: er oder sie.

Olga ___ *sie* ___ • Mehmet _____ • Carlos _____ • Yong-Min _____ • Sabine _____

Kasimir _____ • Mônica _____ • Michael _____ • Magdalena _____

Herr Sánchez _____ • Frau Wohlfahrt _____ • Herr Kraus _____ • Frau Weiß _____

8 Andere vorstellen

8.1 Verbformen – Ergänzen Sie die Tabelle.

	komm-en	heiß-en	sprech-en	sein
ich	komm-_____	heiß-_____	sprech-_____	b_____
du	komm-_____	heiß-_____	spr__ch-_____	b_____t
er/es/sie	komm-_____	heiß-_____	spr__ch-_____	i_____
Sie	komm-_____	heiß-_____	sprech-_____	s_____d

8.2 Schreiben Sie die Sätze mit der richtigen Verbform. (SS = ß)

1. WOHNEN / WO / DU / ?   *Wo wohnst du?* _____
2. ICH / DEUTSCHLAND / IN / WOHNEN /.   _____
3. KIM / FRAU / KOREANISCH / SPRECHEN / .   _____
4. KOMMEN / WOHER / KORKMAZ / HERR / ?   _____
5. AUS / ER / IZMIR / KOMMEN / .   _____
6. SIE / HEISSEN / WIE / ?   _____
7. HEISSEN / LASARENKO / KASIMIR / ICH / .   _____
8. SPRECHEN / PERSISCH / WER / ?   _____

8.3 Schreiben Sie wie im Beispiel.

1. Olga Minakova   *Das ist Olga Minakova. Sie kommt aus Russland. Sie spricht*
   Russisch und Englisch. _____

2. Mehmet Korkmaz   _____
   _____

3. Carlos Sánchez   _____
   _____

4. Kasimir Lasarenko   _____
   _____

5. Frau Wohlfahrt   _____
   _____

8.4 Mein Kurs – Stellen Sie 2 Personen vor.

Das ist … Sie kommt aus … Sie spricht …

9 Buchstabieren

3.8 **Was hören Sie: a oder b? Kreuzen Sie an.**

1. ☐ Müller   2. ☐ Mayer   3. ☐ Schulze   4. ☐ Schmitt
    ☐ Muhler   ☐ Maier   ☐ Schulten   ☐ Schmidt

10 Namen im Kurs

Wie viele Namen in Ihrem Kurs passen zu diesen Buchstaben? Schreiben Sie.

L _____

A _____

S _____

A _____

R _____

E _____

N _____

K _____

O*lga* _____

Aussprache üben

1 Vokale

Hören Sie und sprechen Sie nach.

3.9 **1.1 Stadt und Land**

lang:	Basel	Wien	Jena	Rom	Budapest	Zürich	Österreich
kurz:	Halle	Finnland	Lettland	Bonn	Stuttgart	München	Köln

3.10 **1.2 Wörter und Sätze**

kommen • wohnen • Name • Land • Stadt • liegen • hören • Tag • Türkisch • sie spricht • Schweden
Guten Tag, mein Name ist Winter.↘ Tom Winter.↘ Ich komme aus Schweden.↘

2 *ei, eu, au*

3.11 **Hören Sie und sprechen Sie nach.**

„ai" „oi" „au"   heißen • mein • nein • deutsch • Tim Reuter • aus • Frau • Paul
           ● Wie heißen Sie?↗   ○ Tim Reuter.↘   ● Und ich bin Frau Laudis.↘

3 *h*

3.12 **Hören Sie und sprechen Sie nach.**

„h"   Hallo • heißen • woher • Herr Hansen • Hallo, ich heiße Hannes Hansen.↘

4 sch, st, sp

○ 3.13 **Hören Sie und sprechen Sie nach.**

„sch"   Englisch • Polnisch • Entschuldigung • Ich spreche <u>Deutsch</u> und <u>Englisch</u>.↘

„schp"   Spanien • sprechen • Sprache • Er kommt aus <u>Spanien</u>.↘

„scht"   Stadt • buchstabieren • Wie <u>heißt</u> die Stadt?↗ Bitte buch<u>sta</u>bieren Sie.↘

5 s / ß

○ 3.14 **Hören Sie und sprechen Sie nach.**

„s"   Sie • sind • Sabine • Pilsen

● Woher <u>kom</u>men Sie?↗
○ Aus <u>Pilsen</u>.↘

„s/ß"   aus • du kommst • heißen • Russland

● Woher <u>kommst</u> du?↗
○ Aus <u>Russland</u>.↘

6 Dialoge

○ 3.15 **Hören Sie und üben Sie die Dialoge.**

Dialog 1
● Guten <u>Tag</u>.↘
○ Hallo, ich bin <u>Jana</u>.↘ Und wie heißt <u>du</u>?↗
● <u>Adam</u>.↘ Ich komme aus <u>Pilsen</u>.↘
○ Hallo, <u>Adam</u>.↘

Dialog 2
● Das ist mein <u>Deutschkurs</u>.↘
○ Wer ist <u>das</u>?↗
● Das ist <u>Birsen</u>.↘ Sie kommt aus <u>Ankara</u>.↘
○ Aha, das liegt in der <u>Tür</u>kei.↘

Effektiv lernen

Wörter in Sätzen lernen

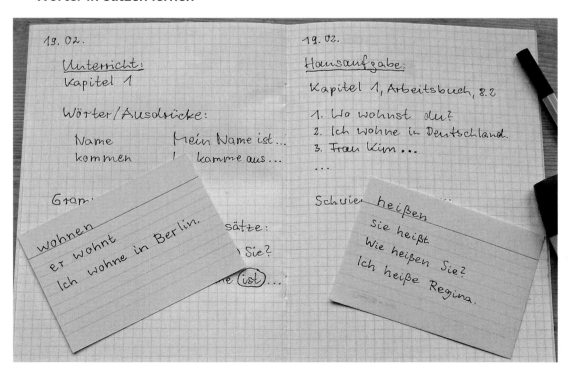

2 Wie geht's?

1 Guten Morgen, wie geht's?
Begrüßungen – Schreiben Sie die Sätze.

1. hallowiegeht's? _Hallo, wie geht's?_____
2. dankesehrgutunddir? _____
3. gutenmorgenfrausans. _____
4. wiegehtesihnen? _____
5. nichtsogutundihnen? _____
6. gutentagherrkraus.wiegehtesihnen? _____

2 Wie geht's?
Ergänzen Sie den Dialog.

schwarz • viel • Milch • ~~Kaffee~~ • Zucker • ich

● Was trinkst du?

○ _Kaffee_____.

● Nimmst du _____ und _____?

○ Nein, danke. Ich trinke Kaffee immer _____. Und du?

● _____ nehme _____ Milch.

3 Dialoge
Was passt? Ordnen Sie zu.

1. Hallo, wie geht's?   _____ a) Nicht so gut.
2. Trinkst du Tee?   _____ b) Kaffee.
3. Was trinkst du?   _____ c) Nein, ich trinke Kaffee immer schwarz.
4. Guten Morgen, Herr Sánchez.   _____ d) Guten Morgen, Frau Wohlfahrt.
5. Mit Milch?   __1__ e) Danke, gut, und dir?
6. Hallo, wie geht es Ihnen?   _____ f) Ja, mit viel Zucker.

4 Ja/Nein-Fragen und Antworten
4.1 Getränke – Schreiben Sie die Wörter zu den Bildern.

① _der_____   ② _____   ③ _____

④ _____   ⑤ _____

4.2 Schreiben Sie die Dialoge.

Dialog 1

Möchtest du etwas trinken?

Ja, Kaffee, bitte.

Hallo, wie geht's?

Gut.

Danke, gut, und dir?

Hallo, wie geht's? _____

_____

_____

_____

Dialog 2

Ja. Was trinken Sie?　　　Tee, bitte.

Ich komme aus Russland.

Ja, ich bin Olga Minakova.

Guten Tag, sind Sie Frau Minakova?

Aus Moskau?　　　Woher kommen Sie?

_____

_____

_____

_____

_____

4.3 Dialoge – Ergänzen Sie.

Dialog 1

● Entschuldigung, _____sind_____ Sie Frau Wohlfahrt?

○ Nein, ich _____ Nunes, Mônica Nunes.

Dialog 2

● Ich _____ Kaffee.

　_____ du auch Kaffee?

○ _____, lieber Apfelsaft.

Dialog 3

● _____, Kasimir. Wie geht es _____?

● Es _____.

○ _____ du Kaffee?

● Ja gern, mit _____ und Zucker.

4.4 Ja/Nein-Fragen – Schreiben Sie die Fragen und Ihre Antworten.

1. kaffeesietrinken _Trinken Sie Kaffee? Ja, gerne. / Nein, lieber Tee._

2. inberlinsiewohnen _____

3. ausberlinkommensie_____

4. englischsprichstdu _____

5. möchtestorangensaftdu _____

⊙ 3.16   **4.5 Aussprache: Melodie – Was hören Sie? Kreuzen Sie an.**

	↘ ↗		↘ ↗
1. Heißen Sie Schuhmann?	☐ ☒	4. Wo wohnt sie?	☐ ☐
2. Kommen Sie aus Lettland?	☐ ☐	5. In Moskau.	☐ ☐
3. Ich bin Sabine Wohlfahrt.	☐ ☐	6. Kommen Sie aus Spanien?	☐ ☐

⊙ 3.17   **4.6 Hören Sie zu. Welche Antwort passt? Kreuzen Sie an.**

1. ⓐ Nein, ich komme aus St. Petersburg.
   ⓑ Ja, gerne.

2. ⓐ Michael Kukan, und Sie?
   ⓑ Michael, und du?

3. ⓐ Ich bin aus Russland.
   ⓑ Ich lerne Deutsch.

4. ⓐ Ich trinke Kaffee.
   ⓑ Nein, ich trinke Tee.

5. ⓐ Nein.
   ⓑ Ja, ich bin aus Kiew.

6. ⓐ Ich komme aus der Türkei.
   ⓑ In Berlin, und du?

5 In der Cafeteria
Welche Wörter schreibt man groß?

    H
● ~~h~~allo, ist hier frei?

○ ja klar. das sind beata und maria.

● hallo. ich heiße kasimir. seid ihr im deutschkurs b?

▲ nein, wir sind im kurs c.

● und was macht ihr in deutschland?

▲ deutsch lernen! wir sind au-pair-mädchen.

6 Verbformen und Personalpronomen
6.1 Ergänzen Sie die Personalpronomen.

1. Trinkst __*du*__ Kaffee mit Zucker?

2. Nehmt _____ Espresso oder Cappuccino?

3. Kommt _____ aus Polen?

4. Was machst _____ in Berlin?

5. _____ heißt Carlos Sánchez.

6. _____ möchten zwei Mineralwasser, bitte.

6.2 Schreiben Sie fünf Sätze. Achten Sie auf die Verbendungen. Kontrollieren Sie im Kurs.

was	lernen	aus Berlin/Warschau …
wo	möchten	Türkin/Russe …
woher	sein	Deutsch
ich/du/er/sie	sprechen	im Deutschkurs
Maria	trinken	in Hamburg/Deutschland
Frau Wohlfahrt	arbeiten	Kaffee mit Milch
Herr …	kommen	Lehrerin
wir/ihr/sie	wohnen	lieber Tee
		zu Hause

Was trinkst du?
Ich trinke Kaffee mit Milch.

7 Übungen selbst machen
Sammeln Sie Wörter.

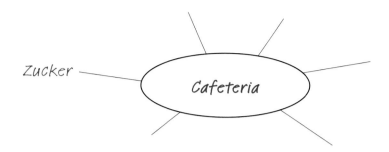

Zucker — Cafeteria

8 Null (0) bis zwölf (12)
Ergänzen Sie die Buchstaben und notieren Sie die Ziffern.

zw_Ö_lf [12]   ___ns ☐   s___chs ☐   f___nf ☐

z___hn ☐   ___lf ☐   s___ben ☐   ___cht ☐

zw___ ☐   v___r ☐   dr___ ☐   n___n ☐

9 Telefonnummern und Adressen
⊙ 3.18   Hören Sie die Dialoge. Notieren Sie die Telefonnummern und Hausnummern.

Vorwahlnummer   Telefonnummer   Hausnummer

1. _030_____   _____   Mozartstraße   _____

2. _____   _____   Hegelstraße   _____

3. _____   _____   Kaiserstraße   _____

10 Zahlen von 13 bis 200
10.1 Zahlenrätsel – Wie geht die Reihe weiter? Schreiben Sie je drei Zahlen.

eins – drei – fünf – _____ – _____ – _____

neun – zehn – acht – neun – _sie_____ – _____ – _____ – _____

eins – vier – zwei – fünf – _dr_____ – _____ – _____ – _____

⊙ 3.19   **10.2 Mathematik – Hören Sie zu und notieren Sie.**

3 mal 3 ist 9.

1. _5__ x 5 = _25__   4. 12 x _____ = _____

2. 8 x _____ = _____   5. _____ x 23 = _____

3. 7 x _____ = _____   6. 2 x _____ = _____

+ = plus, – = minus
x = mal, multipliziert mit

11 An der Kasse
Schreiben Sie Dialoge.

Getränke

	Kaffee/Tee	1,60		Wasser	1,20
	Espresso	1,20		Orangensaft	1,50
	Cappuccino	1,80		Bionade	1,40
	Milch	0,90		Bluna/Cola	1,30

● Zwei ..., ein ..., ein ...
  macht ... (Euro) ... (Cent).

  ○ Entschuldigung,

● ...

  ○ ... Euro.

● ... Euro/Cent zurück.

  ○ Danke.
  Auf Wiedersehen!

● Auf ...

● *Zwei Wasser, ein Kaffee, ein Tee macht 5,60.*
○ *Entschuldigung, wie viel?*
●

Aussprache üben

1 ch, -ig

⊙ 3.20 **Hören Sie und sprechen Sie nach.**

„ch"   ich • möchten • nicht • zwanzig • sprechen • Ich möchte bitte Milch.↘

2 p, t, k am Wortanfang und Wortende

⊙ 3.21 **Hören Sie und sprechen Sie nach.**

„p"   Polen • Passau • Frau Jakob • Verb • Kommt Frau Jakob aus Passau?↗
„t"   Tee • trinken • Deutschland • und • Sie sind • Sind Sie aus Deutschland?↗
„k"   Kaffee • zurück • sie sagt • guten Tag • Sie sagt: Guten Tag, trinken Sie Kaffee?↗

3 Kleine Pausen im Satz

⊙ 3.22 **Hören Sie und sprechen Sie nach.**

1.   Woher / kommen_Sie?↗   2. Ich_komme / aus_der_Türkei.↘

3.   Ich_trinke / Tee_mit_Zucker.↘

4.   Sind_Sie / Frau_Jakob?↗   5. Nein, / mein_Name / ist / Sabine_Wohlfahrt.↘

4 z

⊙ 3.23 **Hören Sie und sprechen Sie nach.**

„ts"   Zucker • Zahl • zwei • zehn • zwölf
       Zwei plus (+) zehn mal (x) zwei minus (–) zehn minus (–) zwölf ist gleich (=) zwei.
       Er kommt aus Zürich, aus der Schweiz.↘ Wie heißt die Postleitzahl?↗

5 *-r/-er am Wortende*

3.24 **Hören Sie und sprechen Sie nach.**

„a"   Wasser • super • sehr • vier • Zucker • Telefonnummer • Deutscher • Peter ist Deutscher.↘

6 **Dialoge**
Üben Sie den Dialog.

Dialog 1

● Guten Morgen, wie geht's?↗

○ Danke, sehr gut.↘ Und dir?↗

● Es geht.↘ Möchtest du Kaffee?↗

○ Ja, gerne.↘ Mit viel Milch und Zucker.↘

Dialog 2

● Hast du Telefon?↗

○ Nein, nur ein Handy.↘

● Wie ist deine Handynummer?↗

○ 0 1 7 8 1 2 5 7 4 8 3 ↘

Schwierige Wörter

1 **Hören Sie und sprechen Sie langsam nach. Wiederholen Sie die Übung.**

3.25   Postleitzahl↗   die Postleitzahl↗   Wie heißt die Postleitzahl?↗

Apfelsaft↘   auch Apfelsaft↘   Ich nehme auch Apfelsaft.↘

zwanzig↘   zweiundzwanzig↘   Zwölf Euro zweiundzwanzig, bitte.↘

2 **Welche Wörter sind für Sie schwierig?**
Schreiben Sie drei Lernkarten und üben Sie
mit einem Partner / einer Partnerin.

Sekretariat

das Sekretariat

Wo ist das Sekretariat?

Effektiv lernen

Informationen sammeln und ordnen – Das Lernheft hilft.

Haben Sie Probleme mit „Zetteln"? Kaufen Sie ein „Lernheft" für Ihre Notizen im Unterricht und für die Hausaufgaben. So können Sie z. B. Informationen ordnen:

23.03.

Unterricht
Kapitel 2

Wörter/Ausdrücke:

Apfelsaft
Zitrone   Tee mit Zitrone

Grammatik: Ja/Nein-Frage:

Er   trinkt   Tee.
Trinkt   er   Tee?

23.03.

Hausaufgaben
Kapitel 2, Arbeitsbuch, 6.2

1. Ich möchte Kaffee mit Milch.
2. Er spricht Deutsch.
3. ...
...

Schwierige Wörter:
Sekretärin
Cappuccino
...

Nicht vergessen:
Lernkarten für Wortschatz
schreiben.

3 Was kostet das?

1 Gegenstände
Wörterrätsel – Schreiben Sie die Wörter mit Artikel: *der, das, die*

KOCHER DRUC MP3- BLEI DY STUHL
PE KER BUCH PLAYER KAFFEE
EISEN FERN RE SCHE HAN MASCHINE LI
LAM MASCHINE WÖRTER COM WASSER BÜGEL WASCH
STIFT KU SEHER PUTER

der Stuhl, der Bleistift _____

_____

_____

_____

2 Was kostet …?

Ordnen Sie die Dialoge. Hören Sie zur Kontrolle.

Dialog 1
- [1] ● Ich möchte das Wörterbuch.
- [ ] ● Na, das da! Was kostet es?
- [ ] ● O. k.
- [ ] ○ Das Wörterbuch?
- [ ] ○ Nur drei Euro.

Dialog 2
- [ ] ● Der Herd kostet 140 Euro.
- [ ] ● Mhmm – o. k.
- [ ] ● Was? Er ist fast neu.
- [ ] ○ 120.
- [ ] ○ 140? Das ist sehr viel. 100 Euro?

3 Nomen und Artikel: *der/das/die*
3.27

Wörterdiktat – Sie hören Nomen aus Kapitel 1 und 2. Schreiben Sie.

der Vorname, der …

4 Was kostet wie viel?
3.28

4.1 Hören Sie. Was kostet was?

Ⓐ der Herd Ⓑ die Spülmaschine Ⓒ die Waschmaschine

_____   _____   _____

4.2 Kreuzen Sie an. Was ist richtig?

1. Was kauft die Frau?
   - [ ] Herd [ ] Waschmaschine [ ] Spülmaschine

2. Was zahlt sie?
   - [ ] 220 € [ ] 210 € [ ] 200 €

5 Das ist *ein/eine, kein/keine*
Schreiben Sie wie im Beispiel.

1. MP3-Player / Handy / neu
   ● *Ist das ein MP3-Player?*
   ○ *Nein, das ist kein MP3-Player.*
   Das ist ein Handy. Das Handy ist neu.

2. Herd / Wasch-
   maschine /
   kaputt
   ●
   ○

3. Computer /
   Drucker /
   praktisch
   ●
   ○

4. Heft / Buch / gut
   ●
   ○

5. Bleistift / Kuli / billig
   ●
   ○

6 *Mein/e, dein/e ...*

6.1 Wo kommt ein *-e*? Ergänzen Sie die Artikel. Markieren Sie das *-e* am Ende.

d _er_ Kuli   e_____ Kuli   m_____ Kuli   d_____ Kuli

d___ Heft   e_____   _____   d_____

d _ie_ Schere   e_ine_____   _____   _____

6.2 Ergänzen Sie die Possessivartikel. Schreiben Sie die Dialoge.

Dialog 1
● Bleistift / Ist / das / d... / ?   *Ist das dein Bleistift?*
○ das / m... / ist / Bleistift / . / Ja,

Dialog 2
● Schere / Ist / d... / das / ?
○ ist / d... / Schere / das / . / Nein,

Dialog 3
● d... / das / Handy / Ist / ?
○ m... / ist / Ja, / das / Handy / .

Dialog 4
● m... / Ist / Tasche / das / ?
○ m... / Nein, / ist / das / Tasche / .

7 **Ein Flohmarkt**

Schreiben Sie die Dialoge. Haben Sie Probleme? Unten↓ finden Sie Hilfe 🧩.

Dialog 1

● Herd / € ?   ● *Was kostet der Herd?*_____

○ 95 €   ○ _____

● sein / sehr alt   ● _____

○ super / funktionieren   ○ _____

● Waschmaschine / € ?   ● _____

○ 125 €   ○ _____

● ☺ / Waschmaschine + Herd / 170 €   ● *O. k., die*_____

○ ☹ / 200 €   ○ _____

● 185 €   ● _____

○ ☺ / 185 €   ○ _____

🧩 Nein, 200 Euro. • Was kostet die Waschmaschine? • Er ist sehr alt. • 95 Euro. • Er funktioniert super. • 125 Euro. • 185 Euro. • O. k., die Waschmaschine und der Herd 170 Euro. • O. k., 185 Euro. • ~~Was kostet der Herd?~~

Dialog 2

● Lampe / €?   ● *Was kostet* _____ *?*

○ 17 € / billig / sein /.   ○ *17 Euro. Das* _____

● sehr teuer / sein / zahlen / 10 €   ● _____ *Ich* _____

○ 15 € / Lampe / fast neu / sein   ○ _____ *Die* _____

● zahlen / 12 €   ● *Ich* _____

○ ☺   ○ _____

🧩 17 Euro. Das ist billig. • Das ist sehr teuer. Ich zahle 10 Euro • Ich zahle 12 Euro. • O. k. • Was kostet die Lampe? • 15 Euro. Die Lampe ist fast neu.

8 Artikel und Personalpronomen
Ergänzen Sie die Artikel und die Personalpronomen.

1. D _er_ MP3-Player ist neu. _Er_ ist teuer.

2. D____ Buch kostet 25 Euro. ____ ist sehr gut.

3. D____ Lampe ist super. Und ____ ist billig.

4. Ich mag dei____ Brille. ____ ist schön.

5. Dei____ Computer ist toll. Wie teuer ist ____?

6. Ist das dei____ Digitalkamera? ____ ist super.

9 Kaufen und verkaufen

9.1 Welche Wörter passen zusammen? Vergleichen Sie im Kurs.

alt • billig • modern • teuer • kaputt • funktioniert (nicht) • schön • neu • gebraucht • sehr alt

> modern/alt   alt/neu   sehr alt/neu

9.2 Was sagt der/die Verkäufer/in (V) und was der/die Käufer/in (K)? Ordnen Sie zu.

1. ☑V Sie kostet 85 Euro.
2. ☐ Sie ist bestimmt kaputt.
3. ☐ Alles zusammen 125 Euro.
4. ☐ Das ist kein Handy, das ist eine Digitalkamera.
5. ☐ Das ist sehr teuer!
6. ☐ Sie funktioniert prima.
7. ☐ Funktioniert sie?

8. ☐ Für Sie nur 75 Euro.
9. ☐ Gut, die nehme ich.
10. ☐ Ich zahle 50 Euro.
11. ☐ Nur heute!
12. ☐ Sehr billig!
13. ☐ So viel?
14. ☐ Wie viel kostet das Handy?

9.3 Schreiben Sie einen Dialog mit Sätzen aus 9.2. Vergleichen Sie im Kurs.

> ● Wie viel kostet das Handy?
> ○ Das ist kein ...

10 Aussprache: lange und kurze Vokale

⊙ 3.29 **10.1 Hören Sie und markieren Sie den Akzentvokal lang _ oder kurz • Sprechen Sie.**

1. Kaffee • Tee • Saft • mit • Zucker • Wasser • Mineralwasser • Cola • Milch • trinken

2. Basel • Lissabon • Zürich • Rom • Berlin • Paris • Moskau • Prag • Budapest • Oslo

3. Portugiesisch • Italienisch • Deutsch • Russisch • Tschechisch • Ungarisch • Norwegisch

10.2 Vokale: lang und kurz – Schreiben Sie vier Wortpaare aus Aufgabe 10.1.

Vokal lang _	kurz •
Basel	Kaffee
Paris	mit

Vokal lang _	kurz •

10.3 Schreiben Sie Sätze. Vergleichen Sie im Kurs.

> Er wohnt in Basel. Ich trinke gern Kaffee.

Aussprache üben

1 *ch, f, w*

3.30   **Hören Sie und sprechen Sie nach.**

„Ich"-Laut	„Ach"-Laut	„f"	„w"
nicht	Wasserkocher	vier	wir
möchten	brauchen	fünf	was
sprechen	Buch	Beruf	Vokal
Milch	Sprache	Tafel	Wasser

2 **Vokalneueinsatz**

3.31   **Hören Sie und sprechen Sie nach.**

Apfelsaft↘	ein|Apfelsaft↘	Hier ist ein|Apfelsaft!↘
Orange↘	ein|Orangensaft↘	Hier ist ein|Orangensaft!↘
Euro↘	zehn|Euro↘	Das kostet zehn|Euro!↘

3 **Wortakzent: Komposita**

3.32   **Hören Sie und sprechen Sie nach.**

1. der <u>Ka</u>ffee   die Ma<u>schi</u>ne   die <u>Ka</u>ffeemaschine   3. der <u>Kurs</u>   das <u>Buch</u>   das <u>Kurs</u>buch

2. der <u>Ka</u>ffee   die <u>Kan</u>ne   die <u>Ka</u>ffeekanne   4. das <u>Wa</u>sser   der <u>Ko</u>cher   der <u>Wa</u>sserkocher

4 **Dialoge**

3.33   **Hören Sie und üben Sie die Dialoge.**

Dialog 1
- Ich möchte das <u>Wör</u>terbuch.↘
○ Das <u>Wör</u>terbuch?↗
- <u>Ja</u>!↘ <u>Das</u> da!↘ Was <u>ko</u>stet es?↗
○ <u>Fünf</u> Euro.↘

Dialog 2
- Der Fernseher kostet <u>fünf</u>undsiebzig Euro.↘
○ <u>Fünf</u>undsiebzig <u>Euro</u>?↗ <u>Das</u> ist sehr viel!↘
- <u>Viel</u>?↗ Der ist fast <u>neu</u>!↘
○ Ich zahle <u>sech</u>zig.↘

Effektiv lernen

Nomen mit Artikel lernen – Artikel-Bilder helfen. Machen Sie <u>Ihr</u> Artikel-Bild wie im Beispiel.

DER Tisch

DAS Bild

DIE Lampe

der Drucker	das Handy	die Kaffeekanne
der Kuli	das Bügeleisen	die CD
der Bildschirm	das Buch	die Schere
der Computer	das Heft	die Uhr

Hören

Kreuzen Sie an: [a], [b] oder [c]. Sie hören jeden Text **zweimal**.

Beispiel

(0) Wo ist der Deutschkurs A1?

3.34

[a] in Raum 115   ☒ in Raum 15   [c] in Raum 51

(1) Was trinkt Magdalena?

3.35

[a] Wasser   [b] Tee   [c] Kaffee

(2) Was kosten der Saft und das Wasser?

3.36

[a] 3 €   [b] 2,70 €   [c] 0,30 €

Lesen

Lesen Sie die Texte und die Aufgaben. Kreuzen Sie an. | Richtig | oder | Falsch | ?

Beispiel: Im Unterricht

(0) Fatima spricht drei Sprachen.

| Richtig | ~~| Falsch |~~

Steckbrief

Familienname: Demirkan	Land: Türkei
Vorname: Fatima	Stadt: Ankara
Sprachen: Türkisch, Englisch	

(1) Adresse

Jutta Paal

Tietjenstraße 25
28359 Bremen
Telefon: 04 21/75 38 90

Frau Paal hat eine E-Mail-Adresse.

| Richtig | | Falsch |

(2) In der Cafeteria

Getränke

Kaffee/Tee	1,60	Wasser	1,20
Espresso	1,20	Orangensaft	1,50
Cappuccino	1,80	Bionade	1,40
Milch	0,90	Bluna/Cola	1,30

In der Cafeteria gibt es Saft.

| Richtig | | Falsch |

Wie spät ist es?

1 Ein Tag
Im Text sind 11 Fehler (6 Verben, 5 Nomen). Korrigieren Sie.

frühstücken

Wir frühstückt am Morgen zusammen.

Um Viertel vor acht bringe ich meine tochter

Sofia zur kinderkrippe. Ich arbeiten zu Hause.

Ab zehn uhr sitzen ich am computer.

Wir esse um Viertel nach sieben zu Abend.

Meine frau kocht. Abends arbeitet ich oft

bis halb elf. Meine Frau spiele mit Sofia.

2 Wie spät ist es?
Schreiben Sie die Uhrzeit.

1. 7 Uhr 30   *Es ist halb acht.* _____

2. 9 Uhr 45 _____

3. 5 Uhr 15 _____

4. 10 Uhr 10 _____

5. 6 Uhr 30 _____

6. 12 Uhr _____

7. 8 Uhr 15 _____

8. 7 Uhr 40 _____

3 Von morgens bis abends
3.1 Ordnen Sie zu.

einkaufen • zur Schule gehen • mit Lea spielen • Karten spielen • duschen • Zeitung lesen •
Kaffee kochen • zur Arbeit gehen • ein Praktikum machen • fernsehen • Kaffee trinken •
am Computer sitzen • ~~frühstücken~~

frühstücken

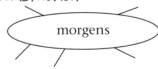

morgens

arbeiten/lernen

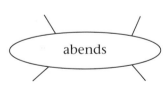

abends

3.2 Wie viel Uhr ist es?

 1. Es ist Viertel __*vor*__ drei.

 2. Es ist fünf _____ halb drei.

 3. Es ist fünf _____ halb drei.

 4. Es ist _____ (Uhr).

 5. Es ist zehn _____ zwei.

 6. Es ist acht _____ zwei.

3.37 **3.3 Uhrzeiten – Hören Sie und notieren Sie.**

```
        ZDF
6.00   Kinder-TV
10.15  ZDF SPORTextra Live.
18.00  hallo deutschland ▭
18.30  Leute heute – Best of
       2008 ⊕ ▭ ⚮
19.00  heute ⊕ ▭ ⚮
```

1. _____

2. _____

3. _____

4. _____

5. _____

6. _____

4 Verbformen

4.1 Verben – Ergänzen Sie die Sätze.

anfangen • hören • nachsprechen • ~~kaufen~~ • machen • aufstehen • ~~einkaufen~~ • lesen • bringen

1. ● K _aufst_____ du bitte fürs Frühstück e_in_____? ○ Ja, ich ____ _kaufe_ Brötchen.

2. ● Was m_____ Nina? ○ Sie liegt im Bett und l_____.

3. Das Abendessen b_____ heute der Pizza-Service.

4. _____ Sie den Dialog und _____ Sie _____.

5. ● Wann _____ du morgens _____? ○ Um sechs.

6. Die Schule _____ immer um acht Uhr _____.

4.2 Wiederholung: Konjugation – Schreiben Sie wie im Beispiel.

1. einkaufen (sie/du)   _sie kauft ein / sie kaufen ein / du kaufst ein_____

2. essen (ich/du)   _____

3. frühstücken (wir/Sie)   _____

4. aufwachen (er/ihr)   _____

5. kosten (es/sie)   _____

6. aufstehen (ihr/sie)   _____

7. verkaufen (ich/ihr)   _____

8. sprechen (er/wir)   _____

9. lesen (du/ihr)   _____

10. telefonieren (er/wir)   _____

11. zeigen (ich/ihr)   _____

12. schlafen (du/ihr)   _____

4.3 Diktat – Hören Sie und ergänzen Sie.

Um Viertel nach sechs klingelt
das Ha_n_ _d_ _y_. Herr Schild steht a__ __.
Dann dus__ __ __ er, ko__ __ __
Kaffee u__ __ geht z__ __ Arbeit.
Fr__ __ Schild sch__ __ __ __ bis um
ac__ __ Uhr. Da__ __ duscht s__ __,
frühstückt u__ __ liest d__ __ Zeitung.
Um Vie__ __ __ __ vor ne__ __ fährt
Frau Schild ins Bü__ __. Sie ni__ __ __
immer d__ __ Fahrrad. He__ __ Schild
arbeitet v__ __ acht b__ __ fünf.
Da__ __ kauft er e__ __ und ge__ __
nach Ha__ __ __. Frau Schild ko__ __ __
um se__ __ __ nach Ha__ __ __.
Dann gibt es Abendessen.

5 Aussprache: Wortakzent und Rhythmus

5.1 Akzent – Hören Sie und markieren Sie.

Kaffee	Telefon	anfangen	beginnen	am Mittag
lesen	mitlesen	kaufen	einkaufen	verkaufen
markieren↘	Markieren Sie.↘	Markieren Sie bitte.↘		
entschuldigen↘	Entschuldigen Sie.↘	Entschuldigen Sie bitte.↘		

5.2 Rhythmus und Akzent – Üben Sie wie im Beispiel.

Beispiel	klatschen	klatschen + sprechen	sprechen
einkaufen	● • •	• ● •	einkaufen
die Zeitung	• ● •	• ● •	die Zeitung
Er trinkt Kaffee.	• • ● •	• • ● •	Er trinkt Kaffee.

5.3 Üben Sie wie in 5.2.

1. beginnen↘   Der Kurs beginnt.↘
2. sieben↘   Es ist sieben Uhr.↘
3. Hausaufgaben↘   Sie macht Hausaufgaben.↘

4. zur Arbeit↘   Er geht zur Arbeit.↘
5. wie spät↗   Wie spät ist es?↗
6. nach Hause↘   Er kommt nach Hause.↘

6 Tages- und Uhrzeiten

6.1 Schreiben Sie Sätze.

Herr Lau / die Zeitung / am Morgen / lesen / . *Herr Lau liest am Morgen die Zeitung.*

am Vormittag / am Computer / er / arbeiten / . _____

Pause / er / um halb elf / machen / . _____

er / mittags / gehen / in ein Restaurant /. _____

ins Büro / er / gehen / um 14 Uhr / . _____

arbeiten / abends / bis halb zehn / er / . _____

6.2 Wie spät ist es? – Schreiben Sie die Uhrzeiten wie im Beispiel.

	offizielle Uhrzeit	Alltagssprache
15.55	*fünfzehn Uhr fünfundfünfzig*	*fünf vor vier*
11.35		
13.07		
10.20		
19.45		
20.57		
17.25		
9.15		
22.10		
0.30		

⊙ 3.41 **6.3 Aussprache: Vokalneueinsatz – Hören Sie und sprechen Sie nach.**

um|eins • um|acht • um|elf|Uhr • am|Abend • von|eins bis|acht • Er kommt am Abend um <u>elf</u> Uhr.↘

7 Wann …? Wie lange …?
Schreiben Sie Fragen. *Wann?* oder *Wie lange?*

1. Mein Deutschkurs beginnt um 8 Uhr 30. *Wann beginnt dein Deutschkurs?*

2. Die Bäckerei ist von 6 bis 19 Uhr geöffnet. _____

3. Das Schwimmbad macht um 22 Uhr zu. _____

4. Ich mache immer von 12 bis 13 Uhr Pause. _____

5. Mein Frühstück dauert 30 Minuten. _____

6. Der Film ist um 22 Uhr 30 zu Ende. _____

7. Abends sehe ich um 19 Uhr die Nachrichten. _____

8. Ich stehe sonntags um neun Uhr auf. _____

9. Am Wochenende frühstücke ich gern
eine Stunde. _____

8 Interviews im Kurs
Schreiben Sie einen Text. Die Fragen helfen.

Wann stehen Sie auf?
Wie lange frühstücken Sie?
Lesen Sie die Zeitung?

Wann gehen Sie zum Kurs?
Von wann bis wann ist der Kurs?
Was machen Sie am Mittag/Nachmittag/Abend?

Ich stehe um ... _____

_____

_____

_____

_____

9 Kommst du mit …?
9.1 Eine Verabredung – Ergänzen Sie den Dialog.

● heute Abend / Zeit?

○ +

● Kino?

○ Was?

● Kinopolis / „…"

○ Uhr?

● 18.30

● *Hast du* _____ **?**

○ _____

● *Kommst du mit* _____ **?**

○ _____

● *Im Kinopolis kommt „Casablanca".* _____

○ *Um* _____ **?**

● _____

9.2 Veranstaltungshinweise
Was finden Sie zu 1–6 im Text? Markieren Sie wie im Beispiel. Notieren Sie Stichwörter.

1. Sie möchten einen Krimi im Fernsehen sehen.
2. Sie haben am Donnerstag ab 19 Uhr 30 Zeit.
3. Montag bis Mittwoch: Wo und wann gibt es Musik?
4. Sie mögen Filme aus Italien. Wo? Wann?
5. Billig einkaufen: wann und wo?
6. Sie möchten die Stadt kennenlernen.

1. Montag, 22.15, RTL:
Mördergrube

Teddy Parkers Wochenschau

Hallo Leute!

Ich habe wieder die besten Veranstaltungen für die kommende Woche für euch rausgesucht.

Aktiv beginnt die Woche am **Montag** um 17 Uhr im Stadtpark: Inlineskate-Training – kostenlos! Im „Haus der Jugend" beginnt um 19 Uhr die Brasil-Party mit DJ FaFa und Pop-Rock.

Fernsehen oder Kino? Im Atlantik läuft um 20.30 Uhr der italienische Film „Brot und Tulpen". Um 22.15 kommt auf RTL „Mördergrube", ein Krimi mit Nina Hoss.
Um sechs in die Disco? Jeden **Dienstag** macht die Oly-Disco um 18 Uhr auf. Kein Alkohol!
Musik aus Westafrika präsentiert das Goethe-Forum um 20.30 Uhr – Karten reservieren! Um die gleiche Zeit zeigt das Leopold-Kino „Good bye, Lenin!" – klasse Film!

Mittwoch ist Kulturtag: Picasso-Ausstellung in der Stadtgalerie, kostenlose Führung von Frau Dr. Helga Flirr (um 19 Uhr). Oder in die Oper? „Carmen" um 19.30 Uhr im Nationaltheater. Um 23 Uhr zeigt die ARD Roman Polanskis „Tanz der Vampire" – mein Tagestipp!
Donnerstag ist Ruhetag. Ganz entspannt zur Lasershow „Planeten", um 19 Uhr im IMAX.
Oder: Diaschau „Alaska" von Ernst Eis, im Rathaus-Foyer um 19.30 Uhr – kostet nix!
Die Arbeitswoche ist vorbei und das Wochenende beginnt!
Freitag, 20 Uhr: Party im Freizeithaus Gartenstraße, Eintritt: 5 € – zwei Getränke frei! Und dann in den Salsa-Club, ab 22 Uhr Live-Musik.

Samstag ab 7 Uhr Flohmarkt im Stadtpark. 12 Uhr: Stadtexkursion mit dem Fahrrad, Treffpunkt am Rathaus. Ab 16 Uhr Open-Air-Folklore-Festival, Musik aus Osteuropa, Stadtpark.
Und um 23 Uhr der Krimi-Klassiker „French Connection" im Atlantik.
Sonntag ab 11 Uhr Blasmusik im Biergarten im Gasthaus „Zum Löwen". Kurzfilme von Charlie Chaplin gibt es von 15–17 Uhr in der Stadtgalerie (Eintritt frei!) und um 20 Uhr „Deutscher Hip-Hop" im KUZ oder um 20.15 Uhr der neue Tatort-Krimi in der ARD und dann mal früh ins Bett – die nächste Woche kommt bestimmt! Bis dann …

Euer Teddy Parker

Schwierige Wörter

1 **Hören Sie und sprechen Sie nach. Wiederholen Sie die Übung.**

⊙ 3.42

<u>frü</u>hstückst↗	<u>frü</u>hstückst du↗	Wie lange <u>frü</u>hstückst du?↗
die <u>Zei</u>tung↗	morgens die <u>Zei</u>tung↗	Liest du morgens die <u>Zei</u>tung?↗
<u>zwei</u>undzwanzig↘	kostet <u>zwei</u>undzwanzig↘	Das kostet <u>zwei</u>undzwanzig Euro.↘

2 **Welche Wörter sind für Sie schwierig? Schreiben Sie drei Lernkarten und üben Sie mit einem Partner / einer Partnerin.**

Effektiv lernen

In einer Lerngruppe lernen macht Spaß, ist effektiv und Sie lernen Ihre Kurspartner/innen kennen.

Man kann zusammen:
– Wörter lernen
– Dialoge üben
– Texte schreiben und korrigieren
– Lernkarten schreiben und tauschen
– Übungen aus dem Buch wiederholen
– …
– und viel Spaß haben!

 Wichtig: Machen Sie einen regelmäßigen Termin für Ihre Lerngruppe aus.

5 Was darf's sein?

1 Lebensmittel

3.43　**1.1 Hören Sie und ergänzen Sie die Wörter. Sprechen Sie nach.**

der A_____el　　das Bröt_____en　　die Kar___ffel　　das M___eralwa___er　　der Zu_____er

die Ba_____ne　　die Bu_____er　　der K_____e　　der Sal_____　　die W_____st

das B_____r　　das Fl_____sch　　der Ku_____en　　der Sch_____ken

das B_____t　　der Jo_____urt　　die Mil_____　　die To_____te

1.2 Schreiben Sie die Lebensmittel in die Läden. Es gibt mehrere Möglichkeiten.

Ⓐ Bäckerei

Ⓑ Metzgerei

Ⓒ Markt

Ⓓ Supermarkt

1.3 Farben – Was ist das? Welche Farbe hat es? Es gibt mehrere Möglichkeiten.

Pflaume　　　_____　　_____　　_____　　_____　　_____

blau　　　　　_____　　_____　　_____　　_____　　_____

2 Einkaufen
Ergänzen Sie den Text.

Ich k_____ fast alles i_____ Supermarkt: Brot, Butter, Käse, Eier, Fisch …

und Wein und Pizza. Der Supermarkt ist bis 20 U_____ geöffnet. Ich b_____

am A_____ oft sehr müde. Am S_____ kaufe i_____ Fleisch und

W_____ oder Sch_____ in der M_____. Fleisch kaufe ich nur in meiner

M_____.

3 **Packung – Dose – Kasten – Kilo**
Wie kauft man was? Ordnen Sie zu. Es gibt zum Teil mehrere Möglichkeiten.

1. ein Liter	_a, c, q, ..._	a) Milch	j) Kartoffeln
2. eine Flasche	_a_	b) Marmelade	k) Rindfleisch
3. ein Kasten	_____	c) Apfelsaft	l) Brötchen
4. eine Packung	_____	d) Butter	m) Schnitzel
5. ein Glas	_____	e) Wein	n) Öl
6. eine Dose	_____	f) Bier	o) Brote
7. 500 Gramm	_____	g) Äpfel	p) Salami
8. drei/vier …	_____	h) Zucker	q) Mineralwasser
		i) Nudeln	r) Salz

4 **Lebensmittel weltweit**
Diese Lebensmittel aus aller Welt gibt es auch in Deutschland. Wie heißen Sie auf Deutsch? Suchen Sie im Wörterbuch oder im Internet.

Maniok _____ _____ _____

_____ _____ _____

5 **Was mögen Sie?**
Schreiben Sie die Sätze mit _mögen_.

1. Mais / du / ? _Magst du Mais?_
2. Reis und Bohnen / Ich /. _Ich_
3. kein Obst / Carlos /. _____
4. Kartoffeln / Wir / . _____
5. auch Joghurt / ihr / ? _____
6. wir / keinen / Joghurt / Nein, / . _____
7. Fleisch / Sie / ? _____
8. Mango / Yong-Min / . _____

6 Nomen im Plural

Wie viele finden Sie? Schreiben Sie die Nomen mit Artikel und Pluralform.

1 = die Gurke, Gurken

_____

_____

_____

_____

_____

_____

_____

_____

_____

_____

_____

7 Aussprache: *ü* und *ö*

⊙ 3.44 **7.1 *ü*- und *ö*-Laute – Hören Sie und sprechen Sie langsam nach.**

„i"	„i" + 👄 = „ü"	„e"	„e" + 👄 = "ö"
-s<u>ie</u>-	-sü-	-n<u>e</u>h-	-nö-
-l<u>ie</u>-	-lü-	-l<u>e</u>-	-lö-
-h<u>i</u>m-	-hüm-	-r<u>e</u>t-	-röt-
-k<u>i</u>s-	-küss-	-m<u>e</u>ch-	-möch-

⊙ 3.45 **7.2 Welchen Namen hören Sie? Kreuzen Sie an.**

☐ Mettler	☒ Möttler	☐ Kisker	☐ Küsker
☐ Rellig	☐ Röllig	☐ Miesam	☐ Mühsam
☐ Behring	☐ Böhring	☐ Bieler	☐ Bühler
☐ Scheene	☐ Schöne	☐ Liebermann	☐ Lübermann

7.3 Sprechen Sie.

> *Hier wohnt Familie Mettler.*

> *Nein, Familie Möttler!*

> *Hier wohnt Familie …*

⊙ 3.46 **7.4 Vokale – Hören Sie und ergänzen Sie die Vokale. Sprechen Sie die Sätze.**

1. _I_ch __be am D___nstag und M___ttwoch f___nfzehn M___nuten d___ Aussprache.

2. Nat__rl__ch fr__hst__cke __ch __n M___nchen.

3. W___r ___ssen v___l Gem___se m___t Oliven___l.

8 Matis Laden

⊙ 3.47 **Hören Sie zu. Welche Reaktion passt?**

1.
- [a] Ich, 100 Gramm Salami, bitte.
- [b] Nein, danke.

2.
- [a] Ich brauche noch Schnitzel.
- [b] Am Stück, bitte.

3.
- [a] 250 Gramm, bitte.
- [b] Ja, das ist alles.

4.
- [a] Nein, ich brauche noch Fleisch.
- [b] Auf Wiedersehen.

5.
- [a] Wie viel kostet das?
- [b] Das war's, danke.

6.
- [a] Nein, danke.
- [b] Hier sind 50 Euro.

7.
- [a] In Scheiben oder am Stück?
- [b] Wer kommt dran?

8.
- [a] Das war's.
- [b] Wie viel Gramm?

9 Einkaufsdialoge

9.1 Was passt zusammen? Ergänzen Sie die Sätze.

_V_ 1. Das macht _18 Euro zusammen._

___ 2. Auf _____

___ 3. Bitte noch 125 _____

___ 4. Danke, _____

___ 5. Geben Sie _____

___ 6. Haben Sie _____

___ 7. Ich hätte gern _____

___ 8. Ich nehme 100 Gramm _____

___ 9. In Scheiben _____

___ 10. Ist das _____

___ 11. Ja, das ist _____

___ 12. Ja, ich brauche _____

___ 13. Nein, danke, _____

___ 14. Nein, ich _____

___ 15. Noch _____

___ 16. Und zwei Euro _____

___ 17. Sie _____

___ 18. Wer kommt _____

a) nichts mehr.

b) Kartoffeln für Salat da?

c) oder am Stück?

d) Salami.

e) noch einen Liter Milch.

f) Wiedersehen.

g) mir bitte etwas Wurst.

h) Gramm Gouda-Käse.

i) 18 Euro ~~zusammen.~~

j) alles.

k) brauche noch etwas Salat.

l) nichts mehr.

m) etwas?

n) wünschen?

o) zurück.

p) dran?

q) noch drei Äpfel.

r) alles?

9.2 Verkäufer/in und Kunde/Kundin – Wer sagt was? Schreiben Sie K oder V oder V/K.

10 Was kochen wir?

◉ 3.48 **Sie hören drei Dialoge. Kreuzen Sie an.**

1. Was kauft die Frau?

a Kartoffeln und Äpfel   b Bananen und Äpfel   c Bananen und Tomaten

2. Was gibt es zum Essen?

a Pizza   b Spaghetti   c Gemüsesuppe

3. Was kostet der Einkauf?

a 7 Euro   b 3 Euro   c 6 Euro

11 Nomen: Akkusativ

11.1 Ergänzen Sie die Akkusativformen.

Nominativ	Akkusativ
1. **der** Apfel	Ich mag (A) _____ Apfel nicht.
2. Das ist **ein** Apfel.	Ich brauche (A) _____ Apfel für den Obstsalat.
3. **das** Stück	Ich nehme (A) _____ Stück Käse da.
4. Das ist **ein** Stück Käse.	Ich nehme (A) _____ Stück Käse.
5. **die** Gurke	Ich brauche (A) _____ Gurke für den Salat.
6. Das ist **eine** Gurke.	Ich hätte gern (A) _____ Gurke.

◉ 3.49 **11.2 Ergänzen Sie den Dialog. Hören Sie zur Kontrolle.**

● Ich mache d_____ Salat und ei_____ Soße.

○ Ich koche d_____ Gemüsesuppe. Haben wir alles?

● Wir haben e_____ Tomate, e_____ Zwiebel, e_____ Paprika und Kartoffeln.

  Aber wir haben k_____ Brokkoli und k_____ Möhre.

○ Ist o. k. Ich schneide d_____ Gemüse. Machst du e_____ Obstsalat?

● Ja, aber wir haben k_____ Bananen und k_____ Orangen und nur e_____ Apfel.

○ Dann kaufe ich etwas Obst und bringe e_____ Liter Milch mit.

12 **Ein Essen planen: einkaufen, kochen**
Schreiben Sie.

1. 1 Banane / 1 Apfel / 1 Birne / 1 Kiwi / 1 Orange / und / 1 Pfirsich

   Für den Obstsalat nehme ich *eine* _____

   _____

2. 1 Möhre / 1 Kilo Tomaten / 1 Pfund Kartoffeln / 1 Zwiebel / und / 1 Dose Champignons

   Für die Gemüsesuppe nehmen wir _____

   _____

3. 750 g Kartoffeln / 400 g Zucchini / 1 Zwiebel / 1 Apfel / 3 Eier / und / 100 g Sahne

   Für den Kartoffel-Zucchini-Auflauf brauchen wir _____

   _____

4. Mehl / 1 Ei / Wasser / und / Öl

   Für die Pizza brauche ich _____

5. 1 Flasche Wein / und / 2 Flaschen Wasser

   Zum Trinken haben wir _____

Effektiv lernen

Wortschatzkarten für Nomen – Ergänzen Sie bitte. Kontrollieren Sie auf Seite 61 und mit der alphabetischen Wortliste auf Seite 266.

Artikel   Pluralform

Vorderseite

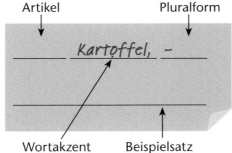

Rückseite
(Ihre Sprache)

Wortakzent   Beispielsatz

Schreiben Sie zehn Wortschatzkarten für Nomen aus Kapitel 1–5. Tauschen Sie im Kurs. Üben Sie zusammen.

6 Familienleben

1 Familienfotos

1.1 Hier fehlen die Verben. Schreiben Sie Sätze.

findet • spielen • nehmen • ~~machen~~ • reden • ist
1. Am Sonntag wir oft Picknick.
2. Wir Essen und Trinken mit.
3. Die Erwachsenen und die Kinder.
4. Mein Sohn 13.
5. Er Picknick langweilig.

1. Am Sonntag machen wir oft Picknick.

1.2 Ergänzen Sie die richtige Verbform.

1. Ich ___*bin*___ (sein) seit drei Jahren getrennt. 2. Ich _____ (erziehen) meinen Sohn allein.

3. Tobi _____ (sein) sechs und _____ (gehen) in die erste Klasse. Manchmal _____

(sein) es schwer. 4. Ich _____ (arbeiten) von 9 bis 16 Uhr. 5. Danach _____ ich _____

(einkaufen) und _____ (machen) den Haushalt. 6. Tobi _____ (machen) seine Hausaufgaben

fast immer allein. 7. In der Klasse von Tobi _____ (sein) viele Kinder von Alleinerziehenden.

1.3 Familienwörter – Ergänzen Sie.

1. Meine ganze F_amilie___ lebt in Köln. Wir sind sechs

   E_____ und drei K_____ .

2. Meine E_____ leben in Berlin. Meine M_____

   ist 64 Jahre alt und mein V_____ ist 72.

3. Wir haben drei K_____, zwei M_____

   und einen J_____. Unsere T_____ gehen

   in die Grundschule und unser S_____

   geht in den Kindergarten.

4. Ich bin 49 Jahre alt und schon O_____.

   Meine T_____ hat einen kleinen S_____.

   Er heißt Luca und ist drei Monate alt.

5. Wir haben geheiratet. Jetzt sind wir ein E_____ .

   In sechs Wochen bekommt meine F_____ unser erstes

   K_____. Eine T_____ ! Dann sind wir eine F_____.

2 Wie groß ist Ihre Familie?

2.1 Wie heißen die Familienwörter? Machen Sie eine Tabelle und schreiben Sie. (SS = ß)

GROSSMUTTERVERHEIRATETPARTNERLEDIGFREUNDIN

SCHWESTERSOHNVATERTANTEALLEINSTEHENDMUTTER

GESCHWISTERERWACHSENEFREUNDKINDBRUDERPARTNERIN

GROSSVATERMANNTOCHTEREHEPAARELTERNONKELFRAU

Mann ♂	Frau ♀	andere
	die Großmutter	verheiratet

2.2 Wie viele Paare/Gruppen finden Sie? Schreiben Sie.

1. der Vater – die Mutter – die Eltern
2. der Großvater – der Vater – der Sohn
3.

> **TIPP** Lernen Sie Familienwörter in Paaren oder Gruppen.

3 Possessivartikel – *mein-, dein-, sein-, ihr- …*

3.1 Schreiben Sie wie im Beispiel.

ich   mein Bruder, meine Schwester, meine Eltern

du   dein

er/es

sie

wir

ihr

sie/Sie

3.2 Ergänzen Sie die Formen.

1. er • er • sein • seine • seine

Das ist Peter Krause. _____Er_____ lebt in Bielefeld und arbeitet bei der Firma MIELE.

_____ ist verheiratet. _____ Frau ist Lehrerin. _____ Töchter

Sophie und Maria gehen noch zur Schule. _____ Sohn Robert

macht eine Ausbildung.

2. sie • sie • ihr • ihr • ihre

Das ist Nele Krause. _____ lebt in Bielefeld. _____

Töchter Sophie und Maria gehen zur Schule. _____ Sohn

Robert macht eine Ausbildung. _____ ist Lehrerin und

_____ Mann arbeitet bei MIELE.

3. sie • ihr • ihre

Das sind Nele und Peter Krause. _____ leben in

Bielefeld. _____ Töchter Sophie und Maria gehen noch zur Schule.

_____ Sohn Robert macht eine Ausbildung.

3.3 Ergänzen Sie die Formen im Nominativ.

1. ● Wo wohnen d_eine_____ Eltern?

   ○ M_____ Eltern sind geschieden. M_____ Mutter lebt in Köln und m_____

   Vater in Hannover.

2. ● Wie groß ist e_____ Familie?

   ○ Ich weiß es nicht genau. U_____ Eltern und Großeltern leben noch und wir haben

   elf Geschwister und 27 Tanten und Onkel! U_____ Familie ist sehr groß!

3. ● Sind das d_____ Geschwister?

   ○ Nein, das ist m_____ Schwester und

   i_____ Ehemann. Hier sind m_____

   Brüder. Christoph ist nicht verheiratet.

   Das ist s_____ Freundin Anna. Und das ist

   Jacob und s_____ Sohn Emil.

3.4 Ergänzen Sie die Formen im Nominativ oder Akkusativ.

1. ● Wir möchten Susanne und i_hren___ Freund einladen. Hast du i_____ Telefonnummer?

    ○ Ja, hier ist i_____ Handynummer.

2. ● Wann schlafen e_____ Kinder?

    ○ Ich bringe u_____ Sohn um halb neun Uhr ins Bett. U_____ Tochter Lena schläft

    dann schon.

3. ● Ich erziehe m_____ Sohn allein. Ich arbeite am Vormittag und am Nachmittag mache

    ich u_____ Haushalt. Jan macht s_____ Hausaufgaben und dann ruft er s_____

    Freunde an und spielt Fußball. Das ist s_____ Hobby!

4 Interviews im Kurs

4.1 Sammeln Sie Aussagen und Fragen zu den Stichwörtern. Vergleichen Sie im Kurs.

Bist du verheiratet?   Ich bin nicht ...   Ist das dein Bruder?   Haben Sie ...?

(verheiratet)   (Geschwister)   (Kinder)

Das ist meine Frau.   Wie heißt ...?   Hast du auch ...   Wie alt ...?

◎ 3.50 **4.2 Das Familienfoto – Hören Sie. Wie viele Personen kommen im Dialog vor: 8, 15 oder 18?**

Lösung: Es kommen _____ Personen vor.

4.3 Hören Sie noch einmal. Kreuzen Sie an: richtig oder falsch?

	R	F
1. Christophs Oma sieht alt aus.	☐	☒
2. Christoph hat zwei Brüder.	☐	☐
3. Nina und Martha sind verheiratet.	☐	☐
4. Christoph ist verheiratet.	☐	☐
5. Paul ist zwei Jahre alt.	☐	☐
6. Susanne ist auch auf dem Foto.	☐	☐
7. Christophs Oma hat drei Enkelkinder.	☐	☐

5 Aussprache: -er(n) und ver-

⊙ 3.51 **5.1 Hören Sie und sprechen Sie nach.**

unser – unsere   Das ist unser Sohn.↘   Das ist unsere Tochter.↘
                    Das ist unser Vater.↘   Das ist unsere Mutter.↘

euer – eure   Ist das euer Bruder?↗   Ist das eure Schwester?↗
                    Ist das euer Sohn?↗   Ist das eure Tochter?↗

⊙ 3.52 **5.2 Wiederholung – Hören Sie und sprechen Sie nach.**

im Supermarkt • der Zucker • die Butter • das Wasser • die Eier • der Bäcker • der Metzger
der Computer • der Fernseher • der Drucker • der Verkäufer • teuer
Peter kauft im Supermarkt Zucker, Butter, Wasser und Eier.↘
Der Fernseher, der Computer und der Drucker sind im Supermarkt nicht teuer.↘

⊙ 3.53 **5.3 Hören Sie und sprechen Sie nach.**

der Bäcker • die Bäckerei – der Metzger • die Metzgerei – der Verkäufer • die Verkäuferin

6 Geburtstage im Kurs
6.1 Wiederholung: Schreiben Sie die Zahlen.

5 • 10 • 15 • 20 • 25 • 30 • 3 • 6 • 9 • 12 • 15 • 18 • 21 • 24 • 27 • 30

fünf, zehn ...

6.2 Wer hat wann Geburtstag?
    Schreiben Sie und lesen Sie laut.

Gisela   Christiane

Rona

Hans

Frida

18.9.1924   *Gisela hat am achtzehnten September Geburtstag.* _____

24.8.1982   _____

18.5.2008   _____

3.12.1925   _____

11.11.1954   _____

6.3 Wann ist wer geboren? Schreiben Sie Sätze zu den Informationen aus 6.2. Lesen Sie laut.

Gisela ist am achtzehnten Neunten neunzehnhundertvierundzwanzig geboren.

7 Bens Geburtstag

7.1 Zahlen und Zeit. Was passt? Schreiben Sie Sätze und vergleichen Sie im Kurs.

24 • 7 • 12 • 52 • 30 • 60 • 31 • 28 • 29 • 365 • 4
die Minute • die Stunde • der Tag • die Woche •
der Monat • das Jahr • Februar • April • Dezember

Eine Stunde hat 60 Minuten.

⊙ 3.54 **7.2 Glückwünsche – Ergänzen Sie.**

● Hey, Mama, Papa …, das ist ja eine Überraschung!

○ 1, 2, 3: Zum Geburtstag viel Glück …

● Oh nein, bitte kom _m_ _t_ rein. Ich mac_ _ _

die Tür zu.

○ Her_ _ _chen Glüc_ _ unsch.

▲ Alles Gu_ _ zum Geburtstag!

○ Viel Gl_ _ _ und alles Liebe z_ _ Geburtstag!

Hier ist un_ _ _ Geschenk! Ein Fest m_ _

Apfelkuchen, Pizza und Sa_ _ _.

▲ Und hier kommen d_ _ Getränke. Das braucht

m_ _ für ein Geburtstagsfest! Her_ _ _ chen Glückwunsch, mein S_ _ n!

○ Und jetzt noch mal dein Lied: Zum Geburtstag viel Glück, zum Geburtstag viel Glück …

8 Danke sagen
Präteritum von *sein* und *haben*. Ergänzen Sie.

● Hallo, Ralf, danke für dein Geschenk!
Ich kann den Kuli gut brauchen.

○ Wie ___ *war* ___ dein Fest?

● Es _____ super.

○ _____ Jonas und Pablo auch da?

● Nein, sie _____ keine Zeit.

○ Wie viele _____ ihr?

● Wir _____ 10 Leute.

○ _____ ihr Spaß?

● Ja, wir _____ einen tollen Abend!

○ _____ du gute Musik?

● Die Musik _____ das Geschenk von Meike!
Sie _____ fantastisch. Sie spielt super!

Schwierige Wörter

1 Hören Sie und sprechen Sie nach. Wiederholen Sie die Übung.

⊙ 3.55

-wunsch↘   Glückwunsch↘   Herzlichen Glückwunsch!↘

Geburtstag↘   zum Geburtstag↘   Alles Gute zum Geburtstag.↘

-kuchen↘   Geburtstagskuchen↘   Hier ist der Geburtstagskuchen.↘

2 Welche Wörter sind für Sie schwierig? Schreiben Sie drei Lernkarten und üben Sie mit einem Partner / einer Partnerin.

Hören

Kreuzen Sie an: a, b oder c. Sie hören jeden Text **zweimal**.

1 Die Nummer ist:

3.56
- a 989 42 93
- b 909 42 93
- c 909 42 39

2 Was möchte Olga mit Yong-Min trinken?

3.57
- a Saft
- b Kaffee
- c Tee

3 Was ist kaputt?

3.58
- a der Fernseher
- b der Computer
- c der DVD-Player

4 Was kostet das Handy?

3.59
- a 219 €
- b 192 €
- c 129 €

5 Was braucht Katja?

3.60
- a eine Tasse Kaffee
- b ein Bügeleisen
- c eine Waschmaschine

> **TIPPS** zum Hören
> - Lesen Sie die Aufgaben ganz genau.
> - Sie verstehen beim Hören nicht jedes Wort? Keine Panik!
>   Sie brauchen nicht alle Wörter aus dem Hörtext für die Antwort.
> - Markieren Sie schon beim ersten Hören die Antwort.
>   Unsicher? Dann machen Sie ein ? und hören beim zweiten Hören genau auf diese Frage.
> - Noch unsicher? Kreuzen Sie immer etwas an.

Lesen 1

Lesen Sie die Texte und die Aufgaben 1–4.
Wo finden Sie Informationen? Kreuzen Sie an: a oder b?

Beispiel

0 Sie möchten heute ins Kino gehen. Wo bekommen Sie Informationen?

---

www.kultur-in-nuernberg.de

- Theater
- Konzerte
- aktuelles Kinoprogamm
- Ticketservice

---

www.filmwelt.de

Filmwelt – Ihr Kinoportal!

Infos über
- ➤ Filmfestspiele
- ➤ Internationale Stars
- ➤ Internationale Preise

- ☒ www.kultur-in-nuernberg.de
- b www.filmwelt.de

1 Ihr Kind (6 Jahre) möchte Schwimmen lernen. Wo finden Sie Informationen?

---
www.jugend-trainiert-fuer-olympia.de

Wir machen Kinder fit für Olympia!
Keine Anfängerkurse!

⇨ Disziplinen   ⇨ Termine   ⇨ über uns

---
www.sportvereine-koeln.de

☐ Handball   ☐ Schwimmen
☐ Fußball   ☐ andere Sportarten
☐ Tischtennis
---

[a] www.jugend-trainiert-fuer-olympia.de
[b] www.sportvereine-koeln.de

2 Sie möchten einen Deutschkurs machen. Wo ist das möglich?

---
www.sprachenzentrum-erfurt.de

Fremdsprachen jetzt lernen!

Wir bieten Kurse in:
◇ Englisch
◇ Französisch
◇ Spanisch
◇ Russisch
◇ Schwedisch

---
www.vhs-erfurt.de

»Bildung für alle!«

Sprachen:
✱ Deutsch als Fremdsprache/Zweitsprache
✱ Englisch
✱ Englisch für den Beruf
✱ Spanisch
✱ andere Fremdsprachen
---

[a] www.sprachenzentrum-erfurt.de
[b] www.vhs-erfurt.de

3 Sie möchten eine Pizza machen und brauchen noch Gemüse. Wohin gehen Sie?

Maier – Grün und frisch
Heute im Angebot, frisch aus der Region:
Zucchini
Bohnen
Tomaten
Äpfel

Fleischerei Niemöller
immer gut und günstig:

► **Hackfleisch**   ► **Schnitzel**
► **Würstchen**   ► **Rindersteaks**

Auch Partyservice!
---

[a] Maier – Grün und frisch
[b] Fleischerei Niemöller

4 Sie suchen günstig einen gebrauchten Kinderwagen. Wo finden Sie den?

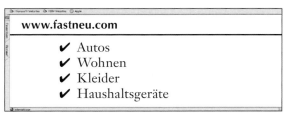

---
www.fastneu.com

✔ Autos
✔ Wohnen
✔ Kleider
✔ Haushaltsgeräte

---
www.zweitehand.de

Familie und Kinder

☞ Möbel   ☞ Roller und Fahrräder
☞ Kinderwägen   ☞ Kleider
---

[a] www.fastneu.com
[b] www.zweitehand.de

Lesen 2

Lesen Sie die Texte und die Aufgaben 1–5. Kreuzen Sie an. | Richtig | oder | Falsch |?

Beispiel

(0) In der Bäckerei

Neu – Neu – Neu – Neu – Neu
täglich von 11:30 bis 14:30
warmer Mittagsimbiss inkl. Getränk
nur 4,50 Euro!

In der Bäckerei kann man abends essen.

| Richtig | | ~~Falsch~~ |

(1) In der Sprachschule

 Cafeteria Polyglott

Ab sofort neue Öffnungszeiten:

Mo–Fr   9–16:30 Uhr
Sa   10–15 Uhr
So   geschlossen

Die Cafeteria ist jetzt auch sonntags offen.

| Richtig | | Falsch |

(2) Am schwarzen Brett im Hausflur

Kommt alle zu unserem

Hausfest!

Wann? **Samstag, 13.9., ab 19 Uhr**
Wo? **im Innenhof**

Bitte Wurst, Fleisch, Gemüse etc. zum Grillen mitbringen.
Brot und Getränke organisieren wir.

Beate und *Klaus*

Beate und Klaus kaufen alles für das Fest ein.

| Richtig | | Falsch |

(3) Am schwarzen Brett in der Sprachschule

V e r k a u f e

„Einfach Grammatik" nur 5 €!
Tel.: 54 32 78
ab 18 Uhr

Sie können nur am Abend anrufen.

| Richtig | | Falsch |

④ An der Tür vom Supermarkt

> ### *Liebe Kundinnen und Kunden!*
> Wir sind jetzt auch am Samstag bis 22 Uhr für Sie da! *Ihr Supermarkt Schwarzwaldstraße*

Es ist Samstagabend.
Der Supermarkt ist geöffnet.

Richtig   Falsch

⑤ An der Tür vom Kursraum

> ### *Dienstag, 13.11.*
> Der Deutschkurs A1 fällt heute und am Mittwoch leider aus.
> Die Tochter von Frau Weber ist krank.
> *Am Donnerstag beginnt der Kurs wieder um 9 Uhr.*

Heute und morgen ist kein Unterricht.

Richtig   Falsch

TIPPS zum Lesen:
- Lesen Sie zuerst die Aufgabe und dann den Text.
- Suchen Sie im Text ähnliche Wörter wie in der Aufgabe.
  Zum Beispiel: Kino – Kinoprogramm.
- Sie müssen nicht jedes Wort im Text verstehen! Suchen Sie in den Texten nur die Antwort auf die Aufgabe, der Rest ist nicht wichtig.

Schreiben

Sie wohnen in Darmstadt in der Grafenstraße 5. Die Tochter von Ihrer Nachbarin möchte Fußball spielen. Sie ist 9 Jahre alt. Die Familie möchte jeden Monat bar bezahlen.
Ihre Nachbarn haben ein Formular für die Anmeldung in einem Sportclub. Im Formular fehlen fünf Informationen. Helfen Sie Ihrer Nachbarin. Ergänzen Sie das Formular.

Darmstädter Turn- und Sportgemeinde von 1846 e.V.

Anmeldung

Name, Vorname	Swerlowa, Katarina	(0)
Straße/Hausnummer:		(1)
Wohnort:	64283	(2)
Telefon:	0 61 51/23 57 90	
Alter:		(3)
Sportart:		(4)
Zahlung:	bar Überweisung Kreditkarte	(5)
Datum	15. 3. 2010	
Unterschrift	*Anna Swerlowa*	

TIPPS zum Schreiben
- Lesen Sie die Informationen oben genau. Sie sind die Lösung für die Aufgabe.
- Schreiben Sie immer etwas, auch wenn Sie unsicher sind.
- Rechtschreibfehler: Kann man das Wort verstehen? Dann sind sie kein Problem.

Willkommen in Berlin

1 Sie kommen in Berlin an.
Ordnen Sie zu. Schreiben Sie wie im Beispiel.

1. Sie möchten in Berlin übernachten.
2. Sie möchten eine Pause machen.
3. Sie möchten Deutsch lernen.
4. Sie möchten mit der U-Bahn fahren.
5. Sie möchten in Berlin leben.
6. Sie möchten die Stadt besichtigen.

a) Sie brauchen ein Ticket.
b) Sie brauchen eine Wohnung.
c) Sie machen eine Stadtrundfahrt.
d) Sie machen einen Sprachkurs.
e) Sie suchen ein Café und bestellen ein Mineralwasser.
f) Sie suchen ein Hotel oder eine Jugendherberge.

1. Ich möchte in Berlin übernachten. Ich suche ein Hotel oder eine Jugendherberge.

2 Berlin kennenlernen
Ergänzen Sie die Dialoge.

Dialog 1

● Entschuldigung, wo ist denn die Touristeninformation?

○ Tut mir leid, d__a__ __s__ weiß ich ni__ __ __. Was suchen S__ __ denn?

Ich woh__ __ hier, vielleicht kann ich Ih__ __ __ helfen.

● Ich bin d__ __ erste Mal hier und mö__ __ __ __ eine Stadtrundfahrt

mac__ __ __.

○ Da ha__ __ ich einen guten Ti__ __. Die beste Stadtrundfahrt

kön__ __ __ Sie mit dem B__ __ 100 machen. Der startet am

Bah__ __ __ __ Zoo und fä__ __ __ bis Alexanderplatz. Die Fahrt dau__ __ __ ungefähr eine halbe

Stu__ __ __. Das ist wirklich su__ __ __ __ und kostet nur d__ __ normalen Buspreis!

● Wie o__ __ fährt der Bus?

○ Das we__ __ ich nicht genau. Fragen Sie doch dort bei der BVG-Information.

Dialog 2

● Bist du das erste Mal in Berlin?

○ Ich le__ __ seit zwei Monaten hi__ __, aber ich ken__ __ nur mein Bü__ __ in Berlin-Mitte und

meine Woh__ __ __ __ in Friedrichshain. U__ __ am Wochenende le__ __ __ ich Berlin ken__ __ __ !

Heute mache i__ __ mit Leuten eine Stadtrundf__ __ __ __ mit dem Fahrrad. Da tri__ __ __

man nette Le__ __ __ __, lernt die St__ __ __ kennen und

ma__ __ __ Sport!

● Das ist e__ __ guter Tipp. Wer organisiert das?

○ Das weiß ich ni__ __ __ genau, wir tre__ __ __ __ __ uns an der

Kulturbrauerei.

Ab__ __ hier habe ich die Internetadr__ __ __ __ __.

www.berlinonbike.de

3 **Wo ist bitte ...? Wie komme ich ...? Ich suche ...**
Wegbeschreibungen – Sehen Sie die Skizze an und schreiben Sie.

| | Internet-Café | | | Arbeits-amt | | | |

| Post |

⇧ (immer) geradeaus

🚦 an der Ampel ...

an der Kreuzung ...

die dritte Straße ...   rechts/links

die zweite Straße ...

die erste/nächste (Straße) ... / gleich ...

1. „Entschuldigung, wie komme ich zur Post?"

   da sehen Sie die Post.

   an der Ampel links

   Gehen Sie geradeaus,

   und die nächste rechts,

   Gehen Sie geradeaus, _____

   _____

   _____

   _____

2. „Wo ist das Arbeitsamt?"

   dann gleich wieder rechts,

   an der zweiten Kreuzung sehen Sie das Arbeitsamt.

   Gehen Sie die nächste links,

   _____

   _____

   _____

3. „Entschuldigen Sie, wir suchen das Internetcafé."

   und dann gleich links,

   dann die dritte Straße rechts

   da sehen Sie das Internetcafé.

   Gehen Sie geradeaus,

   _____

   _____

   _____

   _____

4 Auskunft geben – Imperativ
Schreiben Sie Imperativsätze: a) Sie-Form, b) Du-Form.

1. am Bahnhof aussteigen   *a) Steigen Sie am Bahnhof aus.*   *b) Steig am Bahnhof aus.* _____
2. den Bus 32 nehmen _____
3. das Fahrrad benutzen _____
4. in den Stadtplan schauen _____
5. in den Park gehen _____
6. ein Ticket kaufen _____
7. die Tür schließen _____
8. die Frau fragen _____

5 Präpositionen mit Dativ
5.1 Ergänzen Sie die Dativ-Formen.

1. Meike wohnt mit ein *er*_____ Freundin zusammen.

2. Julian fährt mit ein_____ Freund nach München. Sie fahren zusammen mit d_____ Zug.

3. Ich feiere meinen Geburtstag mit mein_____ Mutter und mein_____ Geschwistern.

4. Fährst du mit d_____ Straßenbahn oder mit d_____ Auto nach Hause?

5. Geht ihr am Sonntag mit d_____ Kindern in den Park?

6. Klaus fährt mit sein_____ Frau und seine_____ Sohn nach Frankfurt.

5.2 Ergänzen Sie die Präpositionen und Artikel.

1. ● Sind die Kinder z *u*_____ Hause?

   ○ Jan ist i_____ d_____r Schule und

       Daniela a_____ d_____ Sportplatz.

2. ● Fährst du z_____ Bahnhof?

       Erik kommt u_____ halb zehn an.

   ○ In Ordnung.

3. ● Wann fahrt ihr n_____ Hamburg?

   ○ Am Wochenende.

4. ● Wo ist das Cinemaxx?

   ○ Das ist a_____ Bahnhof.

5. ● Entschuldigung, ich suche eine Sparkasse.

   ○ Kein Problem, a_____ d_____ Kreuzung links und dann bis z_____ Ampel.

6. ● Liest du morgens Zeitung?

   ○ Natürlich, aber nicht z_____ Hause. Ich lese sie immer

       i_____ d_____ Straßenbahn.

5.3 Bestimmter und unbestimmter Artikel – Ergänzen Sie.

1. mit d**em** Bus fahren

2. d_____ Linie 3 nehmen

3. e_____ Haltestelle suchen

4. z_____ Bahnhof gehen

5. d_____ Ticket bezahlen

6. mit d_____ Straßenbahn fahren

7. an d_____ Haltestelle warten

8. in e_____ Café Eis essen

9. e_____ Kaffee nehmen

10. e_____ Glas Wein trinken

11. e_____ Salat machen

12. e_____ Kilo Bananen kaufen

13. e_____ Pizza essen

14. d_____ Gemüse kochen

15. mit d_____ Freunden essen

16. e_____ Text hören

17. d_____ Aussprache üben

18. e_____ Dialog sprechen

19. mit d_____ Partner sprechen

20. mit d_____ Lehrerin telefonieren

6 Wo ist was in Ihrer Stadt?

⊙ 4.2 **Hören Sie und markieren Sie die richtige Antwort.**

1. ⓐ Bis 18 Uhr.   ⓑ Am Bahnhof.   ⓒ Mit der Linie 2.
2. ⓐ Mit der Straßenbahn.   ⓑ Zum Jahnplatz.   ⓒ Nein.
3. ⓐ In der Post.   ⓑ 60 Cent.   ⓒ In zwei Tagen.
4. ⓐ Im Stadion.   ⓑ Zehn Euro.   ⓒ Am Freitag, um 15 Uhr 30.
5. ⓐ Das Schwimmbad.   ⓑ Jeden Tag.   ⓒ Bis 20 Uhr.
6. ⓐ Aus Berlin.   ⓑ Ja.   ⓒ Ja, gerne!
7. ⓐ Im Bahnhof.   ⓑ Im Parkhaus.   ⓒ Nur bis 20 Uhr.

7 **Frau Lipinskas neue Firma**
Ergänzen Sie.

Personalbüro • Kollegin • Monatskarte • Sparkasse • Kantine • Gehalt • Firma • Personalbogen •
Konto • Firma • Girokonto • Kasse • Aufzug

1. Frau Lipinska kommt in ihre neue _____. Zuerst

   geht sie ins _____. Dort füllt sie einen

   _____ aus.

2. Frau Lipinska braucht ein _____ bei einer

   _____, denn die _____ überweist

   das _____ immer auf ein _____.

3. Sie fährt mit dem _____ in den Keller. Dort trifft

   sie eine _____ in der _____.

4. Sie holen das Essen und bezahlen an der _____.

5. Am Nachmittag kauft Frau Lipinska eine _____

   für die Straßenbahn.

8 **Wörter, Ausdrücke und Situationen**
Wie heißen die Wörter? Schreiben Sie.

KAS NATS BO NAL GE TO SPAR SE PER KON GEN TI NE MO KAR HALT TE SO KAN

1. Sie arbeiten und bekommen jeden Monat Geld. Das ist Ihr _____ .

2. Sie brauchen ein _____ bei einer Bank oder _____ .

3. Sie fahren jeden Tag mit der Straßenbahn. Eine _____ ist günstig.

4. Auf den _____ schreiben Sie Ihren Namen und Ihre Adresse.

5. Sie können morgens in der _____ frühstücken.

9 **Aussprache: Die Konsonanten _p, t, k_ und _b, d, g_**

⊙ 4.3   **9.1 Was hören Sie? Kreuzen Sie an.**

„p"	„b"		„t"	„d"		„k"	„g"	
☐	☐	das Büro	☐	☐	Fahrrad	☐	☐	Tag
☐	☐	Verb	☐	☐	oder	☐	☐	(du) fragst
☐	☐	(ihr) habt	☐	☐	Land	☐	☐	Montag
☐	☐	haben	☐	☐	Handy	☐	☐	Entschuldigen Sie.

9.2 Diese Laute sprechen Sie „hart". Ergänzen Sie die Wörter.

1. Das Büro is___ monta___s geschlossen.

2. Die Tic___e___s ver___aufen wir monta___s bis freita___s.

3. Mon___a___ und Donners___a___ esse ich immer in der ___antine.

4. Ha___t ihr auch ein ___onto bei der Spar___asse?

5. Der Bus fähr___ hier um sieben Uhr sie___zehn a___.

⊙ 4.4   **9.3 Hören Sie zur Kontrolle und sprechen Sie die Sätze laut.**

10 Informationen vor Ort

Lesen Sie den Text und kreuzen Sie an: richtig (R) oder falsch (F)?

Das XXL-Touristen-Ticket

Freie Fahrt in Berlin oder in Berlin und Potsdam und bis zu 50 % Ermäßigung bei über 130 Berliner Highlights! Mit der Berlin WelcomeCard haben Sie 48 beziehungsweise 72 Stunden oder 5 Tage freie Fahrt mit allen öffentlichen Verkehrsmitteln im Tarifbereich Berlin in den Teilbereichen AB oder ABC. Ihr Vorteil: Außerdem erhalten Sie zur WelcomeCard einen Guide mit vielen Insidertipps, Stadtplan und Ermäßigungen bis zu 50 % bei über 130 touristischen und kulturellen Highlights.

Wo bekommen Sie die Berlin WelcomeCard? Alle Berlin WelcomeCards inklusive Guide bekommen Sie in den BERLIN Infostores der Tourist Information, in den Verkaufsstellen der BVG, der S-Bahn, der Deutschen Bahn DB Regio, der Havelbus Verkehrsgesellschaft mbH Potsdam (HVG), in vielen Berliner Hotels und online. Berlin WelcomeCard-Fahrscheine für 48 und 72 Stunden können Sie auch an den Fahrscheinautomaten in U- und S-Bahnhöfen und in den Bussen der BVG beim Fahrpersonal kaufen.

	R	F
1. Die WelcomeCard gibt es nur für 48 oder 72 Stunden.	☐	☐
2. Mit der WelcomeCard kann man kostenlos U-Bahn, Bus, … fahren.	☐	☐
3. Mit der WelcomeCard bezahlt man in vielen Museen keinen Eintritt.	☐	☐
4. Man bekommt eine Stadtführung dazu.	☐	☐
5. Man kann die WelcomeCard 48 und 72 an Fahrkartenautomaten kaufen.	☐	☐
6. Man kann die WelcomeCard auch im Internet kaufen.	☐	☐

Effektiv lernen

Sprechen üben – drei Tipps

① **Sprechen Sie Wörter, Sätze und Dialoge laut.**

Straßenbahnhaltestelle

> **TIPP** Sprechen lernt man nur durch Sprechen. Fehler machen gehört zum Lernen.

② **Üben Sie zu zweit.**

Entschuldigung, ich suche das Schwimmbad.

Gehen Sie hier geradeaus und …

③ **Sprechen Sie viel im Alltag. Fehler sind kein Problem!**

Äh … ich suche … äh … äh … einen … Ja, ich suche eine … äh … eine Geld… Wie sagt man: Haus mit Geld?

Sparkasse, Bank?

Ah, ja, Sparkasse. Danke!

Zimmer, Küche, Bad

1 Abkürzungen

1.1 Welche Zimmer sind das? Notieren Sie.

das Wohnzimmer _____ _____ _____

das Bild _____ _____ _____
_____ _____ _____ _____
_____ _____ _____ _____

1.2 Arbeiten Sie mit dem Wörterbuch. Ergänzen Sie pro Bild mindestens drei Wörter. Vergleichen Sie im Kurs.

1.3 Lesen Sie die Anzeigen. Was bedeuten die Abkürzungen? Probleme? 🐞↓

A

Heidelberg, 65-m²-Wohnung, 2 Zimmer,
K, DU/WC, sep. Eingang, 450,– € plus 140,–
NK, ÖPNV 10 Min.; **Tel. 0 22 67/ 8 27 83 50**

B

4 ZKB, 145 m², Berlin-Kreuzberg,
Altb., 5. OG, 2MM
Tel: 8 33 24 12

> ÖPNV = öffentlicher Personennahverkehr (Bus, Staßenbahn ...)

🐞 (...) Quadratmeter • Küche • Dusche • Toilette (Wasserclosett) • separat • Nebenkosten • Minuten • Telefon • Zimmer • Bad • Altbau • Obergeschoss • Monatsmiete • öffentlicher Personennahverkehr (Bus, Straßenbahn ...)

2 Ich suche eine Wohnung.

⊙ 4.5 **Hören Sie den Dialog. Was ist richtig: a, b oder c?**

1. Der Mann wohnt
   - [a] in Frankfurt.
   - [b] am Hauptbahnhof.
   - [c] in Heidelberg.

2. Die Nebenkosten
   - [a] sind 150 Euro.
   - [b] sind 400 Euro.
   - [c] sagt die Frau nicht.

3. Der Mann fährt
   - [a] am Samstag nach Heidelberg.
   - [b] am Sonntag nach Heidelberg.
   - [c] nicht nach Heidelberg.

3 Über die Wohnsituation sprechen
3.1 Ergänzen Sie die Wörter.

1. Ich liebe Wasser. Ich möchte gern ein S_____ in der Nähe haben.

2. Ich muss ein Auto haben. Gibt es einen P_____?

3. Wir haben zwei Kinder. Gibt es einen S_____ in der Nähe von der Wohnung.

4. Ich brauche kein Auto. Die H_____ vom Bus ist genau am Haus.

5. Wo kann man hier einkaufen? Gibt es einen S_____ in der Nähe?

3.2 Schreiben Sie die Fragen zu den Antworten. Es gibt mehrere Möglichkeiten.

1. *Wie hoch ...* _____? 450 Euro plus Nebenkosten.

2. _____? Ich muss zwei Monatsmieten bezahlen.

3. _____? Der Bus hält genau am Haus.

4. _____? Die Wohnung liegt zehn Minuten vom Zentrum.

5. _____? Ein Wohnzimmer und ein Schlafzimmer.

6. _____? Ich kann vor dem Haus parken.

7. _____? In der Röntgenstraße.

8. _____? Zum Supermarkt sind es fünf Minuten.

4 Wohnungssuche
Ergänzen Sie den Text.

Das sind Radshif und Silvia Kalam. Radshif i s t

Ingenieur u_ _ arbeitet se_ _ zwei Jah_ _ _ in Köln.

Silvia i_ _ Deutschlehrerin u_ _ unterrichtet acht

Stu_ _ _ _ in d_ _ Woche. S_ _ will ni_ _ _ mehr

arbe_ _ _ _. Sie i_ _ schwanger. Viell_ _ _ _ _

bleibt s_ _ ein od_ _ zwei Ja_ _ _ zu Ha_ _ _.

Radshif verd_ _ _ _ _ zurzeit 2200 Eu_ _ netto

u_ _ Silvia bek_ _ _ _ 650 Euro im Mo_ _ _.

Sie suc_ _ _ eine Woh_ _ _ _ mit ei_ _ _ Kinderzimmer, ab_ _ nicht zu te_ _ _.

„Wir kön_ _ _ maximal 700 € beza_ _ _ _.“

5 Modalverben – *wollen* und *können*
5.1 Schreiben Sie die Sätze.

1. Ich / bezahlen / nur / 250 / Euro / kann / Miete / . *Ich kann ...* _____

2. eine / neue / Wohnung / haben / will / Olga / . _____

3. du / wohnen / bei / mir / Willst / ? _____

4. kannst / kommen / du / Wann / ? _____

5. ich / installieren / eine / Antenne / Kann / ? _____

6. können / haben / Sie / Kabel-TV / . _____

5.2 Ergänzen Sie *können* oder *wollen*.

1. Ich _____ (wollen) umziehen. Aber ich _____ (können) nicht viel Miete bezahlen.

2. Lucia _____ (können) vielleicht in Köln studieren. Sie _____ (wollen) Toningenieurin werden.

3. Wir _____ (wollen) eine 2-Zimmer-Wohnung mieten.

4. Ihr _____ (können) vielleicht bei uns einziehen. Hier wird bald eine Wohnung frei.

5. Ulrike und Bernd _____ (wollen) in der Stadt wohnen, aber sie _____ (können) nur wenig Miete bezahlen.

6. _____ (wollen) ihr eine große oder eine kleine Wohnung?

6 *Und, oder, aber, denn*
Ergänzen Sie.

1. Ich brauche eine große Wohnung, _____ ich arbeite zu Hause.

2. Wir brauchen zwei Kinderzimmer, _____ 5-Zimmer-Wohnungen sind sehr teuer.

3. Ich nehme die Straßenbahn _____ ich fahre mit dem Fahrrad.

4. Klaus wohnt sehr schön _____ die Wohnung ist auch noch billig.

5. Ich ziehe im Januar vielleicht nach Köln um _____ ich gehe nach München.

6. Wir haben einen Spielplatz in der Nähe, _____ zum Einkaufen ist es sehr weit.

7 Magdas Wohnung
7.1 Ergänzen Sie die Sätze.

haben … eingeladen • habe … ausgepackt • haben … getrunken •
habe … aufgehängt • habe … geschlafen • hat … angerufen •
habe … gekocht • haben … geholt • hat … getragen •
haben … gegessen

1. Ich _____ eine Anzeige im

   Supermarkt _____.

2. Frau Feldmann _____ mich auf

   dem Handy _____

3. Wir _____ mein Bett _____.

4. Tom _____ die Kartons _____.

5. Ich _____ alle Kartons _____.

6. Am Abend _____ ich Essen _____.

7. Wir _____ Frau Feldmann zum Essen _____.

8. Wir _____ zusammen Spaghetti _____ .

9. Wir _____ Wein _____.

10. Ich _____ in der ersten Nacht gut _____.

7.2 Notieren Sie die Infinitive der Verben aus 7.1.

aufhängen

8 Perfekt

8.1 Das Perfekt im Satz. Schreiben Sie die Sätze 1–6 in die Tabelle.

1. Ich habe bis 2008 in Polen gelebt.
2. Jonas hat auf dem Flohmarkt eine DVD gekauft.
3. Wir haben in der Cafeteria etwas getrunken.
4. Wie lange hast du auf mich gewartet?
5. Ich habe eine Stunde auf dich gewartet.
6. Habt ihr schon den Film „Babylon" gesehen?

	Position 2		Satzende
1. Ich	habe		
2.			
3.			
4.			
5.			
6.			

8.2 Diese Verben haben Sie in *Berliner Platz* gelernt. Suchen Sie die Perfektformen. Schreiben Sie Lernkarten.

ansehen • besuchen • bezahlen • finden • geben • erzählen • einladen • mitbringen • anrufen • studieren • trinken • verstehen • lesen • kaufen • packen • unterschreiben • kochen • schlafen

nehmen

ich nehme, er/sie nimmt

er/sie hat genommen

Ich nehme einen Kaffee.

Er hat einen Tee genommen.

sprechen

ich spreche, er/sie spricht

er/sie hat gesprochen

Er spricht Englisch.

Er hat mit der Vermieterin gesprochen.

8.3 Schreiben Sie die Sätze im Perfekt.

1. Ich lese die SMS.   Ich habe die SMS gelesen.

2. Er kauft eine Zeitung.

3. Sie ruft den Vermieter an.

4. Wir packen die Kartons.

5. Wir sehen uns die Wohnung an.

6. Wir unterschreiben den Mietvertrag.

7. Er bezahlt die Kaution.

8. Ich lade Frau Feldmann zum Fest ein.

9. Ich koche das Essen.

10. Wir trinken Rotwein.

11. Sie erzählen viel.

12. Sie schläft zehn Stunden.

9 Radshif und Silvia haben eine Wohnung gefunden.

⊙ 4.6   **9.1 Radshif und Silvia erzählen. Hören Sie und kreuzen Sie an.**

                                                                 R   F

1. Radshif und Silvia haben schnell eine Wohnung gefunden. ☐ ☐
2. Silvia hat eine Zeitung gekauft. ☐ ☐
3. Radshif hat den Vermieter angerufen. ☐ ☐
4. Die Wohnung ist billig. ☐ ☐
5. Sie haben am Sonntag den Mietvertrag unterschrieben. ☐ ☐
6. Die Nebenkosten sind teuer. ☐ ☐

9.2 Im Suchrätsel sind 20 Wörter zum Thema „Wohnung und Wohnungssuche" (ß = SS). Markieren Sie und ergänzen Sie die Sätze 1–20.

K	K	A	R	B	E	I	T	S	P	L	A	T	Z
N	S	I	Q	F	E	G	S	P	C	L	H	S	X
E	G	Z	W	S	U	A	C	B	U	S	A	U	J
B	H	I	O	C	P	R	H	X	Q	Q	L	P	L
E	A	M	H	H	A	T	L	C	O	S	T	E	X
N	N	M	N	U	R	E	A	B	V	A	E	R	D
K	Z	E	U	L	K	N	F	A	O	X	S	M	U
O	E	R	N	E	P	Y	Z	L	L	R	T	A	S
S	I	N	G	N	L	A	I	K	M	J	E	R	C
T	G	K	H	B	A	D	M	O	G	Z	L	K	H
E	E	M	I	E	T	E	M	N	B	K	L	T	E
N	K	I	N	O	Z	J	E	M	E	M	E	G	Q
Z	E	N	T	R	U	M	R	K	Ü	C	H	E	O
E	Y	S	T	R	A	S	S	E	N	B	A	H	N

☐1 Hier ist man in der Nacht:
S *c h l a f z i m m e r*

☐2 Sie fährt in der Stadt:
S _ _ _ _ _ _ _ _ _ _ _

☐3 Hier arbeitet man:
A _ _ _ _ _ _ _ _ _ _ _

☐4 Die ☐10 kostet 400 Euro plus
N _ _ _ _ _ _ _ _ _ _ _.

☐5 Ich brauche eine
H _ _ _ _ _ _ _ _ _ _
von ☐2 in der Nähe. Ich habe kein Auto.

☐6 Hier kann man Lebensmittel kaufen:
S _ _ _ _ _ _ _ _ _

☐7 Ich fahre mit dem Fahrrad. Für das Auto findet man ja keinen P _ _ _ _ _ _ _ _.

☐8 Radshif hat die Wohnungs _ _ _ _ _ _ _ n in der Zeitung gelesen.

☐9 Ich möchte nicht am Stadtrand wohnen. Ich möchte im Z _ _ _ _ _ _ wohnen.

☐10 Ich suche eine W _ _ _ _ _ _ für 400 Euro.

☐11 Hat das ☐19 auch eine D _ _ _ _ _?

☐12 Ich brauche ein Wohn _ _ _ _ _ _ _, ein Kinder _ _ _ _ _ _ und ein ☐1.

☐13 Die Kinder müssen in die S _ _ _ _ _ _ gehen und lernen.

☐14 Ich hätte gern ein Haus mit G _ _ _ _ _ _, aber das kann ich nicht bezahlen.

☐15 Meine ☐10 hat einen B _ _ _ _ _: Man kann im Sommer draußen sitzen.

☐16 Hier kann man kochen: K _ _ _ _ _

☐17 Das muss man jeden Monat für eine ☐10 bezahlen: M _ _ _ _ _

☐18 Ich brauche eine ☐10 im ☐9. Ich gehe gern ins K _ _ _ und ins Konzert.

☐19 Das B _ _ und die Toilette sind heute oft in einem Raum.

☐20 Ich habe eine Monatskarte und fahre immer mit dem B _ _ zur Arbeit.

9.3 In Radshifs E-Mail sind Fehler – fünf Verben stehen falsch und fünfmal ist die Groß- oder Kleinschreibung falsch. Finden Sie die Fehler.

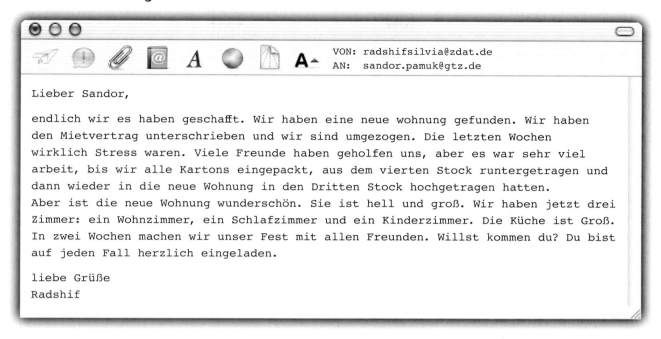

VON: radshifsilvia@zdat.de
AN: sandor.pamuk@gtz.de

Lieber Sandor,

endlich wir es haben geschafft. Wir haben eine neue wohnung gefunden. Wir haben den Mietvertrag unterschrieben und wir sind umgezogen. Die letzten Wochen wirklich Stress waren. Viele Freunde haben geholfen uns, aber es war sehr viel arbeit, bis wir alle Kartons eingepackt, aus dem vierten Stock runtergetragen und dann wieder in die neue Wohnung in den Dritten Stock hochgetragen hatten.
Aber ist die neue Wohnung wunderschön. Sie ist hell und groß. Wir haben jetzt drei Zimmer: ein Wohnzimmer, ein Schlafzimmer und ein Kinderzimmer. Die Küche ist Groß. In zwei Wochen machen wir unser Fest mit allen Freunden. Willst kommen du? Du bist auf jeden Fall herzlich eingeladen.

liebe Grüße
Radshif

10 **Aussprache von *w*, *f/v*, *s***

4.7 **10.1 Was hören Sie? Markieren Sie wie im Beispiel.**

	„s" ♫	„s"		„w" ♫	„f/v"
sie	X	F	Wohnung	M	N
suchen	U	W	fahren	D	A
müssen	Ö	S	waschen	C	Ü
Süden	S	K	vermieten	F	H
was	E	P	Freunde	K	T
Susi	R	D	gefunden	F	S
ist	G	A	wer	P	O
Person	C	Ö	telefonieren	W	A
plus	P	H	Freitag	M	S
Kosten	B	E	Nominativ	L	S

10.2 Notieren Sie die Buchstaben. Wie heißt der Satz?

A _ _ _ _ _ _ _ _ _ _ _ _ _ _ _ _!

Schwierige Wörter

① **Hören Sie und sprechen Sie langsam nach. Wiederholen Sie die Übung.**

4.8 die <u>Ne</u>benkosten?↗   sind die <u>Ne</u>benkosten?↗   Wie hoch sind die <u>Ne</u>benkosten? ↗

<u>Ein</u>kaufszentrum?↗   ein <u>Ein</u>kaufszentrum?↗   Gibt es ein <u>Ein</u>kaufszentrum?↗

Kau<u>tion</u>↗   Kau<u>tion</u> bezahlen?↗   Muss ich eine Kau<u>tion</u> bezahlen?↗

② **Welche Wörter sind für Sie schwierig? Schreiben Sie drei Lernkarten und üben Sie mit einem Partner / einer Partnerin.**

Was ist passiert?

1 Das Wochenende

1.1 Ordnen Sie die Wörter. Welche Wörter kennen Sie noch? Ergänzen Sie die Wortigel.

Freunde besuchen   der Unfall   einen Kuchen mitbringen

tanzen

Hausaufgaben machen   Eltern und Geschwister   das Schulfest

das Hobby

fernsehen   der Lehrer   lange schlafen

singen

vom Fahrrad fallen   im Park grillen

der Unterricht

einen Ausflug machen   Fußball spielen

im Garten helfen   die Schule   Picknick machen   der Kindergarten

Sport machen

die Grundschule   lernen   das Konzert   die Disco

einkaufen   das Krankenhaus

(die Musik)   (die Krankheit)   (die Kinder)   (das Wochenende / die Freizeit)

1.2 Schreiben Sie kurze Texte mit je fünf Wörtern aus 1.1. Vergleichen Sie im Kurs.

> Wir haben am Wochenende einen Ausflug gemacht. Es war sehr schön. Wir haben im Park gegrillt. Meine Eltern und meine Geschwister waren auch da.

1.3 Eine Postkarte schreiben – Ordnen Sie die Textelemente zu und schreiben Sie den Text.

Goethestr. 23 • 26339 Oldenburg • ~~Meike Schmidt~~ • Dein(e) • Liebe Grüße • Bis bald • Liebe(r)

Anrede:

_____

Text: _____

_____

_____

_____

Schluss: _____

Gruß + Name: _____

_____

Name: *Meike Schmidt* _____

Adresse: _____

_____ __ _____

2 Ihr Wochenende

Lesen Sie den Text und kreuzen Sie an: richtig (R) oder falsch (F)?

Von: zoilanders@ztx.de
An: spetersen@gtz.de
BETREFF: stressig, aber schön

Liebe Sara,

danke für deine Mail. Ich habe mich sehr gefreut. Eigentlich geht es mir gut, aber manchmal habe ich einfach zu viel Stress. Das Wochenende war wieder besonders hart. Am Freitag hatte Miro Geburtstag. Die Einladung war für 8 Uhr. Aber du weißt ja, wie das bei Miro läuft. Wir waren um halb zehn die ersten Gäste. Bis alle da waren, war es elf und dann haben wir erst etwas gegessen und die Party hat richtig angefangen. Es war schon super, aber wir waren erst um 4 Uhr morgens zu Hause. Um acht hat mich unser Kleiner geweckt „Mama, ich hab Hunger!" — Vier Stunden Schlaf! Dann bin ich einkaufen gegangen, denn abends hatten wir Gäste. Georgs neuer Chef und seine Frau. Ich komme vom Einkaufen zurück und finde einen Zettel von Georg: „Bin mit Sven im Krankenhaus. Er ist vom Fahrrad gefallen und hat den Arm gebrochen." Die beiden sind um drei Uhr nach Hause gekommen. Georg war völlig fertig und der Kleine auch. Ich habe das Abendessen also alleine gemacht.
Unsere Gäste sind pünktlich gekommen. Das Essen war gut und alle haben sich gut unterhalten. Wir sind um ein Uhr ins Bett gegangen. Der Sonntag war dann ruhig. Nachmittags haben wir meine Eltern zum Kaffee besucht. Sven ist mit Georg noch mal zur Kontrolle ins Krankenhaus gefahren und abends haben wir den Tatort-Krimi im Fernsehen angeschaut. Ich bin aber nach der Hälfte eingeschlafen. Und heute ist ein normaler Arbeitstag!
Sonst geht es uns gut und wir freuen uns auf euren Besuch im Mai!

Alles Liebe, deine Freundin
Zoila

	R	F
1. Miro hatte am Wochenende Geburtstag.	☐	☐
2. Um halb zehn haben alle gegessen.	☐	☐
3. Zoila hat am Samstag nicht lange geschlafen.	☐	☐
4. Georgs Chef hat am Wochenende eine Party gemacht.	☐	☐
5. Sven hatte einen Unfall.	☐	☐
6. Am Samstag sind alle vor Mitternacht ins Bett gegangen.	☐	☐
7. Am Sonntag waren sie bei den Eltern.	☐	☐
8. Sara besucht Zoila im Dezember.	☐	☐

3 Was ist passiert?
Ergänzen Sie die Sätze.

1.

Olga ist heute um 7 Uhr _____.

2.

Zuerst hat sie _____.

3.

Dann hat sie _____.

4.

Dann ist sie zum Unterricht _____.

5.

Um 12 Uhr ist sie zu Enis _____.

6.

Abends hat sie Freunde _____.

4 Perfekt mit *sein*

4.1 Sätze – Schreiben Sie.

1. in ein Rock-Konzert / am Wochenende / ist / Carlos / gegangen / .

Carlos ist _____

2. dann / ist / gegangen / spät aufgestanden / ins Schwimmbad / und / ist / Herr Rohrer / am Samstag / .

Herr Rohrer ist _____

3. im Krankenhaus / gefallen / ist / vom Fahrrad / und / dann / war / Dhanushka / .

_____

4. Olga / früh / ist / aufgestanden / und / ist / gefahren / mit dem Fahrrad / zur Arbeit / .

_____

5. Schulfest / zu / einem / ist / gegangen / Mônica / .

_____

4.2 Perfekt mit *haben* oder *sein* – Ergänzen Sie.

Tom _____ ① heute früh aufgestanden.
Er _____ ② geduscht und einen Kaffee getrunken. Dann _____ ③ er mit der Straßenbahn zu Magda gefahren. Am Rathaus
_____ ④ er umgestiegen. Dort _____ ⑤
er in einer Bäckerei Brötchen gekauft und
_____ ⑥ zu Fuß zu Magda gegangen.
Heute ist Umzugstag und er _____ ⑦ noch
nicht gefrühstückt. Magda _____ ⑧ schon
Kaffee gekocht. Wo bleibt Marek? Vielleicht
_____ ⑨ er zu lange geschlafen? Oder
er _____ ⑩ den Termin vergessen? Oder er
_____ ⑪ noch zum Supermarkt gefahren
und _____ ⑫ für das Wochenende eingekauft. Tom und Magda _____ ⑬ Marek angerufen, aber sein Handy war nicht einge-
schaltet. Dann _____ ⑭ sie die Kisten
gepackt. Mittags _____ ⑮ Marek mit dem
Auto gekommen! Was _____ ⑯ passiert?
Marek _____ ⑰ erst um 11 Uhr 30 aufgewacht, der Wecker _____ ⑱ nicht geklingelt und
das Handy war aus. Dann _____ ⑲ er sofort das Auto geholt und _____ ⑳ zu Magda gefahren.
Vorher _____ ㉑ er zum Supermarkt gefahren und _____ ㉒ Brötchen gekauft. Er _____ ㉓
noch nicht gefrühstückt!

4.3 Perfekt mit *sein* oder *haben* – Schreiben Sie die Sätze und markieren Sie die Verben.

1. Magda steht um 7 Uhr auf.   Magda (ist) um 7 Uhr (aufgestanden).

2. Sie duscht und kocht Kaffee.   _____

3. Um Viertel vor acht kommt Tom.   _____

4. Er fährt mit der Straßenbahn.   _____

5. Tom bringt Brötchen mit.   _____

6. Magda und Tom warten auf Marek.   _____

7. Sie packen die Kisten.   _____

8. Dann kommt Marek mit dem Auto.   _____

9. Marek schläft lange.   _____

10. Marek fährt zum Supermarkt.   _____

4.4 Verben – Was ist richtig? Markieren Sie.

1. Mônica hat Carlos   telefoniert / angerufen / geblieben.

2. Der Wecker hat   gerufen / geklingelt / gewählt.

3. Carlos hat die Treppe   abgewaschen / geduscht / geputzt.

4. Um acht Uhr ist Kasimir   gefrühstückt / aufgestanden / Kaffee getrunken.

5. Herr Rohrer ist zu Hause   gefahren / gekommen / geblieben.

6. Der Mieter hat die Wohnung gekündigt / verkauft / umgezogen.

7. Magda hat die Kartons   mitgekommen / gepackt / geparkt.

8. Viele Freunde haben Magda geholfen / geholt / gehört.

5 Ihr Tag

5.1 Zeitangaben – Ordnen Sie in der richtigen Reihenfolge.

übermorgen • heute Morgen • vorgestern • gestern Abend • heute Nachmittag • letztes Jahr • am letzten Wochenende • gestern Mittag • letzten Monat • vor drei Jahren • vor zwei Tagen • morgen

vor drei Jahren _____ _____ _____

_____ _____ _____ _____

_____ _____ _____ _____

5.2 Wo waren Sie? Was haben Sie gemacht? – Schreiben Sie die Sätze zu Ende.

1. Vor drei Jahren war ich   _____

2. Am letzten Wochenende habe ich   _____

3. Letzten Sonntag bin ich   _____

4. Heute Morgen habe ich   _____

6 Aussprache

◉ 4.9 **6.1 *h*-Laut – Welches Wort hören Sie? Kreuzen Sie an. Sprechen Sie die Wortpaare.**

1. ⓐ ihr 2. ⓐ Eis 3. ⓐ aus 4. ⓐ elf 5. ⓐ essen 6. ⓐ Anna
   ☒ hier   ⓑ heiß   ⓑ Haus   ⓑ Heft   ⓑ Hessen   ⓑ Hanna

7. ⓐ ihr 8. ⓐ Ende 9. ⓐ Eis 10. ⓐ alle 11. ⓐ er 12. ⓐ aus
   ⓑ hier   ⓑ Hände   ⓑ heiß   ⓑ Halle   ⓑ Herr   ⓑ Haus

◉ 4.10 **6.2 Vokal-Neueinsatz – Hören Sie und sprechen Sie nach.**

1. arbeiten • Tom |arbeitet • Tom hat ge|arbeitet.
2. öffnen • ge|öffnet • Wann hat das Kino ge|öffnet?
3. antworten • be|antworten • Sie hat den Brief be|antwortet.
4. üben • ge|übt • Sie hat das Perfekt gut ge|übt.
5. aufwachen • um |acht |aufwachen • Er ist um |acht |aufgewacht.

⑦ Das Fotoalbum von Swetlana Riesen
Welche Verben passen? – Ordnen Sie zu. Es gibt manchmal mehrere Möglichkeiten.

dauern • ~~umziehen~~ • besuchen • arbeiten • machen • ausreisen • kaufen • leben • fahren

1. nach Deutschland   *umziehen ...* _____

2. als Kassiererin   _____

3. einen Lehrgang   _____

4. einen Sprachkurs   _____

5. nach Orenburg   _____

6. eine Umschulung   _____

7. in einem Bauunternehmen   _____

8. 21 Monate   _____

9. Bücher   _____

10. in Deutschland   _____

8 Lebenslauf

Ihr tabellarischer Lebenslauf – Ergänzen Sie.

Name: _____

Adresse: _____

Geboren am: _____ in: _____

Familienstand: _____

Schulausbildung: _____

Schulabschluss: _____

Berufsausbildung: _____

Berufserfahrung: _____

Sprachkenntnisse: Deutsch: _____ Englisch: _____ Sonstige: _____

Besondere Kenntnisse: _____

Ort _____ Datum _____

_____
Unterschrift

9 Interviews

⊙ 4.11 **9.1 Hören Sie das Interview. Welches Bild passt?**

Ⓐ  Ⓑ

9.2 Hören Sie noch einmal. Was ist richtig? Kreuzen Sie an: a, b oder c.

1. Frau Kohls lebt in Mannheim
   [a] seit vielen Jahren.
   [b] seit drei Jahren.
   [c] seit wenigen Wochen.

2. Frau Kohls lebt
   [a] allein.
   [b] mit Mann und Kindern.
   [c] mit ihren Eltern.

3. Frau Kohls
   [a] fährt immer Fahrrad.
   [b] fährt nur mit dem Auto.
   [c] viel Bus und Straßenbahn.

Effektiv lernen

Übungen selbst machen – Kopieren Sie eine Seite aus dem Buch. Nehmen Sie einen Textabschnitt und löschen Sie zehn Wörter im Text. Nehmen Sie den Text nach einer Woche und ergänzen Sie die Wörter. Kontrollieren Sie mit dem Buch.

Liebe Sara,
danke für ⬚ Mail. Ich habe mich sehr ⬚ . Eigentlich geht es mir gut, aber manchmal habe ich einfach zu viel ⬚ . Das ⬚ war wieder besonders hart. ⬚ Freitag hatte Miro Geburtstag. Wir waren um acht ⬚ eingeladen. Aber du weißt ja, wie das bei Miro läuft. Wir ⬚ um halb zehn die ersten ⬚ . Bis alle da waren, war es elf und dann haben wir erst ⬚ und die ⬚ hat richtig angefangen. Es war schon super, aber wir waren erst um 4 Uhr ⬚ zu Hause.

Hören

Kreuzen Sie die richtige Lösung an. Sie hören jeden Text nur **einmal**.

Beispiel

⊙ 4.12 (**0**) Im Zugrestaurant gibt es heute nur Getränke. | Richtig | ~~Falsch~~

⊙ 4.13 (**1**) Im Kaufhaus gibt es Schreibtische im 3. Stock. | Richtig | Falsch

⊙ 4.14 (**2**) Sie können heute nicht um 11:05 Uhr nach München fahren. | Richtig | Falsch

⊙ 4.15 (**3**) Musik zum Tanzen gibt es im Keller. | Richtig | Falsch

⊙ 4.16 (**4**) Die Kunden können im 4. Stock zu einer Party gehen. | Richtig | Falsch

---

TIPPS zum Hören:

Vor dem Hören – Überlegen Sie:
– Wie ist die Situation?
  ➜ W-Fragen helfen!

Nach dem Hören:
– Welche Lösung ist richtig? Sie wissen es nicht genau?
  ➜ Kreuzen Sie immer etwas an! Sie haben hier eine Chance von 50 %!

Informationen und Modelltests zu der Prüfung *Start Deutsch A1* finden Sie im Internet unter www.telc.net und www.goethe.de

---

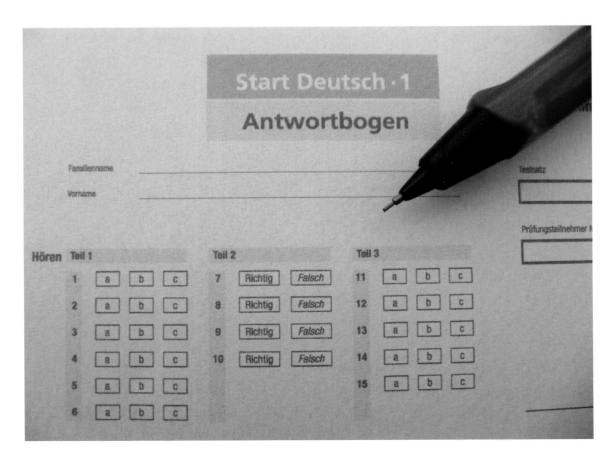

Lesen 1

Sind die Sätze 1–5 | Richtig | oder | Falsch |? Kreuzen Sie an.

Beispiel

0 Karin kommt in drei Tagen aus Berlin zurück.

| Richtig | ~~Falsch~~ |

VON: karin.bayer@albatros.com
AN: anne.koeker@zdat.de
BETREFF: Alles ok!

Hallo Anne,

Berlin ist super! Ich bleibe noch eine Woche. Kannst du bitte nach
der Post sehen und meinen Blumen Wasser geben? Meine Nachbarin,
Frau Schneider, hat den Schlüssel.
Mein Handy ist leider kaputt, aber du erreichst mich abends unter
030 509 37 67.

Dank dir und beste Grüße aus Berlin!
Karin

1 Anne kann den Schlüssel bei Frau Schneider holen.　　Richtig　　Falsch

2 Anne kann Karin immer auf dem Handy anrufen.　　Richtig　　Falsch

---

Lieber Erol, liebe Hüsniye,
endlich ist unsere Wohnung fertig! Das müssen wir natürlich feiern!
Wir laden euch herzlich ein zu unserer

Einweihungsparty

am Samstag, dem 8. November, ab 19 Uhr

Ihr könnt gerne eure Kinder mitbringen, unsere Kinder sind auch da.
Und eine Bitte noch: Könnt ihr Musik zum Tanzen mitbringen? Das wäre super.
Dann bis Samstag, wir freuen uns schon!

Oskar & Helene mit Daniel, Frieda und Tim

---

3 Oskar feiert seinen Geburtstag.　　Richtig　　Falsch

4 Die Kinder von Erol und Hüsniye können auch zu der Party kommen.　　Richtig　　Falsch

5 Erol und Hüsniye müssen nichts mitbringen.　　Richtig　　Falsch

Lesen 2

Lesen Sie die Texte und die Aufgaben 1–5. Kreuzen Sie an. | Richtig | oder | Falsch |?

Beispiel

0 Im Kopierladen

> **Aktion – Aktion – Aktion – Aktion – Aktion**
> *nur bis zum 23. 12.!*
> **T-Shirt-Druck: nur 8 €!!!**
> Wir drucken Ihr Lieblingsfoto auf ein T-Shirt – das ideale Weihnachtsgeschenk!

Im Januar gibt es das Angebot nicht mehr.

~~Richtig~~   Falsch

1 An der Tür der Volkshochschule

> Die *VHS Nord* lädt ein zum **Tarantella-Konzert**.
> *Folklore aus Süditalien – live!*
> Ermäßigte Karten für 7 € bekommen Sie im Büro.

Die Konzertkarten können Sie bei Ihrer Lehrerin kaufen.

Richtig   Falsch

2 Am Schwarzen Brett im Supermarkt

> *Günstig zu verkaufen:*
> **26er-Damen-Fahrrad**
> 5 Jahre alt · Bremsen und Licht funktionieren nicht
> für **30 €**

Sie können mit dem Fahrrad sofort fahren.

Richtig   Falsch

3 In der Sprachschule

> **Der Deutschkurs A1 braucht Geld für sein Kursfest!**
> *In der großen Pause: Kuchenverkauf im 1. Stock.*
> Das Stück Kuchen kostet:
> • für Kursteilnehmer/innen 0,50 €. ☺
> • für Lehrer/innen 1,00 €. ☹

Sie können nach dem Kurs Kuchen kaufen.

Richtig   Falsch

4 Im Reisebüro

> *Frühlings-Spezial von März bis Mai:*
> **3 Tage Bodensee:**
> • Reise mit der Bahn
> • Doppelzimmer im 2-Sterne-Hotel
> • Kulturprogramm und Ausflug mit dem Schiff
>   nur 150 € pro Person!

Sie können im Frühling am Bodensee billig einen Kurzurlaub machen.

Richtig   Falsch

5 An einem Laden

> Wegen Krankheit bleibt unser Geschäft leider
> die ganze Woche geschlossen.
> Ab nächsten Montag sind wir gerne wieder für Sie da!

Sie können diese Woche nicht mehr in diesem Geschäft einkaufen.

Richtig   Falsch

Schreiben

Eine Freundin hat Sie am Sonntag um 15 Uhr zum Kaffeetrinken eingeladen.
Sie haben aber erst um 16 Uhr Zeit. Schreiben Sie eine E-Mail an Ihre Freundin:

– Dank für die Einladung
– 16 Uhr auch möglich?
– Sie möchten etwas mitbringen – was?

Schreiben Sie zu jedem Punkt ein bis zwei Sätze.
Schreiben Sie sofort auf den Antwortbogen.

TIPPS zum Schreiben:

Vor dem Schreiben:
– Lesen Sie die Aufgabe genau durch.
– Wie schreiben Sie? mit *du* + Vorname oder mit *Sie* + Nachname?
   ➔ Das muss im ganzen Text gleich sein!

 Trainieren Sie Anrede- und Grußformeln:
Man kann sie auswendig lernen – und sie bringen Punkte.

Schreiben Sie Ihren Text hier (etwa 30 Wörter).

TIPPS zum Schreiben:

Nach dem Schreiben – Kontrollieren Sie Ihren Brief:
– Sind die Anrede- und Grußformeln korrekt?
– Haben Sie zu allen Punkten etwas geschrieben?
– Stimmt die Grammatik: Verbposition, Endungen?
– Stimmt die Rechtschreibung: groß/klein, h, nn, ie …?

Ich arbeite bei ...

10

1 Berufe
Schreiben Sie die Berufe zu den Bildern.

__Krankenschwester__

2 Arbeitsalltag

4.17 **Ordnen Sie die Dialoge. Hören Sie zur Kontrolle.**

Dialog 1
- ● Herr Kölmel, können Sie mal zu mir ins Büro kommen?
- ○ _____
- ● Nein, jetzt habe ich eine Konferenz. Um halb elf.
- ○ _____

Dialog 2
- ● Guten Morgen, Frau Ruppert, ich glaube, da ist ein Fehler in der Lohnabrechnung.
- ○ _____
- ● Ich habe letzten Monat zehn Überstunden gemacht. Die sind nicht dabei.
- ○ _____
- ● Ja, äh … ja, o. k.

Dialog 3
- ○ Kann ich Ihnen helfen?
- ● Entschuldigung, ich suche das Personalbüro.
- ○ _____
- ● Bin ich hier nicht im ersten Stock?
- ○ _____

○ Nein, Sie sind im zweiten.

○ In Ordnung.

○ Ich prüfe das, Herr Wetz, und gebe Ihnen morgen Bescheid. O. k.?

○ Jetzt gleich?

○ Ein Fehler?

○ Da müssen Sie in den ersten Stock runtergehen.

3 Drei Berufe

4.18 **3.1 Textzusammenfassung: Hören Sie zuerst den ganzen Text. Ergänzen Sie dann die Lücken und hören Sie den Text noch einmal zur Kontrolle.**

Bei City-Express arbeiten viele Menschen. Lena Pirk i__ __ Informatikerin. Sie hi__ __ __

den Kollegen b__ __ Problemen mit d__ __ Computern. Die Arb__ __ __ macht Spaß. S__ __

kann selbstständig arbe__ __ __ __ und sie h__ __ Gleitzeit. Manchmal mu__ __ sie am

Woche__ __ __ __ __ arbeiten. Sie verd__ __ __ __ ganz gut.

Alvaro Peneda arbeitet ni__ __ __ bei der Fi__ __ __ City-Express. Er i__ __ Elektriker. Herr Peneda

mu__ __ früh aufstehen. Im Win__ __ __ findet er d__ __ manchmal hart. Alvaro arbeitet

38 Stu__ __ __ __ in d__ __ Woche. In dr__ __ Jahren will er ei__ __ eigene Firma ha__ __ __.

Frau Klose i__ __ eigentlich Verkäuferin, ab__ __ jetzt arbeitet s__ __ bei einer Zeit-

arbe__ __ __ __ __ __ __. Sie putzt z__ __zeit die Bü__ __ __ bei City-Express. Sie m__ __ die Arbeit

ni__ __ __ sehr. Die Beza__ __ __ __ __ ist nicht g__ __ und die Arbei__ __ __ __ __ __ wechselt oft.

Ihr Mann möchte gern nach Stuttgart, aber sie und die Kinder wollen hierbleiben.

3.2 Wer macht was? – Schreiben Sie die Tätigkeiten zu den Berufen. Es gibt mehrere Möglichkeiten.

Briefe schreiben • Lampen reparieren • Kollegen helfen • Programme schreiben • Büros putzen •
Kunden helfen • telefonieren • Produkte verkaufen • Autos reparieren • Homepage pflegen • pro-
grammieren • organisieren • Rechnung kontrollieren • beraten

Informatiker/in	*Kollegen helfen,* _____
Sekretär/in	_____
Verkäufer/in	_____
Kraftfahrzeugmechaniker/in	_____
Elektriker/in	_____
Raumpfleger/in	_____

3.3 Was passt zusammen? Ordnen Sie zu.

1. die Stelle _____ a) bei Computerproblemen helfen

2. keine Arbeit haben _____ b) am Wochenende arbeiten

3. Überstunden machen _____ c) nur sieben Euro die Stunde.

4. Gleitzeit arbeiten _____ d) arbeitslos sein

5. Bereitschaftsdienst haben _____ e) abwaschen, waschen, putzen, einkaufen …

6. Informatikerin sein ___1___ f) der Arbeitsplatz

7. im Haushalt helfen _____ g) 45 Stunden arbeiten

8. Die Bezahlung ist schlecht: _____ h) von 7–15 Uhr oder von 9–17 Uhr arbeiten

4 Ich muss …

4.1 Wiederholung: Satzklammer – Schreiben Sie die Sätze in die Tabelle.

1. Alvaro / immer früh / muss / aufstehen/.
2. Frau Klose / als Verkäuferin / arbeiten / möchte/.
3. kann / arbeiten / Frau Pirk / selbstständig/.
4. nach Stuttgart / gehen / Herr Klose / möchte/.
5. gehen / Herr Kölmel / um neun Uhr / zum Chef / muss/.
6. Jetzt / ich / die Satzklammer / verwenden / kann/.

Position 1	Position 2		Satzende
1. _Alvaro_	_muss_	_immer früh_	_aufstehen._
2. ___	◯	___	◯
3. ___	◯	___	◯
4. ___	◯	___	◯
5. ___	◯	___	◯
6. _Jetzt_	◯	___	◯

Satzklammer

4.2 Modalverben – Ergänzen Sie.

Text 1

~~können~~ • können • müssen • müssen

Frau Pirk _____ _kann_ _____ (a) selbstständig arbeiten.

Sie hat Gleitzeit. Sie _____ (b) um acht Uhr oder um

neun Uhr anfangen. Sie _____ (c) immer ein Handy

dabeihaben. Sie _____ (d) manchmal am Wochenende

Bereitschaftsdienst machen.

Text 2

können • wollen/möchten • wollen/möchten • müssen •
müssen • müssen

Frau Lipinska _____ (a) nicht als Verkäuferin arbeiten.

Sie _____ (b) in einem Büro arbeiten.

Zuerst _____ (c) sie ins Personalbüro gehen.

Sie _____ (d) ein Konto bei der Sparkasse eröffnen.

Sie _____ (e) das Konto auch bei einer Bank

eröffnen. Zuletzt _____ (f) sie noch eine Monatskarte

für die Straßenbahn kaufen.

Text 3
wollen/möchten • können • müssen • müssen •
wollen/möchten

Alvaro _____ (a) immer neue Kollegen

kennenlernen. Manchmal _____ (b) er Überstunden

machen. Er _____ (c) in zwei Jahren eine

eigene Firma haben. Er _____ (d) noch zwei Jahre

arbeiten, dann _____ (e) er seine Meisterprüfung

machen.

Text 4
müssen • können • wollen/möchten • wollen/möchten •
wollen/möchten

Frau Klose _____ (a) einen anderen Job

haben. Sie _____ (b) nicht nach Stuttgart umziehen,

sie _____ (c) hierbleiben. Vielleicht

_____ (d) sie bald in einem Supermarkt arbeiten.

Herr Klose sagt: In Stuttgart _____ (e) du nicht

mehr putzen.

5 **Im Personalbüro**

4.19 **Hören Sie. Was ist richtig? Kreuzen Sie an.**

1. Wann will Frau Pirk Urlaub nehmen?

a am 18.–19. Mai   b am 28.–29. Mai   c vom 18. bis 29. Mai.

2. Die Firma schenkt Frau Bartusch zur Hochzeit …

a einen Urlaub   b einen Urlaubstag   c zwei Urlaubstage

3. Herr Wetz kommt nicht zur Arbeit:

a vom 28.–30.4.   b im Mai   c vom 18.4. – 4.5.

6 Aussprache: Ich-Laut, Ach-Laut, *sch*

⊙ 4.20 **6.1 Welchen Laut hören Sie? Kreuzen Sie an.**

1.

„ach" ☐1 ☐2 ☐3 ☐4 ☐5 ☐6 ☐7
„k" ☐1 ☐2 ☐3 ☐4 ☐5 ☐6 ☐7

2.

„ich" ☐1 ☐2 ☐3 ☐4 ☐5 ☐6 ☐7
„sch" ☐1 ☐2 ☐3 ☐4 ☐5 ☐6 ☐7

6.2 Ach-Laut, Ich-Laut, *sch* – Wann sprechen Sie was? Markieren Sie.

Ach-Laut	Ich bin Koch und arbeite auch am Wochenende.
	Wir haben sechzehn Sachbearbeiter in der Buchhaltung.
Ich-Laut	Ich bin Mechaniker.
	Am Wochenende möchte ich nicht arbeiten.
	Welche Köche arbeiten am Wochenende in München?
sch	Ich arbeite als Aushilfe – Überstunden, Schichtarbeit und das Gehalt ist schlecht.
	Als Schreiner muss ich nicht so früh aufstehen – die Arbeit macht Spaß.

⊙ 4.21 **6.3 Hören Sie zur Kontrolle und sprechen Sie die Sätze.**

7 Arbeitsplatz und Beruf

7.1 Welche Probleme hat Klaus mit dem Job? Markieren Sie.

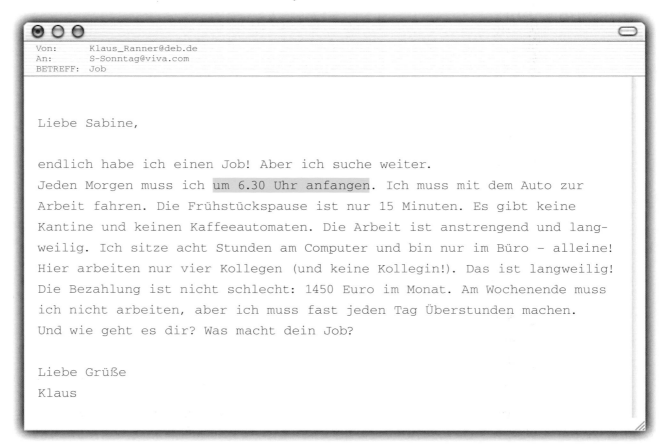

```
Von:      Klaus_Ranner@deb.de
An:       S-Sonntag@viva.com
BETREFF:  Job


Liebe Sabine,

endlich habe ich einen Job! Aber ich suche weiter.
Jeden Morgen muss ich um 6.30 Uhr anfangen. Ich muss mit dem Auto zur
Arbeit fahren. Die Frühstückspause ist nur 15 Minuten. Es gibt keine
Kantine und keinen Kaffeeautomaten. Die Arbeit ist anstrengend und lang-
weilig. Ich sitze acht Stunden am Computer und bin nur im Büro – alleine!
Hier arbeiten nur vier Kollegen (und keine Kollegin!). Das ist langweilig!
Die Bezahlung ist nicht schlecht: 1450 Euro im Monat. Am Wochenende muss
ich nicht arbeiten, aber ich muss fast jeden Tag Überstunden machen.
Und wie geht es dir? Was macht dein Job?


Liebe Grüße
Klaus
```

7.2 Ihr Superjob – Ergänzen Sie Ihre Wünsche. Vergleichen Sie im Kurs.

Liebe Sabine,

ich habe seit gestern einen Superjob! Morgens kann ich um _____ anfangen.

Nachmittags kann ich ab _____ nach Hause. Ich kann _____

zur Arbeit fahren. Die Frühstückspause dauert _____ Minuten. Es gibt

_____ und _____. Die Arbeit ist

_____. Hier arbeiten _____ und _____. Die Bezahlung ist

_____: _____ Euro im Monat. Am Wochenende _____

_____. Ich habe _____ Urlaub im Jahr.

Liebe _____

_____

7.3 Hören Sie zu. Welche Berufe kommen in den Texten vor? Markieren Sie.

4.22–24

Krankenschwester/-pfleger • LKW-Fahrer/in • Taxifahrer/in • Koch/Köchin • Arzt/Ärztin •
Elektriker/in • Sekretär/in • Informatiker/in • Schreiner/in • Raumpfleger/in • Verkäufer/in

7.4 Hören Sie noch einmal. Ergänzen Sie die Steckbriefe.

 ①   ②    ③

	①	②	③
Name:	Petra Pause	Rolf Benitz	Anne Reimann
Beruf:	*Informatikerin*	_____	_____
Arbeitszeit:	_____	_____	_____
Gehalt:	_____	_____	_____
Urlaub:	_____	_____	_____
Überstunden:	_____	_____	_____
☺ / ☹:	_____	_____	_____
Sie/Er möchte:	_____	_____	_____

Schwierige Wörter

① **Hören Sie und sprechen Sie langsam nach. Wiederholen Sie die Übung.**

4.25

selbstständig↘   selbstständig arbeiten↘   Ich möchte selbstständig arbeiten.↘
Bereitschaftsdienst↘   mache Bereitschaftsdienst↘   Ich mache Bereitschaftsdienst.↘
wechselt↘   wechselt oft↘   Die Arbeitszeit wechselt oft.↘

② **Welche Wörter sind für Sie schwierig? Schreiben Sie drei Lernkarten und üben Sie mit einem Partner / einer Partnerin.**

11 Gesund und fit

1 **Der Körper**
Notieren Sie die Körperteile.

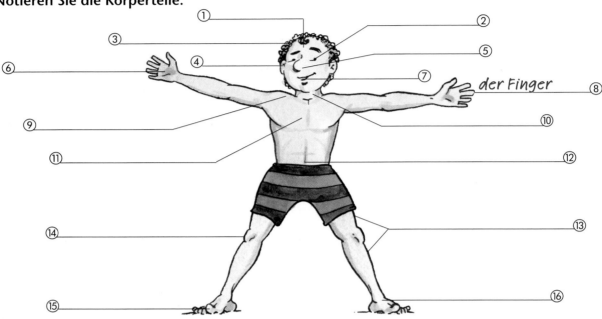

der Finger

2 **Körperteile**

2.1 Drillinge – Notieren Sie die Körperteile im Plural.

drei K_____

sechs Ar_____

sechs H_____

30 F_____

30 Z_____

sechs Au_____

drei N_____

drei Mü_____

sechs B_____

sechs F_____

⊙ 4.26 **2.2 Pluralformen – Wie heißen die Endungen? Notieren Sie. Sprechen Sie die Wörter laut.**

Fahrräder • Fest____ • Freund____ • Kind____ • Konzert____ • Film____ • Männ____ • Länd____ •

Finger____ • Bein____ • Häus____ • Rezept____ • Ärzt____ • Gläs____ • Schränk____ • Wecker____ •

Arm____

2.3 Was kann was? – Ordnen Sie die Wörter den Bildern zu.

zeigen • riechen • sehen • hören • schreiben • fernsehen • sprechen • gehen • telefonieren •
notieren • schmecken • laufen • schauen • markieren • essen

riechen

3 Im Fitness-Studio
Wörterschlange – Wie viele Wörter finden Sie? Schreiben Sie wie im Beispiel. (SS = ß)

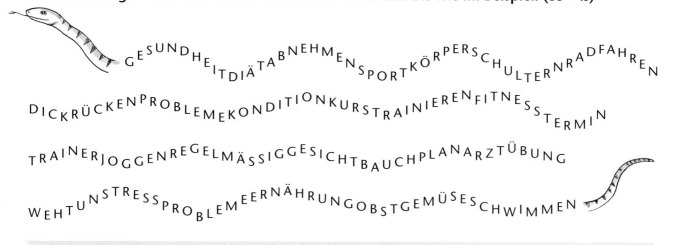

GESUNDHEITDIÄTABNEHMENSPORTKÖRPERSCHULTERNRADFAHREN
DICKRÜCKENPROBLEMEKONDITIONKURSTRAINIERENFITNESSTERMIN
TRAINERJOGGENREGELMÄSSIGGESICHTBAUCHPLANARZTÜBUNG
WEHTUNSTRESSPROBLEMEERNÄHRUNGOBSTGEMÜSESCHWIMMEN

die Gesundheit,

4 Was tun Sie für Ihre Fitness?
4.27 **Drei Interviews. Hören Sie zu und kreuzen Sie an: richtig oder falsch?**

	R	F		R	F
1. Herr Graf geht zu Fuß ins Büro.	☐	☐	4. Frau Thielen hat viel Bewegung.	☐	☐
2. Wer Gemüse isst, lebt gesünder.	☐	☐	5. Herr Heim ist gesund.	☐	☐
3. Herr Graf hat Rückenprobleme.	☐	☐	6. Herr Heim hat viel Stress.	☐	☐

5 Bei der Hausärztin
5.1 Ergänzen Sie den Dialog.

● Guten T_a g_, Frau T_o m b a_. Was fe_ _ _ _ Ihnen de_ _?

○ Hier tut es w_ _ und da au_ _ _ bis in me_ _ Bein.

● Hm, w_ _ lange ha_ _ _ _ Sie d_ _ schon?

○ Se_ _ vorgestern.

● Wo arbe_ _ _ _ Sie denn?

○ Bei d_ _ Spedition Höhne. Da mu_ _ ich o_ _
schwere Kis_ _ _ _ tragen.

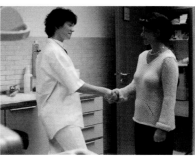

● Ja, ich verst_ _ _ _. Wir müs_ _ _ _ erst m_ _ röntgen. I_ _ schreibe Ih_ _ _ _
eine Überw_ _ _ _ _ _ _ zum Rön_ _ _ _ _ und e_ _ Rezept f_ _ Schmerztabletten.

○ Ich bra_ _ _ _ _ eine Krankm_ _ _ _ _ _ _.

● I_ _ schreibe S_ _ bis Fre_ _ _ _ krank.

○ W_ _ oft mu_ _ ich die Tabletten nehmen?

● Dreimal am T_ _ zu d_ _ Mahlzeiten.

○ Da_ _ ich Fuß_ _ _ _ spielen?

● Ne_ _, das dür_ _ _ Sie ni_ _ _. Auf kei_ _ _ Fall!

5.2 Eine Krankmeldung verstehen – Lesen Sie den Text und markieren Sie wichtige Wörter zum Thema Krankmeldung.

Sie sind krank – was tun?

Sie sind krank und können nicht arbeiten.
1. Informieren Sie Ihren Arbeitgeber sofort per Telefon, E-Mail oder SMS.
2. Sie sind länger als drei Tage krank: Sie brauchen eine Krankmeldung von einem Arzt.
Beispiel: Sie können von Freitag bis Dienstag nicht arbeiten. Sie sind also länger als drei Tage krank. Sie müssen die Krankmeldung spätestens am Montag dem Arbeitgeber geben.
Wichtig: Lesen Sie Ihren Arbeitsvertrag. Manchmal steht dort eine andere Frist!

Was ist eine Krankmeldung/Arbeitsunfähigkeitsbescheinigung (AU)?

Eine Krankmeldung besteht meistens aus drei Teilen:

Teil 1: Zur Vorlage beim Arbeitgeber   Diesen Teil müssen Sie dem Arbeitgeber geben.

Teil 2: Zur Vorlage bei der Krankenkasse   Diesen Teil müssen Sie der Krankenkasse schicken. Manchmal macht das auch der Arzt für Sie.

Teil 3: Für den Arzt   Diesen Teil behält der Arzt für seine Akten.

Welche Informationen hat eine AU?

– Name der Krankenkasse
– Name, Adresse und Geburtsdatum von Ihnen
– Gültigkeit der Versichertenkarte
– Art der Bescheinigung (Erstbescheinigung, Arbeitsunfall ...)
– Dauer der Arbeitsunfähigkeit
– Name/Adresse vom Arzt mit Unterschrift
– Die Diagnose ist verschlüsselt für die Krankenkasse. (Der Arbeitgeber bekommt keine Informationen.)

5.3 Lesen Sie nun 1–5. Kreuzen Sie an: richtig oder falsch?

	R	F
1. Sie haben Fieber und können nicht arbeiten. Sie rufen Ihren Arbeitgeber an.	☐	☐
2. Der Arbeitgeber braucht Ihre Krankmeldung nach drei Tagen.	☐	☐
3. In Ihrem Arbeitsvertrag steht, wann Sie die Krankmeldung abgeben müssen.	☐	☐
4. Sie bekommen vom Arzt zwei Bescheinigungen.	☐	☐
5. Auf der AU können Sie Ihre Krankheit lesen.	☐	☐

6 Fragen und Antworten beim Arzt
Was sagt der Arzt / die Ärztin (A), was sagt der Patient / die Patientin (P)?

1. ☐A☐ Nehmen Sie die Tropfen dreimal täglich.
2. ☐ Wir müssen erst einmal röntgen.
3. ☐ Hier oben tut es weh.
4. ☐ Wie oft muss ich die Medizin nehmen?
5. ☐ Ich brauche eine Krankmeldung.
6. ☐ Hier ist ein Rezept für Schmerztabletten.
7. ☐ Ich habe Halsschmerzen.
8. ☐ Mir ist schlecht.
9. ☐ Wo haben Sie denn Schmerzen?
10. ☐ Sie müssen viel schlafen.

7 Modalverben: *sollen* und *dürfen*

7.1 Tipps zum Fit-sein und Fit-bleiben – Schreiben Sie Sätze mit *sollen* wie im Beispiel.

Sport machen (Peter) • Diät machen (ich) •
regelmäßig im Fitnessstudio trainieren
(Frau Drewe) • viel Gemüse und wenig
Fleisch essen (Peter und Luise) • zweimal in
der Woche joggen oder schwimmen (ihr) •
nicht so viel Schokolade essen (wir) •
viel Fahrrad fahren (du) • mindestens sieben
Stunden schlafen (wir)

> *Der Trainer sagt, Peter soll Sport machen.*
> *Er sagt, ich s... .*

7.2 Tipps zur Prüfungsvorbereitung: Schreiben Sie Sätze mit *sollen* wie im Beispiel.

jeden Tag etwas lernen (ich) • genug Pausen machen (ihr) •
oft wiederholen (du) • einen Lernplan machen (Klaus) •
mit Freunden zusammen lernen (wir)

> *Mein Freund sagt, ich soll ...*

7.3 *Dürfen / nicht dürfen* – Ergänzen Sie.

1. Ihr seid erst 14 Jahre alt. Ihr _____ nicht rauchen.

2. Sie haben Husten. Sie _____ auch nicht rauchen!

3. Fahr geradeaus! Du _____ hier nicht rechts fahren.

4. Hier ist Parken verboten. Sie _____ hier nicht parken.

5. _____ man hier Alkohol trinken?

6. _____ wir ein Wörterbuch benutzen?

7. _____ ich im Unterricht telefonieren?

8 Imperativ
Sie-Form, Du-Form, Ihr-Form – Schreiben Sie die Sätze.

1. das Fenster schließen (Sie-/du-Form)

   a) *Bitte schließen Sie das Fenster.*

   b) *Bitte schließ das Fenster.*

2. die Medikamente nehmen (ihr-/du-Form)

   a) _____

   b) _____

3. viel spazieren gehen (Sie-/ihr-Form)

   a) _____

   b) _____

4. am Nachmittag kommen (Sie-/ihr-Form)

   a) _____

   b) _____

5. den Termin absagen (Sie-/du-Form)

   a) _____

   b) _____

9 Termine machen, absagen, verschieben
Ihre Tochter ist krank. Sie kann nicht in die Schule gehen. Schreiben Sie die Entschuldigung.

– Datum

XXXXXXX

– Anrede (Sehr geehrte Frau .../
Sehr geehrter Herr ...)

XXXXXXXXXXXXXXXX

– Text: meine Tochter + Name •
krank • wahrscheinlich ... Tage

XXXXXXXXXXXXXXXXXXXXXXXXXXXXX
XXXXXXXXXXXXXXXXXXXXXXXXXXXX
XXXXXXXXXXXXXXXXXXXXXXXXXXXXX

– Gruß (Mit freundlichen Grüßen)
– Unterschrift

XXXXXXXXXXXXXXXXX
XXXXXXXXXXXXXX

10 Termine und Pünktlichkeit
Uhrzeiten wiederholen – Schreiben Sie die Uhrzeit.

a) 10.15 Uhr   b) 11.55 Uhr   c) 12.30 Uhr   d) 14.45 Uhr   e) 15.20 Uhr   f) 16.35 Uhr
g) 17.15 Uhr   h) 18.05 Uhr   i) 19.25 Uhr   j) 20.00 Uhr   k) 21.30 Uhr   l) 00.10 Uhr

a) Es ist Viertel nach zehn.

11 Ja oder Doch
Ergänzen Sie ja oder doch.

1. Können Sie nicht am Vormittag kommen?   *Doch.*

2. Haben Sie einen Termin?   _____

3. Haben Sie Ihre Versichertenkarte dabei?   _____

4. Nehmen Sie keine Tabletten?   _____

5. Haben Sie abends keinen Termin?   _____

6. Geht es nicht früher?   _____

12 Aussprache: r

⊙ 4.28   **12.1 Hören Sie zu.**

Sie sprechen r: der Rücken • ein Rezept • die Grippe • die Brust • Karies • krankschreiben
Sie braucht ein Rezept.
Sie dürfen nicht rauchen.

Sie sprechen kein r: der Finger • die Schulter • untersuchen • der Hörtest • um vier Uhr • unser Auto
verkaufen • euer Terminkalender • und ihr?

12.2 Hören Sie noch einmal und sprechen Sie nach.

Effektiv lernen

Drei Lesestrategien

Globales Lesen	Sie lesen schnell. Sie wollen nur „global" wissen: Was steht im Text?
	– Was ist das Thema?
	– Ist der Text für mich interessant?
Detailliertes Lesen	Sie wollen die Informationen von einem Text genau verstehen.
	– Sie stellen W-Fragen: Wer, Wo, Wann, Was, Wie …?
	– Was verstehen Sie sofort?
	– Welche Wörter müssen Sie im Wörterbuch nachschlagen?
Selektives Lesen	Sie suchen eine ganz bestimmte Information, z. B.: Wann beginnt der Film?
	Sie suchen nach bestimmten Stichwörtern: Filmtitel, Wochentage, Uhrzeiten …

Lesen Sie die Texte und lösen Sie 1–4. Überlegen Sie: Welche Strategie haben Sie gebraucht?

① Zu welchen Texten passen die Überschriften?

Bayern ohne Chance gegen Hoffenheim   Text: _____

Wochenendreise   Text: _____

Wohin gehen wir am Wochenende?   Text: _____

② Sie möchten am Samstagabend den Film „Der Tierarzt" sehen. Wann läuft er?

③ Was ist beim Fußballspiel Bayern München – Hoffenheim passiert?

④ Sie möchten eine Wochenendreise machen. Was ist im Angebot?

(A)
Mit einem sensationellen 5:0 mussten die Bayern vom Spiel gegen 1899 Hoffenheim nach Hause fahren. Nachdem beide Mannschaften in den ersten 45 Minuten noch gleich stark waren (Pausenstand 0:0), brach die Abwehr der Bayern ab der 50. Spielminute völlig zusammen. Auf das 1:0 in der 47. Minute durch den Brasilianer Marques folgte bereits nach wenigen Minuten das 2:0 durch Demba Ba. Der sonst so souveräne Scherling im Tor der Bayern hatte einen extrem schlechten Tag und musste noch drei weitere Tore akzeptieren. Davon ein Eigentor durch Sergio. Hoffenheim spielte dagegen unglaublich souverän und selbstsicher und ging am Ende unter dem Jubel von 30000 Fans im neuen Stadion in Sinsheim als grandioser Sieger vom Platz.

(B)
Kinopolis 1: *Blow up*
14.15, 16.15, 18.15, 20.15

Kinopolis 2: *Der Vorleser*
16.30, 18.30, 20.30, 22.30

Alsterpalast 1: *Jurassic Park 8*
16.30, 19.30, 22.30

Alsterpalast 2: *Der Tierarzt*
17.00, 19.30, 21.30

(C)
Berliner Impressionen 13.–15. Juni

Wir fahren am Freitagnachmittag mit einem klimatisierten Luxusbus nach Berlin. Das Hotel **„Transit"** begrüßt Sie am Abend mit einem Glas Sekt. Danach haben Sie noch Zeit für einen Spaziergang **„Unter den Linden"** (4 Stationen mit der U-Bahn). Der Samstag beginnt mit einer **Stadtrundfahrt** (2 Stunden). Danach haben Sie Zeit für einen ausgedehnten **Einkaufsbummel** auf dem Ku'damm oder in der Friedrichstraße. Um 20 Uhr erwartet uns dann das Berliner Ensemble zu einem Theaterabend mit Bertolt Brechts **„Galileo Galilei"**. Am Sonntag lernen wir das alte Preußen kennen: **Schloss Sanssouci** erwartet Sie mit seinen blühenden

12 Schönes Wochenende

1 Bilder und Wörter

1.1 Schreiben Sie Wörter in die Tabelle. Probleme? 📖 Die Wörter unten helfen.

Schlafen	Gepäck	Bücher/Papiere	Reisen	Aktivitäten
das Hotel	*die Tasche*	*der Prospekt*	*die Durchsage*	*schwimmen*

📖 die Jugendherberge • der Flughafen • das Flugzeug • der Flug • fliegen • das Doppelzimmer • der Bus • der Prospekt • abfliegen • die Ankunft • die Durchsage • ankommen • die Reise • der Ausflug • der Reiseführer • einsteigen • wandern • die Übernachtung • aussteigen • der Koffer • die Tasche • das Gepäck • der Rucksack • der Ausweis/Pass • schwimmen • das Hotel • das Einzelzimmer • die Halbpension • das Fahrrad • das Ticket • das Reisebüro • der Abflug • die Bahn • das Auto

1.2 Ergänzen Sie die Sätze mit Wörtern aus 1.1.

1. Hotels sind mir zu teuer. Ich übernachte lieber in einer ___Jugendherberge___.

2. Ich fliege nicht gern. Statt mit dem _____ reise ich lieber mit der _____.

3. Ich mag Koffer nicht. Ich reise lieber mit einem _____ auf dem Rücken.

4. Ich möchte ein _____zimmer für mich und meinen Mann buchen.

5. Hast du deinen _____ dabei? Sonst kommen wir nicht über die Grenze.

6. Ich war heute im _____ und habe eine Woche Berlin für uns gebucht.

7. Berlin? Super, dann kaufe ich heute in der Stadt einen _____.

8. Hast du die _____ gehört? Sie hat gesagt, unser Zug kommt 45 Minuten später.

9. Wir machen morgen einen _____ mit unserem Kurs. Eine Fahrradtour zu einem See.

10. Ich fliege um 12 Uhr 45 _____ und komme um 18 Uhr 30 _____.

2 Reiseziele

2.1 Schreiben Sie die Sätze.

1. an den Bodensee / fahren / möchte / Ich / .

_____

2. Olga / im Januar / will / Alpen / in die / fahren / .

_____

3. Sommer / im / möchten / ans Meer / fahren / Wir / .

_____

4. mit mir / du / Schwarzwald / in den / und wandern / Willst / fahren / ?

_____

5. Mônica / nach Brasilien / im Dezember / möchte / fliegen / besuchen / und ihre Verwandten / .

_____

6. wir / nach Berlin / fahren / an Ostern / und / gehen / Wollen / ins Pergamonmuseum / ?

_____

7. Chiemsee / wollen / an den / fahren, / Carlos und Yong-Min / denn / schwimmen / gehen / sie / wollen / .

_____

8. möchte / nach Hause / Kasimir / an Weihnachten / fahren, / muss / arbeiten / aber / er / .

_____

2.2 Lesen Sie die Postkarte.
Welche Jahreszeit ist das?

Hallo, Fadi,
liebe Grüße aus Hamburg! Wir haben heute einen
super Tag: Sonne und 25 °C. Erst waren wir auf
dem Fischmarkt und dann haben wir eine Hafen-
rundfahrt gemacht. Für heute Abend haben wir
Karten für ein Musical: „Tarzan". Morgen gehen
wir ins Museum und in den Tierpark Hagenbeck.
Übermorgen fahren wir an die Nordsee zum Baden.
Alles Liebe
Olga und Michael

2.3 Was gehört zu einer Postkarte? Markieren Sie im Text: Anrede und Gruß.

2.4 Wählen Sie ein Reiseziel aus und schreiben Sie eine Karte wie im Beispiel.

– Datum
– Anrede
– Text: **Wo** sind Sie? **Wie** ist das Wetter?
  Was haben Sie gestern gemacht? **Was** machen
  Sie heute Abend/ morgen/übermorgen?
– Gruß
– Unterschrift

```
                                    XXXXXXX
         XXXXXXXXXXX
         XXXXXXXXXXXXXXXXXXXXXXXXXX
         XXXXXXXXXXXXXXXXXXXXXXXXXX
         XXXXXXXXXXXXXXXXXXXXXXXXXX
         XXXXXXXXXXXXXXXXXX
         XXXXXXXXXXX
```

3 Eine Reise buchen

4.29 **Ergänzen Sie den Dialog.**
Hören Sie und lesen Sie laut.

● Was kann ich für Sie tun?

○ _____

● Wohin möchten Sie denn?

○ _____

● Da kann ich Ihnen eine Woche an der Costa Brava anbieten.

○ _____

● Eine Woche Halbpension im Einzelzimmer 317 Euro.

○ _____

● Der Flug ist immer freitags ab Düsseldorf um 13 Uhr 40 und zurück um 6 Uhr 45.

○ _____

● Wie möchten Sie bezahlen? Bar oder mit Karte?

○ _____

a) ○ Ans Meer, vielleicht nach Spanien, Mallorca oder so.

b) ○ Gut, dann nehme ich das.

c) ○ Ich will eine Woche verreisen, aber es darf nicht teuer sein.

d) ○ Mit Kreditkarte.

e) ○ Und wann kann ich da fliegen?

f) ○ Was kostet das?

4 Wohin? – *an/in* mit Akkusativ
Ergänzen Sie zuerst die Artikel und dann 1–5.

*die*_____ Alpen (Pl.)   1. Ich möchte im Winter _____ _____ Alpen zum Skifahren.

_____ Wald   2. Wollen wir am Wochenende _____ _____ Wald wandern gehen?

_____ Meer   3. Sabine fährt nächste Woche _____ Meer.

_____ Stadt   4. Wer geht mit mir morgen _____ _____ Stadt einkaufen?

_____ Museum   5. Ich möchte in Basel _____ Kunstmuseum gehen.

_____ See   6. Am Sonntag fahren wir _____ _____ Müggelsee zum Baden.

5 Personalpronomen im Akkusativ
Ergänzen Sie.

1. Meine Mutter möchte verreisen. Haben Sie ein Angebot für __*sie*_____?

2. Ich kann für _____ beide zwei Konzertkarten bekommen. Kommst du mit?

3. Wir können einen Sitzplatz im Zug für _____ reservieren. Möchten Sie das?

4. Der Berliner Zoo ist interessant. Ich habe _____ schon zehnmal besucht.

5. Du musst in Berlin das Pergamonmuseum anschauen. Ich finde _____ total interessant.

6. Kasimir, da bist du ja. _____ habe ich ja schon lange nicht mehr gesehen! Warst du weg?

7. Yong-Min ist krank. Ich besuche _____ heute Nachmittag.

8. Mehmet hat _____ gestern angerufen. Ich war aber nicht da.

6 Fahrkarten kaufen

⊚ 4.30 **6.1 Hören Sie. Welche Reaktion passt?**

1.
[a] Am 12. Dezember.
[b] Mit dem ICE.

2.
[a] Am Montag.
[b] Ungefähr um 10.

3.
[a] Das macht nichts.
[b] Das ist mir zu teuer.

4.
[a] Nein, hin und zurück.
[b] Nein, danke.

5.
[a] Ja, ich auch.
[b] Ja, am Fenster, bitte.

6.
[a] Ja, BahnCard 50, 2. Klasse.
[b] Ja, ich zahle bar.

⊚ 4.31 **6.2 Durchsagen am Bahnhof – Hören Sie zweimal und kreuzen Sie an: richtig oder falsch?**

	R	F
1. Der ICE nach Hamburg fährt heute von Gleis drei ab.	☐	☐
2. Die Wagen der zweiten Klasse halten in den Abschnitten B bis D.	☐	☐
3. In diesen Zug müssen Sie einsteigen.	☐	☐
4. Die S-Bahn nach Lüneburg fährt um 16 Uhr 32.	☐	☐

6.3 Mit der Bahn fahren – Ergänzen Sie die Sätze. Wie heißt das Lösungswort? (ß = SS)

1. Diese Liste zeigt, wann die Züge fahren:
☐☐☐☐[1]☐☐☐☐

2. Um 16.32 ist die ☐☐☐[8]☐☐☐
von der S-Bahn nach Hamburg.

3. Ihr Platz im Zug heißt so:
☐☐[3]☐☐☐☐☐☐

4. Sie sind um 17.02 Uhr in Hamburg.
Die ☐☐[7]☐☐☐☐ ist um 17.02 Uhr.

5. Ein anderes Wort für Ticket:
☐☐☐☐☐☐☐☐[2]☐

6. Sie müssen nicht 100 % bezahlen. Sie bekommen eine ☐☐[10]☐☐☐☐☐☐☐☐

7. Möchten Sie am ☐☐☐[4]☐☐☐ sitzen oder am Gang?

8. Das Gegenteil von *aussteigen*: [5]☐☐☐☐☐☐☐☐☐

9. In Hamburg müssen Sie ☐☐☐☐[6]☐☐☐. Sie fahren dann um 17 Uhr 22 weiter nach Kiel.

10. Ich möchte zwei Plätze [9]☐☐☐☐☐☐☐☐[14]☐.

11. Ich möchte nicht am Fenster sitzen, lieber am ☐☐[11]☐☐.

12. Der ICE fährt heute von Gleis 8 am gleichen ☐☐☐☐☐[12]☐[13]☐ gegenüber.

1	2	3	4	5	6	7	8	9	10	11	12	13	14
							O					O	

7 An der Rezeption

7.1 Was passt zusammen? Ordnen Sie zu.

1. Haben Sie W-Lan
2. Guten Tag, kann
3. Haben wir einen
4. Der Fernsehraum ist
5. Der Frühstücksraum ist gleich
6. Der Kühlschrank steht
7. Können Sie bitte
8. Neben dem Eingang steht ein
9. Wir haben eine Reservierung
10. Wo ist

_____ a) Computer mit Internetanschluss.
_____ b) der Fernsehraum?
_____ c) dieses Formular ausfüllen!
_____ d) für ein Doppelzimmer.
_____ e) hinter dem Frühstücksraum.
_____ f) hinter der Rezeption.
_____ g) ich Ihnen helfen?
_____ h) in der Jugendherberge?
_____ i) Kühlschrank im Zimmer?
_____ j) unter dem Fenster.

7.2 Schreiben Sie Minidialoge. Vergleichen Sie im Kurs.

8 Das Wetter

⊙ 4.32

8.1 Hören Sie. Zu welchen Wetterkarten passen die Wetterberichte?

A ☐ 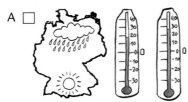   B ☐    C ☐

8.2 Wetterwörter – Ergänzen Sie.

1. der _____   ES s_____

2. der _____   _____ r_____

3. die Kälte   _____ ist _____

4. die Wärme   _____ ist _____

5. die _____   Die _____ s_____.

6. _____ sind 15 _____ _____.

9 **Das Wetter in Deutschland und in Ihrem Land**
Lesen Sie die Texte zum Wetter in Deutschland und beantworten Sie die Fragen 1–4.

Ich lebe gerne in Deutschland, aber das Wetter … – Bei uns zu Hause in Miami haben wir von März bis November warmes Wetter. Es regnet sehr wenig, zu wenig, aber es ist fast nie kalt. In Deutschland ist es fast immer kalt, auch im Sommer.
Irina Vaca Diez, Miami

Mir gefällt das Wetter hier. Bei uns zu Hause ist es oft sehr heiß. Ich mag die Hitze nicht. Zu Hause habe ich immer den Winter geliebt. Aber die Dunkelheit gefällt mir nicht. Ein halbes Jahr steht man bei Dunkelheit auf und kommt bei Dunkelheit von der Arbeit nach Hause.
Ali Falalla, Sudan

Ich liebe das Wetter in Deutschland und besonders liebe ich die Jahreszeiten. Der Frühling ist wunderschön. Alles blüht und alles ist frisch und grün. Noch schöner ist der Herbst mit seinen vielen Farben, dem Braun und dem Gelb. Kalte, sonnige Wintertage sind toll.
Melchora Mabini, Manila

Ich halte das nicht aus. Es ist fast immer kalt und nass. Im ganzen Jahr gibt es vielleicht 30 schöne Tage. Ich möchte irgendwann irgendwo leben, wo fast immer die Sonne scheint und es immer zwischen 20 und 30 Grad warm ist.
Rolf Banzer, Bonn

1. Wer findet das Wetter in Deutschland gut? _____

2. Was ist das Problem im Winter? _____

3. Warum findet Melchora Mabini den Herbst schön? _____

4. Wer möchte nicht mehr in Deutschland leben? _____

10 **Aussprache: Zwei Konsonanten**
⊙ 4.33 **Hören Sie und sprechen Sie.**

„ts" das Zimmer • das Einzelzimmer • die Information • der Geburtstag • bezahlen • rechts • der Fensterplatz • sitzen • der Sitzplatz

„pf" der Kopf • empfehlen • abfahren • der Apfelsaft

„ks" extra • ein Taxi • der Frühstücksraum • links • sonntags

„st" zuerst • im August • Hast du Zeit? • Wann kommst du?

„scht" im dritten Stock • am Strand • die Stadt besichtigen • umsteigen

Schwierige Wörter

1 **Hören Sie und sprechen Sie langsam nach. Wiederholen Sie die Übung.**
⊙ 4.34

Frühstücksraum↘	der Frühstücksraum↘	Hier ist der Frühstücksraum.↘
Einzelzimmer↗	ein Einzelzimmer↗	Haben Sie ein Einzelzimmer?↗
pünktlich↘	kommt pünktlich↘	Der Zug kommt pünktlich.↘

2 **Welche Wörter sind für Sie schwierig? Schreiben Sie drei Lernkarten und üben Sie mit einem Partner / einer Partnerin.**

Hören 1

Kreuzen Sie an: [a], [b] oder [c]. Sie hören jeden Text **zweimal**.

Beispiel

0 Wie geht es Peter?

⊙ 4.35

[X] nicht so gut

[b] gut

[c] sehr gut

1 Wohin soll Frau Kelek gehen?

⊙ 4.36

[a] auf die Bank

Personalbüro

[b] ins Personalbüro

Dr. Eva Weber
Direktion

[c] zur Chefin

2 Wohin muss Natascha gehen?

⊙ 4.37

[a] nach Hause

Deutschkurs A1

[b] in den Sprachkurs

Dr. med. Rita Heitz
Fachärztin
für Allgemeinmedizin
Sprechzeiten Mo–Fr 9–11 Uhr

[c] zur Ärztin

3 Wie hoch sind die Nebenkosten ungefähr?

⊙ 4.38

510 €

[a] 510 €

125 €

[b] 125 €

150 €

[c] 150 €

4 Wann treffen sie sich?

⊙ 4.39

[a] um acht Uhr

[b] um sieben Uhr

[c] um halb acht

5 Was hat Herr Schmidt?

⊙ 4.40

[a] Fieber

[b] Bauchschmerzen

[c] Kopfschmerzen

6 Was hat der Fahrgast vergessen?

⊙ 4.41

[a] die BahnCard

[b] die Fahrkarte

[c] den Pass

Hören 2

Kreuzen Sie die richtige Lösung an. Sie hören jeden Text **einmal**.

Beispiel

⊙ 4.42 **(0)** Die Eltern von Tanja müssen ihr Kind sofort an der Information im zweiten Stock abholen.   ~~Richtig~~   Falsch

⊙ 4.43 **(7)** Im Zugrestaurant kann man zu Abend essen.   Richtig   Falsch

⊙ 4.44 **(8)** Der Fahrer muss sofort an die Kasse kommen.   Richtig   Falsch

⊙ 4.45 **(9)** Herr Sveresson soll sofort zum Ausgang B kommen.   Richtig   Falsch

⊙ 4.46 **(10)** Sie dürfen im Zug auf der Toilette rauchen.   Richtig   Falsch

Hören 3

Kreuzen Sie an: a, b oder c. Sie hören jeden Text **zweimal**.

⊙ 4.47 **(11)** Was soll Karla mitbringen?
a Einen Salat.
b Eine Suppe.
c Einen Kuchen.

⊙ 4.48 **(12)** Wohin möchte der Mann fahren?
a Nach Köln.
b Nach München.
c Nach Hannover.

⊙ 4.49 **(13)** Wann soll Frau Kolle anrufen?
a Am Montag.
b Am Freitag.
c Am Donnerstag.

⊙ 4.50 **(14)** Wer hat einen Arzttermin?
a Marlene.
b Marlenes Mutter.
c Marlenes Baby.

⊙ 4.51 **(15)** Was möchte Marie essen?
a Ein kaltes Abendessen.
b Nudeln.
c Pizza.

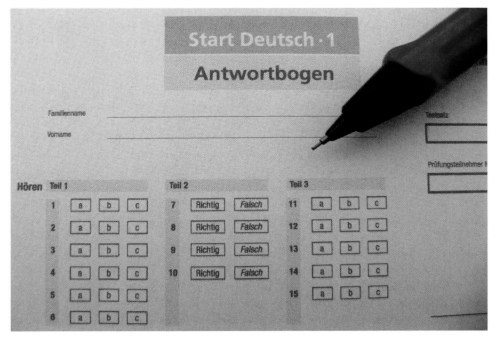

Lesen 1

Sind die Sätze 1–5 | Richtig | oder | Falsch |? Kreuzen Sie an.

Beispiel

(0) Jan kann heute Nachmittag nicht arbeiten. | Richtig | (crossed out) | Falsch |

> Hallo, Dagmar,
>
> ich muss heute leider schon um 13 Uhr weg. Mein Auto war kaputt und ich muss es heute Nachmittag abholen. Kannst du bitte noch mal mit dem Chef sprechen? Wir brauchen noch Informationen für die Konferenz morgen: Wie viele Personen kommen? Wie lange soll die Konferenz dauern?
>
> Tausend Dank!
> Jan

(1) Dagmar muss ihr Auto abholen. | Richtig | | Falsch |

(2) Jan hat noch Fragen zu der Konferenz morgen. | Richtig | | Falsch |

```
Hallo, Helga,
ich hoffe, dir geht's gut!
Bei mir ist alles o. k., nur der Rücken macht mir immer noch Probleme. Ich
muss unbedingt etwas für meinen Körper tun, aber allein habe ich keine Lust.
Ganz bei mir in der Nähe gibt es ein neues Fitnessstudio, die haben jetzt
Sonderangebote – willst du nicht mitkommen? Du hast doch auch immer Probleme
mit den Kilos ;-) ...
Vielleicht haben wir ja zusammen Erfolg beim Abnehmen.
Ruf mich doch bitte bald mal an!
Alles Liebe
Mareike
```

(3) Mareike möchte eine Diät machen. | Richtig | | Falsch |

(4) Mareike möchte zusammen mit Helga ins Fitnessstudio gehen. | Richtig | | Falsch |

(5) Helga ist ein bisschen zu dick. | Richtig | | Falsch |

Lesen 2

Lesen Sie die Texte und die Aufgaben 6–10.

Wo finden Sie Informationen? Kreuzen Sie an: a oder b?

Beispiel

(0) Sie brauchen eine 2-Zimmer-Wohnung in Nürnberg. Wo bekommen Sie Informationen?

www.wohnen-bei-freunden.de

Wir vermitteln Zimmer:
- möbliert oder unmöbliert
- in Wohngemeinschaften
- oder in Familien

www.wohnungsfinder.com

Bei uns finden Sie …
➤ Wohnungen
➤ Häuser und Villen

… **in ganz Deutschland.**

a www.wohnen-bei-freunden.de

☒ www.wohnungsfinder.com

(6) Sie möchten ein günstiges Flugticket in Ihr Heimatland buchen.

www.traumreisen.de

Wir organisieren Ihren Traumurlaub!
Super Preise – super Service!
Und immer alles inklusive:
Flug – Hotel – Tourismusprogramm

www.billigflieger.de

Bei uns bekommen Sie preiswerte Flüge in die ganze Welt!
✔ Täglich aktueller Preisvergleich!
✔ Sofort-Online-Buchung möglich!

a) www.traumreisen.de
b) www.billigflieger.de

(7) Sie möchten am Wochenende ein bisschen Geld verdienen.

Supermarkt gut & günstig
Wir suchen Teilzeitkraft
Montag – Samstag vormittags für den Verkauf.
Bitte bei der Filialleiterin melden!

Biergarten Kastanienallee
Der Sommer kommt – und mit ihm viele Gäste ...
Wir suchen ab sofort eine Aushilfe!
Samstag + Sonntag – Arbeitszeit nach Vereinbarung!

a) Supermarkt gut & günstig
b) Biergarten Kastanienallee

(8) Eine Bekannte sucht für ihren Sohn einen Fußballverein.

Sportverein Heppenheim
Bei uns kommen die Kleinen ganz groß raus!
Fußball • Handball • Volleyball

Fit im besten Alter!
Gruppen und Kurse für Menschen ab 40
Rückenschule • Fußballgruppe • Yoga

a) Sportverein Heppenheim
b) Fit im besten Alter!

(9) Ihre Freundin geht zurück in ihr Heimatland und möchte ein paar Sachen verkaufen.

Am Samstag 10–16 Uhr
großer Flohmarkt
am Waldstadion

Antik-Geschäft:
An- und Verkauf über 100 Jahre alter Möbel!
Antiquitäten Schulz,
Bahnhofstraße 12, Telefon 1 90 17 18

a) Flohmarkt
b) Antik-Geschäft

(10) Sie möchten für ein Wochenende an die Nordsee fahren.

www.tourismusverband-schleswig-holstein.de

Meer und mehr ...
◇ Urlaubsorte an der Nordsee
◇ Pauschalangebote
◇ Anreise

www.nordsee-kliniken.de

Aktiv für die Gesundheit!
Wir bieten Ihnen:
Kuren ab 2 Wochen • Reha-Aufenthalte (4 Wochen)
Kommen Sie zu uns!

a) www.tourismusverband-schleswig-holstein.de
b) www.nordsee-kliniken.de

Lesen 3

Lesen Sie die Texte und die Aufgaben 11–15. Kreuzen Sie an. | Richtig | oder | Falsch |?

Beispiel

0 Eingang von einem Restaurant

> ### Altes Wirtshaus
> heute wegen Familienfeier geschlossene Gesellschaft!
> *Bitte besuchen Sie uns wieder ab morgen zu den
> üblichen Öffnungszeiten!*

Sie können heute hier nicht essen.

~~Richtig~~   Falsch

11 In der U-Bahn

> ### Sehr geehrte Fahrgäste!
> Zwischen dem 7.1. und dem 14.1. wegen
> Bauarbeiten kein U-Bahn-Verkehr zwischen
> St. Pauli und Hauptbahnhof.
> Bitte benutzen Sie die Ersatzbusse!

Es ist der 10. Januar. Sie können nicht mit der U-Bahn von St. Pauli zum Hauptbahnhof fahren.

Richtig   Falsch

12 Im Restaurant

> ### Ab sofort jeden Abend ab 18 Uhr, Samstag + Sonntag ab 12 Uhr:
> *indisches Büfett:* Lamm – Huhn – vegetarisch
> für nur 9 € pro Person!

Sie können am Samstagnachmittag für 9 € vom Büfett essen.

Richtig   Falsch

13 An einem Kaufhaus

> ### *Verkaufsoffene Sonntage im Advent!*
> Am **6.**, **13.** und **20. 12.** haben wir am
> **Sonntagvormittag** von **10–13 Uhr** geöffnet.

Es ist Sonntag, der 29.11., 12 Uhr.
Sie können in dem Kaufhaus einkaufen.

Richtig   Falsch

14 In der Sprachschule

> ### *Liebe Kursteilnehmerinnen und Kursteilnehmer!*
> Bitte beachten Sie das *Rauchverbot*
> im ganzen Haus!
> Vielen Dank!
> *Ihr Sprachschulteam*

Sie müssen zum Rauchen nach draußen gehen.

Richtig   Falsch

15 Im Flughafen

> ### Sehr geehrte Fluggäste!
> Zurzeit sind unsere Schalter
> leider geschlossen.
> Bitte gehen Sie zur Information
> in der Haupthalle.

Sie können jetzt am Schalter einen Flug buchen.

Richtig   Falsch

Schreiben 1

Ihre Freundin Necla Dogan kommt aus der Türkei und wohnt jetzt in München.

Sie möchte in einem Fitnessstudio einen Rückenkurs machen.

Sie ist 33 Jahre alt und Verkäuferin von Beruf. Sie möchte per Überweisung bezahlen.

Sie hat ein Formular für die Anmeldung im Fitnessstudio.
In dem Formular fehlen fünf Informationen.

Helfen Sie Ihrer Freundin. Schreiben Sie die Informationen in das Formular.

Am Ende schreiben Sie Ihre Lösungen bitte auf den Antwortbogen:

Schreiben	Teil 1
1	_____
2	_____
3	_____
4	_____
5	_____

Fitnessstudio Neuhausen

Anmeldung

Name, Vorname	Dogan, Necla	(0)
Straße/Hausnummer:	Helene-Weber-Allee 9	
Wohnort:	80637 _____	(1)
Telefon:	0 89 / 1 54 32 76	
Beruf:	_____	(2)
Alter:	_____	(3)
Kurs:	_____	(4)
Zahlung:	bar Überweisung Kreditkarte	(5)
Datum	10. 02. 2010	
Unterschrift	*Necla Dogan*	

Schreiben 2

Sie sind krank und können morgen und übermorgen nicht zum Sprachkurs kommen.

Schreiben Sie Ihrer Lehrerin / Ihrem Lehrer:
– Wie lange können Sie nicht kommen?
– Warum können Sie nicht kommen?
– Fragen Sie nach den Hausaufgaben.

Schreiben Sie Ihren Text hier (ca. 30 Wörter).

_____
_____
_____
_____
_____
_____
_____
_____

Ersteinreise in das Bundesgebiet	wann _____ mit Visum: ☐ ja ☐ nein falls ja, Visums-Nr. _____		
Frühere Aufenthalte im Bundesgebiet	☐ ja ☐ nein Falls ja, wo: →	von … bis … _____ _____ _____	in _____ _____ _____
Erteilungsgrundlage des Aufenthaltstitels	☐ Studium (§ 16 AufenthG) ☐ Betriebliche Aus- u. Weiterbildung (§ 17 AufenthG) ☐ Arbeitsaufnahme (§§ 18, 21 AufenthG) ☐ humanitäre Gründe (§ 25 Abs. _____ AufenthG)	☐ Familiennachzug zu Deutschen (§ 28 AufenthG) ☐ Familiennachzug zu Ausländern (§ 29 AufenthG) ☐ Sonstiges _____	
Dauer des weiteren Aufenthalts	_____ Monate	_____ Jahre	☐ dauerhaft
Religion (freiwillige Angabe)	☐ Christentum		

Im Alltag EXTRA

Sprechen, sprechen ...

Du – Sie?

Ordnen Sie zu: Wer duzt? Wer siezt? Notieren Sie du oder Sie.

Ⓐ *Sie – Sie*   Ⓑ _____   Ⓒ _____

Ⓓ _____   Ⓔ _____   Ⓕ _____

Was sagen die Personen? Ordnen Sie die Situationen A–F den Dialogen 1–6 zu.

1 Ⓐ
- ● Guten Tag. Bitte sehr?
- ○ Guten Tag. Ich suche den Deutschkurs A1.
- ● Wie heißen Sie bitte?
- ○ Mein Name ist Svoboda.
- ● Sind Sie Frau Kristina Svoboda?
- ○ Ja.

2 ☐
- ● Tim, kommst du?
- ○ Ja.
- ● Bis morgen.
- ○ Tschüs, Frau Müller.
- ● Auf Wiedersehen, Tim.

3 ☐
- ● Tag, Sandra.
- ○ Hallo, Nina! Wie geht's?
- ● O. k. Und dir?
- ○ Du, frag nicht. Nicht so gut.
- ● Oh!

4 ☐
- ● Tag, Tina.
- ○ Tag, Herr Tritsch.
- ● Was möchtest du?
- ○ Die Zeitung für Papa.

5 ☐
- ● Alles ist in Ordnung!
- ○ Wunderbar. Ich danke Ihnen.
- ● Bitte, bitte.
- ○ Auf Wiedersehen.
- ● Einen schönen Tag noch!

6 ☐
- ● Tschüs. Bis später.
- ○ Mach's gut.
- ● Du auch, Schatzi.
- ○ Tschüs!!

Papiere, Papiere …

Persönliche Daten

Füllen Sie das Formular aus: Zuerst für sich und dann für eine andere Person.

Ich

Familienname	
Geburtsname	
Vorname(n)	
Geburtsdatum	
Geburtsort	
Staatsangehörigkeit	
Geschlecht	☐ weiblich ☐ männlich

Eine andere Person

Familienname	
Geburtsname	
Vorname(n)	
Geburtsdatum	
Geburtsort	
Staatsangehörigkeit	
Geschlecht	☐ weiblich ☐ männlich

☐ Antrag auf Erteilung einer Aufenthaltserlaubnis
☐ Antrag auf Verlängerung einer Aufenthaltserlaubnis
☐ Antrag auf Erteilung einer Niederlassungserlaubnis

Namen – international

Vorname – Familienname?

Wie ist das in Ihrem Land?

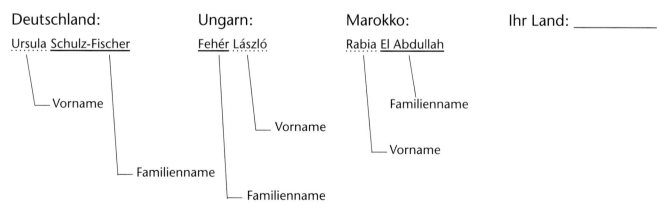

Deutschland:

<u>U</u>rsula <u>S</u>chulz-Fischer
— Vorname
— Familienname

Ungarn:

<u>F</u>ehér <u>L</u>ászló
— Vorname
— Familienname

Marokko:

<u>R</u>abia <u>E</u>l Abdullah
— Familienname
— Vorname

Ihr Land: _____

> **INFO**   In Listen schreibt man oft so: El Abdullah, Rabia
> Fehér, László
> Schulz-Fischer, Ursula
> …

Schreiben Sie eine alphabetische Kursliste für Ihren Kurs.

Sprechen, sprechen ...

Sie verstehen etwas nicht?

1
- Das macht 4 Euro 75.
- Wie bitte?
- Macht 4 Euro 75.
- Ich verstehe nicht. Bitte sprechen Sie langsamer.
- 4 Euro – und 75 Cent.
- Oh, ja! Bitte sehr.

2
- Wo wohnst du?
- In der Frauenlobstraße 15.
- Noch einmal, bitte.
- Frauenlobstraße 15.
- Wo ist das?
- Am Bahnhof.

3
- Rufen Sie mich an. Meine Handynummer ist 0179-1055781.
- Bitte wiederholen Sie.
- 0 1 7 9 - 1 0 5 5 7 8 1.
- Ich verstehe Sie nicht gut. Bitte schreiben Sie das auf. ... Danke.
- O. k., bis später.

Sprechen und spielen Sie die Dialoge im Kurs.

Wie bitte? Ich verstehe (Sie) nicht.	Noch einmal, bitte. Bitte wiederholen Sie.
Bitte sprechen Sie lauter/langsamer.	Bitte schreiben Sie das auf.

TIPP Haben Sie immer Stift und Papier dabei.

Spiel: „Ich verstehe nicht."
Spielen Sie.

Ich trinke Kaffee ohne Zucker.

Ich verstehe nicht. Bitte noch einmal.

Ich trinke Kaffee ohne Zucker.

Papiere, Papiere ...

Persönliche Daten

Füllen Sie das Formular aus: Tauschen Sie die Formulare
und stellen Sie einen anderen Kursteilnehmer vor.

Name, Vorname	Alter

Straße, Hausnummer	Telefon tagsüber	Telefon abends

PLZ	Wohnort	E-Mail	

Datum/Unterschrift Teilnehmer/in

> Das ist Olga ... Sie ist 26 Jahre alt. Sie wohnt in ... Die Telefonnummer tagsüber ist ...

> Das ist ...

Notieren Sie persönliche Daten von
Freunden und Bekannten.
Stellen Sie Ihre Freunde
und Bekannten vor.

Meine und deine Sprache

Deutsch und meine Sprache

Deutsch – Englisch

Ich spreche Deutsch.

I speak German.

Deutsch – Italienisch

Ich spreche Deutsch.

Parlo tedesco.

Deutsch – Türkisch

Ich spreche Deutsch.

Almanca konuşuyorum

Und Ihre Sprache?

Sprechen, sprechen ...

Wie heißt das auf Deutsch?

Lesen Sie die Dialoge. Sprechen Sie in verteilten Rollen.

1
- ● Entschuldigung, ich möchte ... wie heißt das auf Deutsch?
- ○ Eine Brezel.
- ● Ja, eine Brezel.

2
- ● Heute ist es ... Wie sage ich das auf Deutsch?
- ○ Kalt. Stimmt, heute ist es kalt.
- ● Heute ist es sehr, sehr kalt!

3
- ● Entschuldigung, ich suche ... *bus station* ..., wie sagt man auf Deutsch?
- ○ Meinen Sie den Busbahnhof?
- ● Ja, Busbahnhof.
- ○ Der ist dahinten.

| Wie heißt das auf Deutsch? |
| Wie sage ich das auf Deutsch? |
| Wie sagt man (dazu) auf Deutsch? |

Pantomime: Partner A spielt vor. Partner B sagt das Wort.

Wie heißt das auf Deutsch?

eine Lampe?

Das ... ist alt.
Der ... kostet nur 50 Euro.
Das ... ist neu.
Die ... kostet 129 Euro.
Der Fernseher ist ...
Die Lampe ist ...
Das ist meine ...
Das ist eine ...
...

Kinderwagen
schön
kaputt
Schere
Digitalkamera
Tasche
Handy
Fahrrad

Die Waschmaschine ist ... Wie heißt das auf Deutsch?

kaputt

Wo sprechen Sie Deutsch?

Kreuzen Sie an. Sprechen Sie im Kurs.

- ☐ Supermarkt
- ☐ zu Hause
- ☐ Arzt
- ☐ Straße
- ☐ Schwimmbad
- ☐ Disco
- ☐ Arbeit
- ☐ Kindergarten
- ☐ Bank
- ☐ Bus
- ☐ Deutschkurs
- ☐ ...

Papiere, Papiere ...

Geldbeträge eintragen

So sprechen Sie:	So schreiben Sie Beträge/Zahlen auf:
fünf Cent	0,05 €
zwei (Euro) fünfundneunzig (Cent)	2,95 €
achtzig (Euro) siebenundsechzig (Cent)	80,67 €
fünfhundertneunundachtzig (Euro) fünfzig (Cent)	589,50 €

Diktieren Sie drei Geldbeträge.
Ihr Partner / Ihre Partnerin schreibt in die Formularfelder.

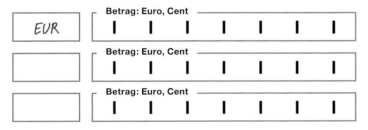

Vergleichen Sie Einkauf und Kassenzettel.

Entschuldigung, da stimmt etwas nicht.

SUPER-*Markt*
EUR

Bananen	1,79
Erdnüsse	0,55
Eier	1,99
Zitronen	1,29
H-Milch 3,5 %	0,68
H-Milch 3,5 %	0,68
Joghurt, fettarm	0,49
Schokolade Nuss	0,59
Buttertoast	1,49
Summe	**9,55**
9 Artikel	
B a r	

> **TIPP** Kontrollieren Sie immer sofort den Kassenzettel!

Meine und deine Sprache

Sammeln Sie Wörter und Fotos zum Thema „Geld".
Übersetzen Sie sie in Ihre Muttersprache.
Lesen Sie drei Wörter im Kurs vor.

Bank = ...

Kleingeld = ...

Währung = ...

> **TIPP** Im Internet finden Sie Währungsrechner. Zum Beispiel unter www.umrechnung24.de

Sprechen, sprechen ...

Wann machen Sie auf?

Ordnen Sie die Dialoge den Bildern zu.

(A) Internistin
Dr. med. Susan Schmas
Sprechzeiten:
Mo 8.00 - 12.00   14.00 - 17.00 Uhr
Di 8.30 - 12.30   15.00 - 18.00 Uhr
Mi 8.00 - 12.00   14.00 - 17.00 Uhr
Do 8.30 - 12.30   15.00 - 19.00 Uhr
Fr 8.30 - 14.30

1 ● Wann machen Sie am Freitag auf?
○ Um 8 Uhr 30. Wir machen aber um 14 Uhr 30 zu.
● Danke!
○ Bitte sehr. Auf Wiedersehen.

2 ■ Entschuldigung, wann schließen Sie heute?
□ Um 20 Uhr – ganz normal.
■ Oh, so früh. Na ja, vielen Dank!
□ Bitte sehr.

3 ▲ Entschuldigung, wie lange haben Sie am Freitag auf?
△ Nur von 7.30 bis 14 Uhr.
▲ Hat das Bürgeramt am Nachmittag zu?
△ Leider ja.

Wann machen Sie auf? Wann machen Sie zu?	Um ... Uhr. Wir machen um ... Uhr zu.
Wann öffnen Sie? Wann schließen Sie?	Wir öffnen um ... Wir schließen um ... Uhr.
Wie lange haben Sie auf?	Von ... bis ...

Schreiben Sie Ämter und Geschäfte auf Kärtchen. Schreiben Sie Öffnungszeiten auf Kärtchen. Spielen Sie Dialoge.

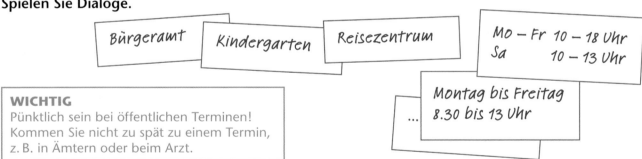

Bürgeramt   Kindergarten   Reisezentrum

Mo – Fr 10 – 18 Uhr
Sa   10 – 13 Uhr

Montag bis Freitag
8.30 bis 13 Uhr
...

WICHTIG
Pünktlich sein bei öffentlichen Terminen!
Kommen Sie nicht zu spät zu einem Termin,
z. B. in Ämtern oder beim Arzt.

Terminvereinbarung

Spielen Sie mit einem Partner wie im Beispiel.

Partner 1
Ich brauche einen Termin.

Vormittags.

Nicht so gut. Geht es auch um 10 Uhr?

Partner 2

Vormittags oder nachmittags?

Geht es am Donnerstag um 8 Uhr?

Ja, 10 Uhr geht auch. Also Donnerstag, den 23. Mai um 10 Uhr. Ich schreibe es Ihnen auf.

4

Papiere, Papiere …

Wann ist der Deutschkurs?

Üben Sie Dialoge mit unterschiedlichen Partnern:

- ● Ich suche einen Deutschkurs am Vormittag. Grundstufe 1.
- ○ Wir haben einen Intensivkurs.
- ● Wann ist der?
- ○ Montag bis Freitag von 9 bis 12 Uhr 15.

Spiel: Schreiben Sie einen „Ich habe Zeit"-Zettel und einen „Deutschkurs"-Zettel. Tauschen Sie die Zettel aus und finden Sie den richtigen Kurs.

Zeitplan: Deutschkurse		1. Halbjahr
Kurs	**Tage**	**Uhrzeit**
Grundstufe 1:		
A1 Minikurs	Di, Do	18:45–21:00
A1 Minikurs	Mo, Mi	18:45–21:00
A1 Intensivkurs Vormittag	Mo–Fr	09:00–12:15
A1 Intensivkurs Nachmittag	Mo–Fr	14:30–17:45
A1 Intensivkurs Abend	Mo–Fr	17:45–21:00
Grundstufe 2:		
A2 Intensivkurs Vormittag	Mo–Fr	09:00–12:15
A2 Minikurs	Mo, Mi	18:45–21:00
A2 Intensivkurs Abend	Mo–Fr	17:45–21:00
A2 Intensivkurs Nachmittag	Mo–Fr	14:30–17:45
Grundstufe 3:		
B1 Intensivkurs Vormittag	Mo–Fr	09:00–12:15
B1 Minikurs	Mo, Mi	18:45–21:00
B1 Intensivkurs Abend	Mo–Fr	17:45–21:00

Deutschkurs: Montag, Mittwoch 10.00–11.30 Uhr

Ich habe Zeit: Samstag und Sonntag

Ich habe Zeit: jeden Abend

Ich habe Zeit: …

Deutschkurs: Samstag 14.00–16.00 Uhr

Deutschkurs: …

Öffnungszeiten – international

Öffnungszeiten

Land			Deutschland
Supermärkte			
Postämter			
Banken			
Tankstellen			
Schulen			
Cafés			

Notieren Sie Öffnungszeiten. Sprechen Sie im Kurs. Wie sind die Öffnungszeiten in Deutschland?

In Istanbul ist die Post von 8 bis 24 Uhr geöffnet.

Projekt

Fotografieren Sie mit dem Handy Beispiele von Öffnungszeiten und zeigen Sie Ihre Fotos im Unterricht.

Was darf's sein?

Sie kennen das Wort nicht?

Lesen und üben Sie den Dialog mit einem Partner / einer Partnerin.

● Entschuldigung, haben Sie … wie heißt das … chocolade?
○ Schokolade?
● Ja, für Milch.
○ Oh, Kakao! Kakaopulver.
● Ja, Kakao!
○ Kakao ist dahinten.

Überlegen Sie: Was kennen Sie? Sammeln Sie Wörter zu anderen Lebensmitteln wie in den Beispielen.

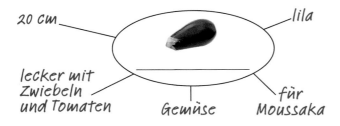

20 cm — lila — lecker mit Zwiebeln und Tomaten — Gemüse — für Moussaka

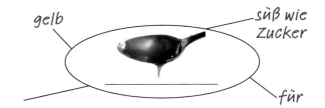

gelb — süß wie Zucker — für

Üben Sie kurze Einkaufsgespräche.

Entschuldigung, ich suche …	für Milch/Tee/Salat … wie Zucker
Haben Sie …? Ich möchte …	lila/gelb/rot/grün/braun … süß/sauer 20 cm lang/klein/rund/oval …

Projekt

**Notieren Sie Preise: Supermarkt, Wochenmarkt, Einzelhandel …
Vergleichen Sie im Kurs. Wo ist es billig?**

Mein Supermarkt: _____

Fleisch	Wurst	Tee	Saft	Brot
500 g Rindfleisch = 4,99 Euro			1 Liter Apfelsaft = 69 Cent	
Öl	Käse	Suppe	Joghurt	Marmelade

WICHTIG Auf den Packungen stehen die Inhaltsstoffe, die Kalorien und das Haltbarkeitsdatum!

5

Papiere, Papiere ...

Bestellen beim Versandhaus

Bestellschein				
Hiermit bestelle ich				

A

Name, Vorname

Straße   Hausnummer

Postleitzahl   Wohnort

Telefon (Tag)   Telefon (Abend)

E-Mail-Adresse   @

B

Artikelbezeichnung	Bestellnummer	Anzahl	Gesamtpreis in Euro	Katalog-seite

Drucker/Scanner/Kopierer
Best.Nr. 71 448 29
Euro 139,50
S. 1040

Kaffeemaschine
Best.Nr. 49 503 10
Euro 44,95
S. 948

MP3-Player 4 GB
Best.Nr. 28 24 377
Euro 59,90
S. 736

Fernseher 94 cm
Best.Nr.: 75 08 716
Euro 1299,–
S. 2230

Bügeleisen Comfort
Best.Nr. 82 44 870
Euro 69,99
S. 912

Füllen Sie A aus. Schreiben Sie dann mindestens drei Artikel in das Bestellformular in B.

> **TIPP** Sie können auch im Internet bestellen. Suchwort: Versandhäuser

Essen und einkaufen – international

Wo kaufen Sie ein?

Schreiben Sie eigene Beispiele und vergleichen Sie im Kurs.

> Ich komme aus ... • Ich esse gerne ... • Ich kaufe ... im ...

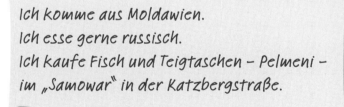

Ich komme aus Moldawien.
Ich esse gerne russisch.
Ich kaufe Fisch und Teigtaschen – Pelmeni –
im „Samowar" in der Katzbergstraße.

 Projekt
Wo gibt es in Ihrer Stadt internationale
Lebensmittel?

Sprechen, sprechen ...

Ich in meiner Familie

Was sind Sie in Ihrer Familie? Schreiben Sie über sich und sprechen Sie im Kurs.

> Mehmet
> Ich bin Sohn.   Ich bin Schwager.
> Ich bin Bruder.   Ich bin Onkel.

> Alina
> Ich bin Ehefrau.   Ich bin Schwiegertochter.
> Ich bin Enkelin.   Und ich bin die Mutter von
> Ich bin Schwester.   Zoltan und Rucika.

Und die Kinder?

Lesen Sie die Dialoge mit verteilten Rollen.

1
- ● Meine Schwiegertochter geht wieder arbeiten.
- ○ Und die Kinder? Sie sind doch noch klein!
- ● Die Kleine ist schon im Kindergarten. Jakub geht jetzt in die Grundschule. Und die Große, Paulina, geht auf's Gymnasium.
- ○ Schafft deine Schwiegertochter das?
- ● Sie arbeitet halbtags. Und ich bin ja auch da!

2
- ● Mein Bruder wird 65, er geht in Rente.
- ○ Und deine Schwägerin?
- ● Sie ist Hausfrau.
- ○ Dann ist er jetzt den ganzen Tag zu Hause!
- ● Na ja, sie haben zwei Kinder. Und meine Mutter wohnt auch bei ihnen. Das wird nicht langweilig.

Schreiben Sie mit einem Partner / einer Partnerin einen Dialog und spielen Sie ihn im Kurs.

Und die Kinder? Und deine Schwägerin? Und dein Bruder?	... ist/sind schon im Kindergarten. ... geht/gehen in die Grundschule. ... geht/gehen auf's Gymnasium. ... ist Hausfrau. ... geht in Rente.

Wie geht es weiter? Spielen Sie im Kurs.

- ● Hallo, Nasir. Kommst du mit zu John?
- ○ Das geht nicht. Dann sind die Kinder allein.
- ● Und deine Frau?
- ○ Sie ist beim Elternabend in der Schule.
- ● Und deine Schwägerin?
- ○ Sie ist krank.
- ● Und dein ...?
- ○ Er ...
- ● ...

6

Papiere, Papiere ...

Familienstand

Kreuzen Sie an und vergleichen Sie im Kurs.

Roberto Juarez ist 38 Jahre alt. Er hat ein Reisebüro zusammen mit seiner Frau.

- [ ] ledig
- [ ] verheiratet
- [ ] geschieden
- [ ] verwitwet

Cornelia Simon ist 25. Sie lebt mit ihrem Freund zusammen und arbeitet bei der Post.

- [ ] ledig
- [ ] verheiratet
- [ ] geschieden
- [ ] verwitwet

Nirakar Bhushan lebt in Frankfurt. Seine Ex-Frau ist in New Delhi.

- [ ] ledig
- [ ] verheiratet
- [ ] geschieden
- [ ] verwitwet

Anna Tarasova ist 62. Sie lebt bei ihrer Tochter. Ihr Mann ist 2007 gestorben.

- [ ] ledig
- [ ] verheiratet
- [ ] geschieden
- [ ] verwitwet

Sie beantragen Kindergeld.
Füllen Sie das Formular aus

Antrag auf Kindergeld

Beachten Sie bitte das anhängende Hinweisblatt und das Merkblatt über Kindergeld. Bitte verwenden Sie Druckbuchstaben beim Ausfüllen.

1 **Antragsteller(in):**

Name

Titel

Vorname

Ggf. Geburtsname und Name aus früherer Ehe

Geburtsdatum
Tag | Monat | Jahr

Geschlecht
W = weiblich
M = männlich

Staatsangehörigkeit

Telefonisch tagsüber erreichbar unter Nr.
(freiwillige Angabe)

Familienstand: [ ] ledig | seit | [ ] verheiratet | [ ] eingetragene Lebenspartnerschaft
[ ] verwitwet | [ ] geschieden | [ ] dauernd getrennt lebend

INFO Behördensprache

Zutreffendes bitte ankreuzen	=	Machen Sie ein Kreuz in das richtige Feld.	☒
Bitte verwenden Sie Druckbuchstaben/ Blockschrift	=	Schreiben Sie alle Buchstaben einzeln.	K O L A T
freiwillige Angabe	=	Sie müssen das nicht ausfüllen.	—

INFO Kindergeld

Wer in Deutschland wohnt, kann für seine Kinder Kindergeld bekommen. Das Kindergeld gibt es bei der Familienkasse der Agentur für Arbeit. www.arbeitsagentur.de/kinderzuschlag (Stand: 2008)

Familienkasse

Projekt

Erkundigen Sie sich: Wer hilft Ihnen in Ihrem Ort beim Ausfüllen von Formularen?

Sprechen, sprechen …

In der Behörde

Üben Sie jeden Dialog mit einem Partner / einer Partnerin. Variieren Sie die blauen Wörter.

1
● Guten Morgen. Wo finde ich das Bürgeramt?
○ Gehen Sie dort links durch die Glastür.
● Vielen Dank.
○ Gern geschehen.

das Jugendamt • das Standesamt • das Wohnungsamt …

2
● Entschuldigung. Können Sie mir mit dem Formular helfen?
○ Gerne.
● Danke sehr.
○ Keine Ursache.

dem Antrag • den Papieren …

3
● Ich hätte gerne Informationen zum Wohngeld in meiner Muttersprache.
○ Welche Sprache sprechen Sie denn?
● Kroatisch.
○ Oh, Kroatisch, hmm. Wir haben eine Broschüre
  in Englisch, Französisch, Russisch und Türkisch.
● Haben Sie vielleicht eine Broschüre auf Serbisch?
○ Nein.

zur Einbürgerung • zum Kindergeld • zur Arbeitssuche …

Wo finde ich …?
Können Sie mir mit dem Formular helfen?
Gibt es Informationen zu … auf Türkisch/Französisch/Englisch …?
Ich hätte gerne Informationen zu … auf Serbisch/Russisch/Spanisch …
Haben Sie (vielleicht) eine Broschüre auf Polnisch/Rumänisch/Arabisch …?

WICHTIG Sachbearbeiter in Behörden müssen Ihnen beim Ausfüllen von Formularen helfen.

Sammeln Sie Redemittel auf einem Lernplakat.

um etwas bitten	auf eine Bitte antworten	sich bedanken	auf Dank antworten	…
Ich möchte …	Gerne.	Danke.	Bitte.	…
Ich hätte gern …	Kein Problem.	…		
…	…			

7

Papiere, Papiere …

Antrag auf Erteilung einer Aufenthaltsgenehmigung

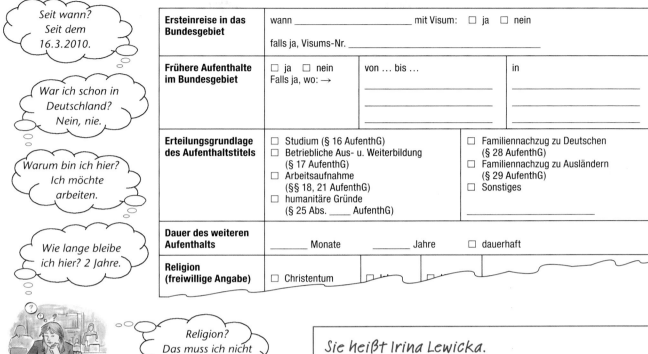

Seit wann? Seit dem 16.3.2010.

War ich schon in Deutschland? Nein, nie.

Warum bin ich hier? Ich möchte arbeiten.

Wie lange bleibe ich hier? 2 Jahre.

Ersteinreise in das Bundesgebiet	wann _____ mit Visum: ☐ ja ☐ nein falls ja, Visums-Nr. _____		
Frühere Aufenthalte im Bundesgebiet	☐ ja ☐ nein Falls ja, wo: →	von … bis … _____ _____ _____	in _____ _____ _____
Erteilungsgrundlage des Aufenthaltstitels	☐ Studium (§ 16 AufenthG) ☐ Betriebliche Aus- u. Weiterbildung (§ 17 AufenthG) ☐ Arbeitsaufnahme (§§ 18, 21 AufenthG) ☐ humanitäre Gründe (§ 25 Abs. ____ AufenthG)	☐ Familiennachzug zu Deutschen (§ 28 AufenthG) ☐ Familiennachzug zu Ausländern (§ 29 AufenthG) ☐ Sonstiges _____	
Dauer des weiteren Aufenthalts	_____ Monate	_____ Jahre	☐ dauerhaft
Religion (freiwillige Angabe)	☐ Christentum		

Religion? Das muss ich nicht ausfüllen.

Schreiben Sie eine kurze Personenbeschreibung wie im Beispiel. Tauschen Sie im Kurs und füllen Sie das Formular aus.

Sie heißt Irina Lewicka.
Sie ist seit dem 16. März 2010 in Deutschland.
Das Visum hat die Nummer D965487143.
Sie hat einen Deutschen geheiratet.
Sie will in Deutschland bleiben und arbeiten.

INFO Behördensprache

Ich versichere, dass ich alle Angaben vollständig und richtig gemacht habe.

Vorsprache nur nach telefonischer Vereinbarung.

= Sie haben alles richtig ausgefüllt und nichts vergessen? Unterschreiben Sie.

= Sie wollen mit Ihrem Sachbearbeiter sprechen? Machen Sie zuerst einen Termin.

Behörden und Leistungen

Hier finden Sie vier Behörden und vier Leistungen. Setzen Sie jeweils zwei Wörter zusammen und Sie erhalten ein Wort. Welche Leistung passt zu welcher Behörde?

Standes	amt	Kinder	erlaubnis
Bürger	kasse	Reise	schließung
Ausländer	behörde	Ehe	pass
Familien	amt	Aufenthalts	geld

Projekt:

Was ist wo? Finden Sie fünf Behörden in Ihrer Stadt.

Sprechen, sprechen …

Gespräche mit dem Vermieter

Lesen und spielen Sie die Dialoge.

1

● Guten Morgen, mein Name ist Kumar. Ich habe Ihre Anzeige gelesen. Ist die Wohnung noch frei?
○ Ja, die ist noch frei.
● Wir möchten die Wohnung gerne ansehen.
○ Haben Sie ein regelmäßiges Einkommen?
● Ja, ich arbeite hier bei der Firma Sperber.
In der Anzeige steht, die Miete ist 600,- Euro.
Wie hoch sind die Nebenkosten?
○ 250,- Euro monatlich. Die Warmmiete ist 850,- Euro.
● Hmm. Wie hoch ist die Kaution?
○ 1800,- Euro. Drei Monatsmieten.
Wann wollen Sie die Wohnung anschauen?
● Wir überlegen uns das noch. Vielen Dank.

2
● Hier Kumar aus der Rohrbachstraße 95.
Ich möchte meine Wohnung kündigen, Frau Bernd. Ich ziehe nach Köln.
○ Sie haben eine Kündigungsfrist von drei Monaten. Das ist dann zum Januar.
● Ich habe eine Nachmieterin. Sie kann schon im November einziehen.
○ Wir wollen die Nachmieterin aber erst kennenlernen.
● Natürlich. Sie ruft Sie an.
○ Herr Kumar, bitte schicken Sie uns eine schriftliche Kündigung.
● Sicher. Vielen Dank, Frau Bernd.

> **Wohnung in Köln-Ehrenfeld**
> Kaltmiete: 600,00 € (zzgl. Nebenkosten)
> Wohnfläche: ca. 92,00 m²
> Zimmer: 4
> Bezug: ab sofort

Mieter/in	Vermieter/in
Ist die Wohnung noch frei?	Die Wohnung ist noch frei. Die Wohnung ist schon weg.
Wie hoch sind die Nebenkosten? Wie hoch ist die Warmmiete? Wie hoch ist die Kaution?	Die Nebenkosten sind … Euro. Die Warmmiete ist … Euro. Die Kaution ist drei Monatsmieten / … Euro.
Ja, ich arbeite bei … Wann kann ich die Wohnung ansehen? Ich habe einen Nachmieter.	Haben Sie ein regelmäßiges Einkommen? Wann wollen Sie die Wohnung anschauen? Sie haben eine Kündigungsfrist von drei Monaten.

WICHTIG Holen Sie sich Hilfe! Die Mietervereine helfen bei Problemen mit dem Mietvertrag oder dem Vermieter. Hier finden Sie die Adressen: www.mieterbund.de

Was fragt der Mieter? Finden Sie selbst die Fragen und spielen Sie den Dialog.

Partner 1 (Mieter)
● Ist die Wohnung …?
● Wo …?
● …?
● …?
● …?
● …?

Partner 2 (Vermieter)
○ Ja, sie ist noch frei.
○ In der Rolandstr. 15, im 5. Stock.
○ Die Miete ist 470,– Euro monatlich.
○ Die Nebenkosten sind 175,– Euro im Monat.
○ Die Kaution ist 470,– Euro. Eine Monatsmiete.
○ Sie können die Wohnung heute ab 18 Uhr anschauen.

Papiere, Papiere …

Die alte Wohnung kündigen

Lesen Sie den Mietvertrag und die Kündigung.

Wohnungs-Mietvertrag

§ 17 Ordentliche Kündigung

1. Der Mieter kann den Mietvertrag jederzeit unter Einhaltung der Kündigungsfrist von 3 Monaten kündigen.
2. Mieter und Vermieter können nur schriftlich kündigen.
3. …

Nirakar Kumar   01.10.2010
Rohrbachstr. 95
60318 Frankfurt/Main

Sehr geehrte Frau Wagner,

hiermit kündige ich die Wohnung Rohrbachstraße 95 zum nächstmöglichen Termin.

Mit freundlichen Grüßen

Nirakar Kumar

Anmeldung

Füllen Sie das Anmeldeformular zusammen mit einer Partnerin / einem Partner aus.

Neue Wohnung				**Bisherige Wohnung** Bei Zuzug aus dem Ausland bitte die letzte Anschrift im Inland angeben!			
Gemeindekennzahl				**Gemeindekennzahl**			
Die neue Wohnung ist	☐ alleinige Wohnung	☐ Haupt- wohnung	☐ Neben- wohnung	Die (letzte) bisherige Wohnung (im Inland) war	☐ alleinige Wohnung	☐ Haupt- wohnung	☐ Neben- wohnung
Tag des Einzugs	Postleitzahl, Gemeinde, Ortsteil			Tag des Auszugs	Postleitzahl, Gemeinde/Kreis/Land		
Straße, Hausnummer, Zusätze				Straße, Hausnummer, Zusätze		Bei Zuzug aus dem Ausland Staat	
Wird die bisherige Wohnung beibehalten?			☐ Nein	☐ Ja, und zwar als	☐ Hauptwohnung		☐ Nebenwohnung

---

WICHTIG Umzug – Sie haben eine neue Wohnung? Sie haben eine Woche Zeit für die Anmeldung bei der Meldebehörde.

TIPP Nachsendeantrag – Stellen Sie bei der Post einen Nachsendeantrag für 6 oder 12 Monate. Dann kommt Ihre Post automatisch an die neue Adresse. Fragen Sie bei der Post nach den Preisen.

Projekt:

Holen Sie sich von der Post einen Nachsendeantrag und füllen Sie ihn zur Anmeldung oben aus.

Was ist passiert?

Sprechen, sprechen ...

Im Notfall 112

Lesen und spielen Sie den Dialog.

- ● Mein Name ist Dagba.
  Ich möchte einen Notfall melden.
- ○ **Wo** ist der Notfall?
- ● In der Augustenstraße 13.
- ○ **Was** ist passiert?
- ● Ein Auto ist über die rote Ampel gefahren.
- ○ **Wie viele** Verletzte gibt es?
- ● Ein Fußgänger ist verletzt.
- ○ **Welche** Art von Verletzung hat er?
- ● Sein Bein ist verletzt.
  Er kann nicht aufstehen.
- ○ Bitte **warten** Sie einen Moment ...

Schreiben Sie wichtige Angaben zu einem Notfall oder Unfall auf ein Kärtchen.

Wer?	Ayşe Ocak
Wo?	Bahnhofstr. 25
Was?	Ihr Mann ist auf der Treppe gefallen.
Welche Art?	Er hat eine Wunde am Kopf. Er blutet stark.
Telefon:	0621–63394

Üben Sie einen Notruf wie im Beispiel. Variieren Sie die blauen Texte.

Partner 1

Rettungsleitstelle, guten Tag.

Wo ist der Notfall passiert?

Was ist passiert?

Ist er verletzt?

Bitte warten Sie einen Augenblick.

Frau Ocak? Wir schicken einen Krankenwagen.
Geben Sie uns bitte noch Ihre Telefonnummer.

Partner 2

Mein Name ist Ayşe Ocak. Ich möchte einen Notfall melden.

Hier zu Hause, in der Bahnhofstraße 25.

Mein Mann ist gefallen.

Er hat eine Wunde am Kopf. Er blutet stark.

Ja, ich warte.

Die Telefonnummer ist 06 21-6 33 94.

WICHTIG Notrufnummer 112 – Im Notfall auch in der Nacht und am Wochenende: Notarzt rufen oder ins Krankenhaus fahren. Diese Nummer gilt in der gesamten Europäischen Union.

Papiere, Papiere ...

Notfallfax

Füllen Sie Teil 1 des Formulars für diese Beispiele aus:

a) Es brennt in der Küche.
b) Mein Kind hat ein kleines Spielzeug geschluckt.
c) Die Wohnungstür ist aufgebrochen.

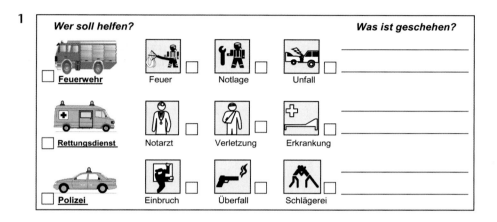

Füllen Sie Teil 2 des Formulars für diese Beispiele aus.

a) Mein Kind hat hohes Fieber.
b) Meine Frau hat Zahnschmerzen.
c) Ich brauche dringend ein Medikament.

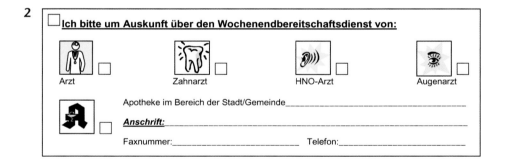

Sammeln Sie gemeinsam weitere Beispiele.

> **WICHTIG**   Faxnummer 112 – Sie finden das Formular im Internet: Suchwort „Notfall-Telefax"

Haben Sie schon einmal einen Notfall erlebt? Erzählen Sie im Kurs.

Hast Du wirklich ...?	Oh je! ☹
Habe ich das richtig verstanden?	Wie schrecklich! ☹
Was hast du dann gemacht?	Interessant! 😐
Was ist dann passiert?	Wie schön! 🙂

Letztes Jahr hat sich meine Tochter beim Sport den Arm gebrochen. Wir ...

Sprechen, sprechen ...

Arbeitsanweisungen geben und annehmen

1 Kollege – Kollegin

● Alvaro, mach schnell! Bring das ✳❇φO ✎ ♫ ▯∀>ς mit!
○ Was soll ich mitbringen?
● Bring das blaue Kabel mit!
○ Ja, mach ich.

2 Vorgesetzte – Mitarbeiterin

● Lena, kannst du am Montag schon früher kommen?
○ Wann genau soll ich kommen?
● Um 12 Uhr.
○ Das geht leider nicht. Ich muss Sanja vom Kindergarten abholen.

3 Kunde – Mitarbeiterin

● Frau Klose, können Sie sofort in die Firma kommen? Wir haben ein Problem.
○ Ich kann in zwei Stunden bei Ihnen sein.
● Bitte kommen Sie so bald wie möglich.
○ Ja, ich beeile mich.

Welcher Dialog ist besonders höflich?

Spielen Sie: Arbeitsanweisungen geben, annehmen oder ablehnen.

Mach schnell! Bring … mit! Kommen Sie bitte so bald wie möglich.	Was soll ich mitbringen? (Ja.) Mach ich.
Kannst du / Können Sie … kommen? Bitte …!	Wann soll ich kommen?

Sich telefonisch krankmelden

● Hasan hier. Guten Morgen, Frau Weber.
○ Guten Morgen, Herr Hasan. Geht's Ihnen nicht gut?
● Nein, ich bin leider krank. Ich gehe gleich zum Arzt.
○ Dann schicken Sie doch bitte gleich die Krankmeldung, ja?
● Ja natürlich, mach ich.
○ Gute Besserung!
● Danke!

Spielen Sie mit einem Partner wie im Beispiel.

Partner 1

Guten …!

Ich bin …

Ja, …

Partner 2

Geht's …?

Schicken Sie bitte …

Gute …!

> **WICHTIG** Krankmeldung – Sind
> Sie krank? Können Sie nicht zur Arbeit
> gehen? Informieren Sie die Arbeits-
> stelle bis 11.00 Uhr telefonisch, per Fax
> oder per E-Mail. Spätestens nach drei
> Krankheitstagen müssen Sie eine
> Krankmeldung vom Arzt bringen.

Papiere, Papiere …

Personaleinstellungsbogen

Füllen Sie die ersten drei Teile des Formulars aus.

1

Haben Sie einen Führerschein?	Besitzen Sie ein eigenes Fahrzeug?
☐ ja, Klassen: ☐ nein	☐ ja ☐ nein ☐ Kfz-Kennzeichen:

2

Schulbildung		Ort	
Ausbildung		Ort von – bis	
Erlernter Beruf			

3

Zuletzt ausgeübter Beruf:	Sind Sie arbeitslos? ☐ ja ☐ nein
	Seit wann?

Was haben Sie in den letzten zehn Jahren gearbeitet? Listen Sie auf und erzählen Sie im Kurs.

4

Ausgeübte Tätigkeiten der letzten 10 Jahre:	

> *1999–2001 war ich Buchhalterin, das habe ich gelernt. Von …*

Was können Sie gut?

5

Bitte beschreiben Sie Ihre Fähigkeiten und Stärken:
Ich kann … _____
_____
_____
_____
_____

> *Ich kann elektrische Geräte reparieren.*

Sammeln Sie in der Gruppe noch weitere Fähigkeiten. Benutzen Sie ein Wörterbuch.

> *Kannst du gut nähen?*

> *Ich weiß nicht, … Ich war immer zu Hause. Ach, ich kann aber gut mit Kindern umgehen.*

> *Nein, ich kann leider nicht gut nähen. Ich kann gut Bus fahren. Ich bin Busfahrer.*

Sprechen, sprechen ...

Habe ich Sie richtig verstanden?

Üben Sie die Dialoge mit anderen Beispielen.

1
● Ich gebe Ihnen eine Überweisung zum Gastrologen.
○ Meinen Sie einen Arzt für Magenkrankheiten?
● Genau. Lassen Sie sich bei Dr. Röllmann in der Gartenstraße einen Termin geben.
○ Habe ich Sie richtig verstanden? Dr. Röllmann in der Gartenstraße?
● Ja, Frau Dr. Röllmann. Ich schreibe es Ihnen auf.

2
● Habe ich Ihre Adresse richtig geschrieben?
Spesartstraße, ich buchstabiere S-p-e-s-a-r-t.
○ Nein, Spessart schreibt man mit Doppel-s.
● Danke.

3
● Entschuldigung, könnten Sie bitte schauen? Habe ich das Patientenformular hier richtig ausgefüllt?
● Lassen Sie mich mal sehen. ... Alles o. k.
○ Komme ich bald dran?
● Bitte warten Sie noch einen Augenblick im Wartezimmer.
Frau Dr. Happel kommt gleich.

> **Ärztehaus Gartenstraße 42/43**
>
> **Dr. Irene Röllmann**
> Gastrologie/Magenheilkunde
> Tel.: 8 11 42
>
> **Dr. Susanne Happel**
> Gynäkologie/Frauenheilkunde
> Tel.: 8 15 67
>
> **Dr. Miroslaw Tabrea**
> Kardiologie/Herzheilkunde
> Tel.: 8 10 08

Meinen Sie ...?
Habe ich (dich/Sie) richtig verstanden?

Habe ich das richtig geschrieben?
Habe ich das Formular richtig ausgefüllt?

TIPP Verstehen Sie etwas nicht? Fragen Sie nach.

Schreiben Sie Sätze und lesen Sie sie vor. Ihr Partner fragt:

Ich habe drei Stunden beim Arzt gewartet.

> *Habe ich richtig verstanden?*
> *Du hast drei Stunden gewartet?*

Symbole

Woher kennen Sie diese Symbole? Überlegen Sie erst im Kurs, ordnen Sie dann zu.

__B__ ____ ____ ____ ____ ____ ____ ____

A Rotes Kreuz • B Apotheke • C Arzt/Ärztin • D Achtung, Gift • E Notruf • F (Kinder)Zahnarzt •
G Versichertenkarte • H Rollstuhlfahrer

Papiere, Papiere ...

Patientenbogen – Füllen Sie das Formular aus. Wählen Sie dazu ein Kärtchen: 1, 2 oder 3.

Sind Sie zum ersten Mal hier? Bitte füllen Sie unseren Patientenbogen aus.

Name: _____	Vorname: _____
Telefon privat: _____	ggf. Telefon tagsüber: _____
Familienstand: _____	Kinder (Anzahl/Alter): _____
Beruf: _____	
Alter: _____	Körpergröße: _____ Körpergewicht: _____

Rauchen: ☐ nein   ☐ gelegentlich   ☐ häufig   ☐ regelmäßig _____

Alkohol: ☐ nein   ☐ gelegentlich   ☐ häufig   ☐ regelmäßig _____

Operationen (welche/wann): _____

letzte Gesundheitsuntersuchung (Jahr): _____

---

① Lilly Simson
Tel. 05 44-68 90 03 (privat)
verheiratet, 3 Kinder (12/11/8)
Hausfrau, 36 Jahre alt
1,67 m, 82 kg
raucht und trinkt nicht
Bandscheiben-Operation 2001
Letzte Untersuchung: 2007

② Lineke van der Ham
Tel.: 01 72-38 76 54 (privat)
040-88 92 99 97 (Geschäft)
ledig, keine Kinder
Floristin, 26 Jahre alt · 1,58 m, 52 kg
raucht gelegentlich
trinkt gerne mal einen Cocktail
Operationen nach Skateboard-Unfall 1999
letzte Untersuchung: 2008

③ Hansjörg Hausmann
Tel.: 07 11-23 45 13 (privat)
verwitwet,
Elektriker (Rentner), 72 Jahre alt
1,83 m, 130 kg
raucht regelmäßig (2 Pack. täglich)
trinkt gelegentlich ein Bier
keine Operationen
letzte Untersuchung: 2009

WICHTIG Ärzte haben Schweigepflicht – Sie können offen mit Ihrem Arzt sprechen. Ärzte dürfen niemandem etwas weitersagen.

INFO **Verschreibungspflichtig oder rezeptfrei?** – Viele Medikamente bekommen Sie nur in der Apotheke und nur mit einem Rezept vom Arzt. Die Krankenkasse zahlt einen Teil von den Kosten. Was Sie ohne Rezept in der Apotheke kaufen, müssen Sie selbst bezahlen.

Medikamente: Dosierungsanweisungen beachten!

Wie viel? Wie oft? Wie?
Suchen Sie die wichtigen Informationen.

Dosierungsanleitung, Art und Dauer der Anwendung
Soweit nicht anders verordnet, lassen Erwachsene und Kinder ab 3 Jahre 4-mal täglich 2 Tabletten auf bzw. unter der Zunge zergehen; in akuten Fällen ½-stündlich 2 Tabletten.

Wie sind die Tropfen einzunehmen?
Nehmen Sie die Tropfen immer genau nach der Anweisung in dieser Packungsbeilage ein. Soweit nicht anders verordnet, nimmt man 3-mal täglich 10 Tropfen auf einem Stückchen Zucker.

Projekt:

Bringen Sie Beipackzettel mit Dosierungsanleitungen mit. Vergleichen Sie im Kurs. Arbeiten Sie mit dem Wörterbuch.

Sprechen, sprechen ...

Um Hilfe bitten und Hilfe anbieten

Können Sie mir helfen?

1

● Können Sie mir helfen? Mein Sohn hat gestern sein Handy verloren.
○ Hier im Bahnhof?
● Nein, im Regional-Express von Bayreuth hierher.
○ Sie müssen eine Verlustanzeige machen. Davorne, im Reisezentrum.
● Mach ich! Danke.
○ Gern geschehen.

2

● Kann ich Ihnen helfen?
○ Ist das der Zug nach Bremen?
● Nein, der fährt heute von Gleis 10. Brauchen Sie Hilfe mit dem Kinderwagen?
○ Ja, danke.

Überlegen Sie sich andere Situationen. Spielen Sie mit einem Partner wie im Beispiel.

Partner 1

Können Sie mir helfen? Ich suche Gleis 12 (die Toiletten / die Bahnhofsmission ...)

Rechts (links) neben der Rolltreppe?

Vielen Dank für die Hilfe.

Partner 2

Dahinten neben der Rolltreppe (neben der Bäckerei / neben dem Reisezentrum / ...)

Ja (nein), rechts (links).

Keine Ursache. (Gern geschehen.)

Hilfe! Ich brauche Hilfe!	Kann ich dir/Ihnen helfen?
Kannst du / Können Sie mir helfen?	Brauchst du / Brauchen Sie Hilfe?

Können Sie helfen? Auf dem Bahnhof in Mainz steht eine alte Dame. Sie möchte nach Speyer fahren. Wann und auf welchem Gleis fährt ihr Zug?

Spielen Sie den Dialog.

17:19	RE 3865	Worms 17:45 – Frankenthal 17:52 – Ludwigshafen 18:00 ☉ Speyer 18:16 – **Germersheim 18:30** *nicht 23. Juni bis 01. Aug.	**6 a**
17:20	EC 6	Koblenz 18:10 – Bonn – 18:42 – Köln 19:05 – Düsseldorf 19:32 – Duisburg 19:45 – Essen 19:58 – Bochum 20:09 – Dortmund 20:21 – Münster/W 20:54 ☉ Bremen 22:18 – **Hamburg-Altona 23:29** 3. Okt; Sa ab 18 Okt. nur bis Dortmund 4. bis 7. Aug. kein Halt in Bochum, Dortmund, auch Halt in Gelsenkirchen 20:08	**3 a/b**

TIPP Die Bahnhofsmission gibt es auf vielen Bahnhöfen. Sie hilft Reisenden bei vielen Problemen, auch bei Sprachproblemen.

Papiere, Papiere …

Verlustanzeige

Ich habe am ....

☐ im Zug von .... Abfahrt um .... Uhr

nach .... Ankunft um .... Uhr

Zugbezeichnung (z. B.: ICE, IC, IR) ....

Zugnummer (wenn bekannt) ....

Zugname (wenn bekannt) ....

☐ im Bahnhof .... um .... Uhr

☐ in der Empfangshalle   ☐ auf dem Bahnsteig
☐ im Reisezentrum   ☐ im Restaurant
☐ im Warteraum   ☐ ....

☐ folgenden Gegenstand verloren:

....

.... Wert: .... €

Wenn Sie den Gegenstand auffinden, bitte ich Sie, mich zu benachrichtigen.

....
Unterschrift

Füllen Sie eine Verlustanzeige aus. Wählen Sie dazu ein Kärtchen oder schreiben Sie selbst eines. Vergleichen Sie im Kurs.

Trompete
verloren am 23.10.
im IC 299 Frankfurt – Stuttgart
Abfahrt Frankfurt um 12.20 Uhr
Ankunft Stuttgart um 13.53 Uhr
Wert: 1500,– €

Handy, Simsun
verloren am 15.03.
im Bahnhof Dresden
im Warteraum
um 23.00 Uhr
Wert: 120,– €

Reisekoffer
verloren am 15.01.
im Bahnhof Wuppertal
im Reisezentrum
um 17.45 Uhr
Wert: 150,– €

Projekt: Mit der Bahn unterwegs

Finden Sie heraus: Gibt es das bei der Bahn oder nicht? Kreuzen Sie an: richtig oder falsch?

	R	F
Kinder unter 14 Jahren fahren mit Eltern oder Großeltern immer kostenlos.	☐	☐
Fahrkarten für Familien kosten nur 10,– Euro.	☐	☐
Es gibt extra Abteile für Familien mit kleinen Kindern.	☐	☐
In Fernzügen kann man keine Fahrräder mitnehmen.	☐	☐
Am Wochenende können fünf Leute sehr billig im Nahverkehr reisen.	☐	☐

Sie lesen/schreiben	Sie hören/sprechen	Beispiele
a aa ah	a (l a n g)	Name, Ehepaar, Zahl
a	a (kurz)	danke, alle
ä äh	ä (l a n g)	Käse, zählen
ä	e (kurz)	Sätze
äu	oi	Häuser
ai	ai	Mai
au	au	Haus
bbb	b	Buch, Hobby
-b	p	Verb
ch	(i)ch	ich, möchten
	(a)ch	Buch, kochen
-chs	ks	sechs
d	d	du, Stunde
-d	t	Land
-dt	t	Stadt
e ee eh	e (l a n g)	lesen, Tee, sehr
e	e (kurz)	Heft, essen
-e	e (unbetont)	danke
ei	ai	Seite, Ei
-er	a (unbetont)	Butter
eu	oi	heute, euch
f ff	f	fahren, Kaffee
g	g	gut, sagen
-g	k	Tag
h	h	Haus, haben
i ie ih ieh	i (l a n g)	Kino, sieben, ihn (er) sieht
i	i (kurz)	bitte, in
-ig	-ich	billig
j	j	ja
k ck	k	Kuchen, Bäckerei
l ll	l	leben, billig

Sie lesen/schreiben	Sie hören/sprechen	Beispiele
m mm	m	Montag, kommen
n nn	n	Name, können
o oh oo	o (l a n g)	oder, wohnen, Zoo kom-
o	o (kurz)	men
Ö öh	ö (l a n g)	hören, Möhre
ö	ö (kurz)	möchten
p pp	p	Pause, Suppe
ph	f	Alphabet
qu	kw	bequem, Qualität
r rh rr	r	richtig, Rhythmus, Herr
s ss	s	Haus, Adresse
	s ♪	sehr, zusammen
sch	sch	schön
sp	schp	sprechen, Aussprache
st-	scht	Stadt, vorstellen
ß	s	heißen
t tt th	t	Tür, bitte, Theater
-t(ion)	ts	Information
u uh	u (l a n g)	Juli, Uhr
u	u (kurz)	Suppe
ü	ü (l a n g)	Tür, kühl
ü	ü (kurz)	müssen
v	w ♪	Vokal
	f	Nominativ, vier
w	w ♪	Wasser, zwei
x	ks	Text
y	ü (l a n g)	Typ
y	ü (kurz)	Rhythmus
z	ts	zahlen, zu

Aussspracheregeln

1 Vokale und Konsonanten

Buchstaben Sie lesen/schreiben	Aussprache Sie hören/sprechen	Beispiele
Vokale		
Vokal + Vokal	l a n g	Ehep**aa**r, T**ee**, l**ie**gen
Vokal + h	l a n g	z**eh**n, w**oh**nen, S**ah**ne, f**üh**len
Vokal + 1 Konsonant	l a n g	T**a**g, N**a**me, l**e**sen, Br**o**t
Vokal + mehrere Konsonanten	kurz	H**e**ft, **o**rdnen, k**o**sten, b**i**llig
Konsonanten		
-b / -d / -g / -s / -v	„p" / „t" / „k" / „s" / „t" am Wort-/Silbenende	Ver**b**, un**d**, Ta**g**, Hau**s**, Nominati**v** **ab**|geben, au**s**|machen
ch	„(a)ch" nach a, o, u, au	ma**ch**en, do**ch**, Bu**ch**, au**ch**
	„(i)ch" nach e, i, ä, ö, ü, ei, eu nach l, r, n	se**ch**zehn, di**ch**, mö**ch**ten, glei**ch**, eu**ch** wel**ch**e, dur**ch**, man**ch**mal
-ig		fer**tig**
h	„h" am Wort-/Silbenanfang kein „h" nach Vokal	**h**aben, wo|**h**er wo**h**nen, U**h**r, Sa**h**ne
r	„r" am Wort-/Silbenanfang	**R**eis, hö|**r**en
-er	„a" -er am Wortende bei Präfix er-, vor-, ver- nach langem Vokal	Tocht**er**, Lehr**er** **er**klären, **vor**lesen, **ver**stehen vie**r**, Uh**r**, wi**r**
st, sp	„scht", „schp" am Wort-/Silbenanfang	**St**adt, auf|**st**ehen, **sp**rechen, Aus|**sp**rache

2 Satzmelodie

Die Satzmelodie fällt am Satzende:

(Ich komme …) Aus der Schweiz.↘	Antwortsatz
Mein Name ist Sán̲chez.↘	Aussagesatz
Sprechen Sie bitte nac̲h.↘	Aufforderung

Die Satzmelodie steigt am Satzende:

Heißen Sie Sán̲chez.↗	Ja/Nein-Frage
Sán̲chez?↗	Rückfrage
Woher kommen Sie?↗	W-Frage (☺ freundlich)

> Bei Fragen/W-Fragen fällt die Satzmelodie, wenn die Äußerung sehr sachlich (nicht sehr höflich) ist:
> Wo wohnen Sie?↘ Wohnen Sie auch hier?↘

Die Satzmelodie bleibt vor Pausen (vor Komma) gleich.

Ich nehme Äpfel, → Bananen und eine Gurke.	Aufzählungen

3 Akzentuierung

Satzakzent

Man betont im Satz immer das Wort mit der wichtigsten/zentralen Information.

Car̲los geht heute mit Olga ins Kino.	(nicht Tom)
Carlos geht heu̲te mit Olga ins Kino.	(nicht morgen)
Carlos geht heute mit Ol̲ga ins Ki̲no.	(nicht mit Yong-Min)
Carlos geht heute mit Olga ins Ki̲no.	(nicht ins Theater)

Wortakzent

	Wortakzent	Beispiele
1. einfache ‚deutsche‘ Wörter	Stammsilbe	hö̲ren, Na̲me
2. nicht trennbare Verben	Stammsilbe	entschu̲ldigen, verka̲ufen
3. trennbare Verben/Nomen	Präfix	au̲fschreiben, na̲chsprechen / Au̲fgabe
4. Nachsilbe -ei	letzte Silbe	Bäcker̲ei, Poliz̲ei, Türk̲ei
5. Buchstabenwörter		BR̲D
6. Endung -ion		Informati̲on, Konjugati̲on
7. Endung -ieren	vorletzte Silbe	funktion̲ieren
8. die meisten Fremdwörter	(vor)letzte Silbe	Stud̲ent, Dial̲og
9. Komposita	Bestimmungswort	Bü̲gel|eisen, Wa̲sser|kocher

Unregelmäßige Verben

abfahren, er fährt ab, ist abgefahren 8/12
abfliegen, er fliegt ab, ist abgeflogen 12/1
abgeben, er gibt ab, abgegeben 3/11
abnehmen, er nimmt ab, abgenommen 11/3
abschließen, er schließt ab, abgeschlossen 8/11
abwaschen, er wäscht ab, abgewaschen 4/6
anbraten, er brät an, angebraten 5/13
anfangen, er fängt an, angefangen 4/3
angeben, er gibt an, angegeben 4/1
anhalten, er hält an, angehalten 8/12
ankommen, er kommt an, ist angekommen 7/1
anrufen, er ruft an, angerufen 2/12
ansehen, er sieht an, angesehen 2/2
auf sein, er ist auf, ist auf gewesen 4/7
aufschreiben, er schreibt auf, aufgeschrieben 4/4
aufstehen, er steht auf, ist aufgestanden 4/1
aus sein, er ist aus, ist aus gewesen 2/12
ausblasen, er bläst aus, ausgeblasen 6/9
ausgeben, er gibt aus, ausgegeben 12/11
ausreisen, er reist aus, ist ausgereist 9/8
aussehen, er sieht aus, ausgesehen 6/9
aussteigen, er steigt aus, ist ausgestiegen 7/4
ausziehen, er zieht aus, ist ausgezogen 8/12
backen, er bäckt, gebacken 9/1
beginnen, er beginnt, begonnen 4/7
bekommen, er bekommt, bekommen 5/8
benennen, er benennt, benannt 11
beraten, er berät, beraten 10/3
beschreiben, er beschreibt, beschrieben 3
bieten, er bietet, geboten 10/8
bleiben, er bleibt, ist geblieben 8/6
bringen, er bringt, gebracht 4/1
dabeihaben, er hat dabei, dabeigehabt 10/3
da sein, er ist da, ist da gewesen 2/12
dahaben, er hat da, dagehabt 5/9
denken, er denkt, gedacht 11/10
dran sein, er ist dran, ist dran gewesen 5
drankommen, er kommt dran, ist drangekommen 5/9
dürfen, er darf, dürfen/gedurft 5
einladen, er lädt ein, eingeladen 4/9
einschlafen, er schläft ein, ist eingeschlafen 4/10
einsteigen, er steigt ein, ist eingestiegen 12/1
eintragen, er trägt ein, eingetragen 8/11
einziehen, er zieht ein, ist eingezogen 8/5
eislaufen, er läuft eis, ist eisgelaufen 6/9
empfehlen, er empfiehlt, empfohlen 12/10
erfinden, er erfindet, erfunden 10/7
erkennen, er erkennt, erkannt 4/11
erziehen, er erzieht, erzogen 6
essen, er isst, gegessen 4/3
fahren, er fährt, ist gefahren 2/12
fallen, er fällt, ist gefallen 1
fernsehen, er sieht fern, ferngesehen 3/11
finden, er findet, gefunden 3/13
fliegen, er fliegt, ist geflogen 12/1
geben, er gibt, gegeben 5/9
gefallen, er gefällt, gefallen 10
gehen, er geht, ist gegangen 4/1
gelten, er gilt, gegolten 12/11
gießen, er gießt, gegossen 5/13
haben, er hat, gehabt 1
halten, er hält, gehalten 7/4
heißen, er heißt, geheißen 1/1
helfen, er hilft, geholfen 2/15
hierbleiben, er bleibt hier, ist hiergeblieben 10/3
hinfallen, er fällt hin, ist hingefallen 11/7
hinfliegen, er fliegt hin, ist hingeflogen 12/3
hingehen, er geht hin, ist hingegangen 11/13
hochtragen, er trägt hoch, hochgetragen 8/9
kennen, er kennt, gekannt 2/4
kommen, er kommt, ist gekommen 1/1
können, er kann, gekonnt/können 2/12

krankschreiben, er schreibt krank, krankgeschrieben 11/5
laufen, er läuft, ist gelaufen 11/4
leidtun, es tut leid, leidgetan 7/9
lesen, er liest, gelesen 1/5
liegen, er liegt, gelegen 1/7
mitbringen, er bringt mit, mitgebracht 5/15
mitfahren, er fährt mit, ist mitgefahren 12/11
mitkommen, er kommt mit, ist mitgekommen 4/9
mitlesen, er liest mit, mitgelesen 1/2
mitnehmen, er nimmt mit, mitgenommen 6
mitsprechen, er spricht mit, mitgesprochen 2/8
möchten, er möchte, gemocht 2
mögen, er mag, mögen/gemocht 3/8
müssen, er muss, müssen/gemusst 6/9
nachschlagen, er schlägt nach, nachgeschlagen 10/9
nachsprechen, er spricht nach, nachgesprochen 1/3
nehmen, er nimmt, genommen 2
nennen, er nennt, genannt 3/2
passieren, es passiert, ist passiert 8/12
raten, er rät, geraten 1/6
reisen, er reist, ist gereist 12/11
rufen, er ruft, gerufen 9/3
sauber halten, er hält sauber, sauber, gehalten 8/11
scheinen, er scheint, geschienen 12/8
schlafen, er schläft, geschlafen 8/7
schneiden, er schneidet, geschnitten 5/11
schreiben, er schreibt, geschrieben 1/4
schwimmen, er schwimmt, hat/ist geschwommen 4
sehen, er sieht, gesehen 4/10
sein, er ist, ist gewesen 1/1
singen, er singt, gesungen 9/10
sitzen, er sitzt, gesessen 4/1
sollen, er soll, sollen/gesollt 11/7
spazieren gehen, er geht spazieren, ist spazieren gegangen 11/5
sprechen, er spricht, gesprochen 1
stattfinden, er findet statt, stattgefunden 7/11
stehen, er steht, hat/ist gestanden 4/10
steigen, er steigt, ist gestiegen 1
tragen, er trägt, getragen 8/7
treffen, er trifft, getroffen 11/10
trinken, er trinkt, getrunken 2
tun, er tut, getan 8/11
überweisen, er überweist, überwiesen 7/8
umsteigen, er steigt um, ist umgestiegen 7/4
umziehen, er zieht um, ist umgezogen 8/4
unterschreiben, er unterschreibt, unterschrieben 6/9
verbinden, er verbindet, verbunden 10
vergleichen, er vergleicht, verglichen 5/2
vermeiden, er vermeidet, vermieden 8/11
verreisen, er verreist, ist verreist 12/3
verschieben, er verschiebt, verschoben 11/9
verstehen, er versteht, verstanden 1/11
vorlesen, er liest vor, vorgelesen 2/4
waschen, er wäscht, gewaschen 5/13
wegbringen, er bringt weg, weggebracht 9/3
weggehen, er geht weg, ist weggegangen 4/1
wegnehmen, er nimmt weg, weggenommen 5/13
wehtun, er tut weh, wehgetan 11/5
weitergehen, er geht weiter, ist weitergegangen 9/3
weiterlesen, er liest weiter, weitergelesen 9/10
weiterschreiben, er schreibt weiter, weitergeschrieben 8/6
werden, er wird, ist geworden 6/9
wiederkommen, er kommt wieder, ist wiedergekommen 11
wiedersehen (sich), er sieht wieder, wiedergesehen 2/12
wissen, er weiß, gewusst 7/6
wollen, er will, wollen/gewollt 7/11
ziehen, er zieht, gezogen 9/8
zunehmen, er nimmt zu, zugenommen 11/13
zurückfahren, er fährt zurück, ist zurückgefahren 12/6
zurückfliegen, er fliegt zurück, ist zurückgeflogen 12/3
zusammen sein, sie sind zusammen, sind zusammen gewesen 6/8

Alphabetische Wortliste

Diese Informationen finden Sie im Wörterverzeichnis:

In der Liste finden Sie die Wörter aus den Kapiteln 1–12 von *Berliner Platz 1 NEU*.

Wo Sie das Wort finden: Kapitel, Nummer der Aufgabe, Seite:
also 7/3, 80

Den Wortakzent: kurzer Vokal • oder langer Vokal –.
Bank, die, -en 7/3, 80
Bar, die, -s 7/11, 85

Bei unregelmäßigen Verben finden Sie den Infinitiv, die 3. Person Singular Präsens und das Partizip Perfekt:
abnehmen, er nimmt ab, abgenommen 11/3, 125

Bei Verben, die das Perfekt mit *sein* bilden: Infinitiv, 3. Person Singular Präsens und Perfekt
abfahren, er fährt ab, ist abgefahren 9/10, 104

Bei Nomen: das Wort, den Artikel, die Pluralform.
Abfahrt, die, -en 7/11, 85

Bei Adjektiven: das Wort und die unregelmäßigen Steigerungsformen.
hoch, höher, am höchsten 7/11, 84

Bei verschiedenen Bedeutungen eines Wortes: das Wort und Beispiele.
gegen (1) (+ A.) *(gegen jemanden/etwas)* 11/13, 130
gegen (2) *(gegen 9 Uhr)* 12/11, 140

Fett gedruckte Wörter gehören zum *Start Deutsch-*, Deutsch-Test für Zuwanderer- bzw. Zertifikats-Wortschatz. Diese Wörter müssen Sie auf jeden Fall lernen.

Eine Liste mit unregelmäßigen Verben von *Berliner Platz 1 NEU*, finden Sie auf Seite 265.
Eine Liste der Verben mit Akkusativ finden Sie im Internet unter www.langenscheidt.de/berliner-platz.

Abkürzungen und Symbole

"	Umlaut im Plural (bei Nomen)
,	keine Steigerung (bei Adjektiven)
(Sg.)	nur Singular (bei Nomen)
(Pl.)	nur Plural (bei Nomen)
(+ A.)	Präposition mit Akkusativ
(+ D.)	Präposition mit Dativ
(+ A./D.)	Präposition mit Akkusativ oder Dativ

---

ab (+ D.) 3/11, 34
AB, der, -s (= Anrufbeantworter, der, -) 6/7, 66
Abend, der, -e 4/6, 45
Abendessen, das, - 4/1, 42
abends 4/1, 42
aber (1) *(Aber er ist fast neu.)* 3/2, 29
aber (2) *(Das ist aber billig!)* 3/7, 32
abfahren, er fährt ab, ist abgefahren 9/10, 104
Abfahrt, die, -en 7/11, 85
abfliegen, er fliegt ab, ist abgeflogen 12/1, 134
Abflug, der, "-e 12/1, 134
abgeben, er gibt ab, abgegeben 3/11, 34
abholen 7, 86
Abkürzung, die, -en 8/1, 88
abnehmen, er nimmt ab, abgenommen 11/3, 125
Abrechnung, die, -en 10/8, 120
absagen 11/9, 128
abschließen, er schließt ab, abgeschlossen 8/11, 94
abstellen 8/5, 91
abwaschen, er wäscht ab, abgewaschen 4/6, 45
Adresse, die, -n 2, 18
Ahnung, die, -en *(keine Ahnung)* 8/12, 95
Akkusativ, der, -e 5/11, 57
aktiv 11/13, 131

Aktivität, die, -en 4/9, 47
Akzent, der, -e 1/3, 10
Alkohol, der (Sg.) 9, 107
all- *(Alles zusammen kostet 10 €.)* 3/9, 33
allein *,* 4/10, 48
alleinstehend *,* 6/1, 63
Alles Gute! 6/7, 67
Alltag, der (Sg.) 1, 16
Alltagssprache, die (Sg.) 4/6, 45
Alphabet, das, -e 1/9, 14
als *(älter als)* 7/11, 84
als *(Ich arbeite als Sekretärin.)* 2/6, 21
also 7/3, 80
alt, älter, am ältesten 3/6, 31
Altbau, der, -ten 8/1, 88
Altstadt, die, "-e 9/10, 105
am *(am besten)* 7/4, 80
am (1) *(am Satzende)* 1, 17
am (2) *(am Wochenende)* 2/12, 24
am Stück 5/9, 56
Ampel, die, -n 7/5, 81
Amt, das, "-er 5, 56
an (1) (+ A./D.) *(an der Tafel)* 2/4, 19
an (2) *(an Neujahr)* 6, 69
anbraten, er brät an, angebraten 5/13, 58
ander- *(andere vorstellen)* 1/8, 13
anders 4/10, 48
Anfang, der, "-e 7/11, 94

anfangen, er fängt an, angefangen 4/3, 44
Anfänger, der, - 4/9, 47
Anforderung, die, -en 10/8, 120
angeben, er gibt an, angegeben 4/1, 42
Angebot, das, -e 2/13, 24
angenehm 10/8, 120
Angestellte, der/die, -n 9/8, 103
anhalten, er hält an, angehalten 8/12, 95
ankommen (1), er kommt an, ist angekommen 7/1, 78
ankommen (2) *(Es kommt darauf an.)* 11/13, 130
ankreuzen 1/4, 10
Ankunft, die (Sg.) 12/1, 134
anmachen 4/10, 48
anmelden 10/5, 118
Anmeldung, die, -en 7/7, 82
Anruf, der, -e 4/10, 48
Anrufbeantworter, der, - 6/7, 66
anrufen, er ruft an, angerufen 2/12, 24
ans (= an das) 12/2, 135
Ansage, die, -n 2/13, 24
anschauen 7/1, 78
ansehen, er sieht an, angesehen 2/2, 19
anstellen 10/9, 121
Anstellung, die, -en 10/9, 121
anstrengend 10/7, 119
antreten, er tritt an, hat/ist angetreten 7, 78

Antwort, die, -en 1, 17
antworten 1, 17
Anweisung, die, -en 11/7, 127
Anzeige, die, -n 2/13, 24
Apartment, das, -s 8/1, 88
Apfel, der, "- 5/1, 52
Apfelsaft, der, "-e 5/2, 53
Apfelscheibe, die, -n 5/13, 58
Apotheke, die, -n 7/5, 81
Apotheker/in, der, - / die, -nen 11/5, 126
Apparat, der, -e 10, 122
Arbeit, die, -en (hier: Sg.) 4/1, 42
arbeiten (als) 2/6, 21
Arbeitsalltag, der (Sg.) 10/2, 115
Arbeitsanweisung, die, -en 2/14, 25
arbeitslos *,* 10/3, 117
Arbeitsplatz, der, "-e 8/3, 89
Arbeitsstelle, die, -n 7, 78
Arbeitstag, der, -e 4/10, 48
Arbeitsvertrag, der, "-e 10/10, 121
Arbeitswoche, die, -n 4/10, 48
Arbeitszeit, die, -en 10/3, 117
Arm, der, -e 11, 124
Artikel, der, - 1, 16
Arzt/Ärztin der, "-e / die, -nen 11, 124
Aubergine, die, -n 5/4, 54
auch 1/3, 10
auf (1) (+ D.) (auf dem Flohmarkt) 3/7, 32
auf (2) (+ A.) (auf einen Blick) 1, 16
auf (3) (auf Deutsch) 2/15, 25
auf sein, er ist auf, ist auf gewesen 4/7, 46
Auf Wiedersehen! 1, 16
Aufgabe, die, -n 2/14, 25
aufhängen 7, 83
aufhören 10/7, 119
Auflauf, der, "-e 5/13, 58
Auflaufform, die, -en 5/13, 58
aufmachen 4/4, 44
aufschreiben, er schreibt auf,
    aufgeschrieben 4/4, 44
aufstehen, er steht auf, ist aufgestanden
    4/1, 42
aufwachen, er wacht auf, ist aufgewacht
    4/5, 45
Aufzug, der, "-e 12/7, 138
Auge, das, -n 11, 124
Augenarzt/-ärztin, der, "-e / die, -nen 11, 129
Au-pair-Mädchen, das, - 2/5, 21
aus (+ D.) (Ich komme aus Deutschland.) 1/1, 9
aus sein, er ist aus, ist aus gewesen 2/12, 24
Ausbau, der (Sg.) 10/8, 120
Ausbildung, die, -en 9/8, 103
ausblasen, er bläst aus, ausgeblasen 6/9, 68
Ausdruck, der, "-e 7/8, 83
ausdrücken 8/1, 88
Ausflug, der, "-e 6, 62
ausfüllen 7/8, 83
ausgeben, er gibt aus, ausgegeben 12/11, 140
Auskunft, die, "-e 7/4, 80
Ausländeramt, das, "-er 7/10, 83
ausmachen 4/10, 48
Ausnahme, die, -n 9, 107

auspacken 8/7, 92
ausräumen 8/12, 95
Ausreise, die, -n 9/9, 103
ausreisen, er reist aus, ist ausgereist 9/8, 103
ausruhen 12/2, 135
Aussage, die, -n 8/11, 94
Aussagesatz, der, "-e 1/5, 11
aussehen, er sieht aus, ausgesehen 6/9, 68
Außendienst, der (Sg.) 10, 114
Aussprache, die (Sg.) 1/3, 10
aussteigen, er steigt aus, ist ausgestiegen
    7/4, 80
austauschen 2, 26
auswählen 10/7, 119
Ausweis, der, -e 7, 86
auszeichnen (sich) 10/8, 120
ausziehen, er zieht aus, ist ausgezogen
    8/12, 95
Auto, das, -s 8/2, 89
Autoführerschein, der, -e 6/9, 68
Automechaniker/in, der, - / die, -nen 1/11, 15
Baby, das, -s 8/4, 90
Babysitter/in, der, - / die, -nen 8/4, 90
backen, er backt/bäckt, gebacken 9/1, 98
Bäckerei, die, -en 4/7, 46
Backofen, der, "- 5/13, 58
Bad, das, "-er 4/10, 48
Badewanne, die, -n 8/1, 88
Bahn, die, -en 7, 86
Bahnangestellte, der/die, -n 12, 142
Bahnhof, der, "-e 7/5, 81
bald 6/2, 64
Balkon, der, -e 8/1, 88
Banane, die, -n 5/1, 52
Bank, die, -en 7/3, 80
Bar, die, -s 7/11, 85
bar *,* 12/3, 136
Basis, die (Sg.) 11/3, 125
Bauch, der, "-e 11, 124
Bauunternehmen, das, - 9/8, 103
beachten 8/11, 94
beantworten 9/7, 102
Bedarf, der (Sg.) 11, 132
befristet *,* 10/8, 150
Beginn, der (Sg.) 4/9, 47
beginnen, er beginnt, begonnen 4/7, 46
begrüßen 1, 8
bei (+ D.) 3/11, 34
beid- 7/2, 79
beim (= bei dem) 6, 62
Bein, das, -e 11, 124
Beispiel, das, -e 1/5, 11
bekannt 7/11, 85
Bekannte, der/die, -n 10/8, 120
bekommen, er bekommt, bekommen
    5/8, 56
Belag, der, "-e 5/11, 57
beliebig *,* 12/11, 140
benennen, er benennt, benannt 11, 124
benutzen 8/7, 92
bequem 7/11, 84
beraten, er berät, beraten 10/3, 118

Bereich, der, -e 10/8, 120
Bereitschaftsdienst, der, -e 10/3, 116
Berg , der, -e 12/2, 135
berichten 4/8, 46
Beruf, der, -e 1/11, 16
beruflich *,* 10, 114
Berufsausbildung, die, -en 9/9, 103
Berufskrankheit, die, -en 11/13, 131
berühmt 7/11, 84
Bescheid sagen 11/7, 127
beschreiben, er beschreibt, beschrieben
    3, 28
Beschwerde, die, -n 11, 132
besichtigen 7/1, 78
besonders 6/9, 68
Besserung, die (Sg.) (Gute Besserung!) 11, 132
best- (Meine beste Freundin heißt Julia.)
    6, 62
bestimmt (1) (Der Drucker ist bestimmt kaputt.)
    3/2, 29
bestimmt- (2) (der bestimmte Artikel) 3, 37
besuchen 6/3, 64
Betonung, die, -en 4, 52
betreuen 8/4, 90
Betrieb, der, -e 10/3, 116
Bett, das, -en 4/10, 48
Bewegung, die, -en 9/4, 100
Bewerbung, die, -en 10/3, 117
bezahlen 8/5, 91
Bezahlung, die, -en 10/3, 117
Bibliothek, die, -en 4/7, 46
Bier, das, -e 5/1, 52
Biergarten, der, "- 4/9, 47
bieten, er bietet, geboten 10/8, 120
Bild, das, -er 2/11, 23
bilden 8/8, 93
billig 3/2, 29
Biobauer/-bäuerin, der, -n / die, -nen
    11/13, 131
Birne, die, -n 5/3, 54
bis 2/8, 22
bis zu 12/11, 140
bisschen (ein bisschen) 4/1, 42
bitte 1/3, 10
Bitte, die, -n 2/15, 25
blau 5/1, 52
bleiben, er bleibt, ist geblieben 8/6, 91
Bleistift, der, -e 3/1, 28
Blick, der, -e 1, 16
Bohne, die, -n 5/4, 54
Bowling, das (Sg.) 4/9, 47
brauchen 3/11, 34
braun 5/1, 52
Brille, die, -n 3/8, 32
bringen, er bringt, gebracht 4/1, 42
Brokkoli, der, -s 5/11, 57
Brot, das, -e 5/1, 52
Brötchen, das, - 4/5, 45
Bruder, der, "- 6, 62
Brust, die, "-e 11, 124
brutto 10, 122
Buch, das, "-er 3/3, 30

buchen 12, 134
Buchhalter/in, der, - / die, -nen 9/8, 103
Buchhaltung, die, -en 10/2, 115
Buchhandel, der (Sg.) 10/8, 120
Buchhändler/in, der, - / die, -nen 10/8, 120
Buchhandlung, die, -en 10/8, 120
buchstabieren 1, 8
Bügeleisen, das, - 3/1, 28
Bulgur, der (Sg.) 5/4, 54
Bundestag, der (Sg.) 7/11, 85
Büro, das, -s 7/9, 83
Bus, der, -se 2/12, 24
Busfahrt, die, -en 9/10, 104
Bushaltestelle, die, -n 7/5, 81
Butter, die (Sg.) 5/1, 52
ca. (= circa) 4/9, 47
Café, das, -s 2/13, 24
Cafeteria, die, -s 2/5, 20
Cappuccino, der, -s 2/11, 23
CD, die, -s 3, 36
Cent, der, -s 2/11, 23
Chef/in, der, -s / die, -nen 4/10, 48
Chefkoch, der, "-e / Chefköchin,
    die, -nen 5/15, 60
Club, der, -s 11/13, 130
Cocktailpause, die, -n 7/11, 85
Cognac, der, -s 6/8, 67
Cola, die, -s 2/11, 23
Computer, der, - 3/1, 28
Currywurstbude, die, -n 7/11, 85
ct (= Cent) 5/8, 56
da 4/10, 48
da sein, er ist da, ist da gewesen 2/12, 24
dabei 10/3, 116
dabeihaben 10/3, 116
dafür 8/11, 94
dahaben 5/9, 56
dahinten 5, 60
Dame, die, -n 10/8, 120
damit 11/13, 130
danach 4/9, 47
Dank, der (Sg.) 7/3, 80
danke (Danke schön!) 2, 18
dann 2/5, 21
darüber 6/4, 65
dass 8/11, 94
Datenverarbeitung, die (Sg.) 10/8, 120
Datum, das, Daten 6, 62
Dauer, die (Sg.) 4/9, 47
dauern 2/10, 23
davorne 5, 60
dazu 8/4, 90
dazupassen 5/14, 59
Deckel, der, - 5/13, 58
denken, er denkt, gedacht 11/10, 128
denn (1) (Was ist denn das?) 5/4, 54
denn (2) (..., denn die Familie braucht Geld.)
    8/4, 90
deshalb 10/3, 116
Design, das, -s 10/8, 120
detailliert 11/13, 131
deutsch *,* 5/15, 59

Deutsch, das (Sg.) 1/11, 15
Deutschkenntnisse, die (Pl.) 10/8, 120
Deutschkurs, der, -e 1/1, 9
Deutschlehrer, der, - 1/11, 15
Deutschlehrerin, die, -nen 4/1, 42
Dialog, der, -e 1/1, 9
Dialognummer, die, -n 4/9, 47
Diät, die, -en 11/3, 125
dick 11/3, 125
Diele, die, -n 8/1, 88
dies- 9/4, 100
Digitalkamera, die, -s 3/5, 31
direkt 6, 70
Direktor/Direktorin, der, -en / die, -nen
    10/8, 120
Disco, die, -s 7/11, 84
DJ, der, -s (= Discjockey, der, -s) 4/9, 47
doch (1) (Geht's dir nicht gut? Doch!) 5/11, 57
doch (2) (Sigrid kommt doch.) 6/7, 67
Doktor/Doktorin, der, -en / die, -nen 11/7, 127
Doppelzimmer, das, - 12, 134
dort 7/9, 83
Dose, die, -n 5/2, 53
Dr. (= Doktor) 11/6, 126
dran sein, er ist dran, ist dran gewesen 5, 60
drankommen, er kommt dran, ist
    drangekommen 5/9, 56
draußen 11/8, 127
dreimal 11/5, 126
drucken 3, 36
Drucker, der, - 3/1, 28
dünn 5/13, 58
durch (+ A.) 4/9, 48
Durchsage, die, -n 12/1, 134
dürfen, er darf, dürfen/gedurft 5, 60
Durst, der (Sg.) 11/8, 127
Dusche, die, -n 8/1, 88
duschen 4/3, 44
duzen 11/3, 125
DVD, die, -s 3/1, 28
DVD-Recorder, der, - 3/11, 34
EC-Karte, die, -n 5, 60
echt 9/10, 105
Ecke, die, -n 4/10, 48
egal *,* 7/5, 81
Ehemann, der, "-er 6, 62
Ehepaar, das, -e 5/2, 53
Ei, das, -er 5/2, 53
Eiersahne, die (Sg.) 5/13, 58
eigen- 9, 98
eigentlich 8/7, 92
einfach (1) (einfach toll!) 9/10, 105
einfach (2) *,* 12/6, 137
Eingang, der, "-e 7/3, 80
einig- 12/11, 140
einkaufen 3/11, 34
Einkaufsdialog, der, -e 5/1, 52
Einkaufszettel, der, - 5/1, 52
einladen, er lädt ein, eingeladen 4/9, 48
Einladung, die, -en 6/7, 66
einmal 1/4, 11
einsatzfreudig *,* 10/8, 120

einschlafen, er schläft ein, ist eingeschlafen
    4/10, 48
einsteigen, er steigt ein, ist eingestiegen
    12/1, 134
einteilen 10/7, 119
eintragen, er trägt ein, eingetragen 8/11, 94
Eintritt, der (Sg.) 4/9, 47
einverstanden 10/5, 118
Einzelhandel, der (Sg.) 9/8, 103
Einzelzimmer, das, - 12/1, 134
einziehen, er zieht ein, ist eingezogen 8/5, 91
Einzugsparty, die, -s 8/11, 94
Eis, das (Sg.) 7/11, 85
eislaufen, er läuft eis, ist eisgelaufen
    6/9, 68
EL (= Esslöffel, der, -) 5/13, 58
Elektriker/in, der, - / die, -nen 10, 114
Elektro-Secondhand (Sg. ohne Artikel) 3/11, 35
Eltern, die (Pl.) 4/9, 47
E-Mail, die, -s 2/9, 22
E-Mail-Adresse, die, -n 2/9, 22
empfehlen, er empfiehlt, empfohlen
    12/10, 139
Ende, das (Sg.) 4/9, 47
endlich 113
Endung, die, -en 1, 16
Energietechnik, die, -en 7/11, 84
engagiert 10/8, 120
entschuldigen 4, 51
Entschuldigung (1) (Entschuldigung, wie heißen
    Sie?) 1/2, 10
Entschuldigung, die, -en (2) (Sie schreibt eine
    Entschuldigung für die Schule.) 6/9, 68
Erfahrung, die, -en 10/8, 120
erfinden, er erfindet, erfunden 10/7, 119
Erfolg, der, -e 6, 70
erfragen 9, 98
ergänzen 1/1, 9
Erkältung, die, -en 11/13, 131
erkennen, er erkennt, erkannt 4/11, 49
erklären 2/15, 25
erlauben 11, 133
erleben 7/11, 84
ermäßigt *,* 7/11, 85
Ermäßigung, die, -en 12/6, 137
Ernährung, die (Sg.) 11/13, 131
eröffnen 7/8, 83
Eröffnungsfest, das, -e 4/9, 47
erreichen 2/12, 24
ersetzen 6/3, 65
erst (1) (... erst Ende April) 6/7, 66
erst (2) (Wir müssen erst mal röntgen.) 11/5, 126
erwachsen *,* 6/9, 68
Erwachsene, der/die, -n 4/9, 47
erzählen 4/10, 48
erziehen, er erzieht, erzogen 6, 63
Erzieher/in, der, - / die, -nen 10/1, 115
Espresso, der, -s/Espressi 2/6, 21
Essen, das (Sg.) 4/9, 47
essen, er isst, gegessen 4/3, 44
Essig, der (Sg.) 5/3, 54
Esslöffel, der, - 5/13, 58

Estragon, der (Sg.) 5/13, 58
Etage, die, -n 8/1, 89
etwa 8/4, 90
etwas 5/9, 56
Euro, der, -s 2/11, 23
Euromünze, die, -n 3, 36
Eurozone, die, -n 3, 36
extra 12/10, 139
fachkundig 10/8, 120
Fähigkeit, die, -en 10/8, 120
fahren, er fährt, ist gefahren 2/12, 24
Fahrer/in, der, - / die, -nen 7/4, 80
Fahrkarte, die, -n 12, 134
Fahrplan, der, "-e 7, 83
Fahrrad, das, "-er 3/4, 30
Fahrradkeller, der, - 8/11, 94
Fahrrad-Rikscha, die, -s 7/11, 84
Fahrt, die, -en 12/11, 130
Fall, der, "-e 11/7, 127
fallen, er fällt, ist gefallen 1, 17
falsch 5/14, 59
Familie, die, -n 5/2, 53
Familienfeier, die, -n 9/7, 102
Familienfoto, das, -s 6/1, 63
Familienleben, das (Sg.) 6, 62
Familienname, der, -n 1, 8
Familienstammbaum, der, "-e 6/4, 65
fantastisch 7/11, 84
Farbe, die, -n 5/1, 52
fast 3/2, 29
fehlen (1) (Öl haben wir. Was fehlt?) 5/10, 57
fehlen (2) (Was fehlt Ihnen denn?) 11/5, 126
Fehler, der, - 10, 114
feiern 6/9, 68
fein 5/13, 58
Femininum, das, Feminina 5/11, 57
Fenster, das, - 12/6, 137
Fensterplatz, der, "-e 12/6, 137
Fernsehapparat, der, -e 3/11, 34
fernsehen, er sieht fern, ferngesehen 3/11, 34
Fernseher, der, - 3/1, 28
Fernsehprogramm, das, -e 4/7, 46
Fernsehraum, der, "-e 12/7, 138
Fernsehturm, der, "-e 7/4, 80
fertig *,* 5/13, 58
Fest, das, -e 6/7, 66
Festanstellung, die, -en 10/8, 120
Festival, das, -s 7/11, 85
Feuerwehr, die, -en 11, 129
Fieber, das (Sg.) 11/7, 127
Film, der, -e 4/7, 46
finden, er findet, gefunden (1) (Wo finde ich die Bäckerei?) 3/13, 35
finden, er findet, gefunden (2) (Er findet Picknick langweilig.) 6, 62
Finger, der, - 11, 124
Firma, die, Firmen 4/10, 48
Fisch, der, -e 5/2, 53
fit 11, 124
Fitness, die (Sg.) 4/9, 47
Flasche, die, -n 5/2, 53

Fleisch, das (Sg.) 5/1, 52
Fleischerei, die, -en 5, 56
fleißig 6/9, 68
fliegen, er fliegt, ist geflogen 12/1, 134
Flohmarkt, der, "-e 3/7, 32
Flug, der, "-e 12, 135
Flughafen, der, "- 12/1, 134
Flugzeug, das, -e 12/1, 134
Flur, der, -e 8/5, 91
Föhn, der, -e 12, 142
Folgetag, der, -e 12/11, 140
Form, die, -en 2/9, 22
formell 1/2, 10
Formular, das, -e 7, 86
Foto, das, -s 2/14, 25
Fotoalbum, das, Fotoalben 9/7, 102
Frage, die, -n 1, 17
fragen 1/1, 9
Fragewort, das, "-er 1, 17
Frau, die, -en 1/2, 10
Frauen-Weltmeisterschaft, die, -en 4/9, 47
frei 2/5, 21
Freie, das (Sg.) (im Freien) 7/11, 85
Freitagabend, der, -e 4, 50
Freizeit, die (Sg.) 12/1, 134
fremd 7/11, 84
freuen (sich) 6, 70
Freund, der, -e 6, 62
Freundin, die, -nen 4/10, 48
freundlich 10/8, 120
frisch 10/7, 119
früh 8/6, 91
früher 11/13, 130
Frühling, der, -e 6/6, 66
Frührentner/in, der, - / die, -nen 11/13, 131
Frühstück, das, -e (meist Sg.) 5/4, 54
frühstücken 4/1, 42
Frühstücksraum, der, "-e 12/7, 138
führen 3, 28
Führerschein, der, -e 10/8, 120
füllen 5/13, 58
funktionieren 2, 27
für (+ A.) 3/5, 31
Fuß, der, "-e (zu Fuß) 7/2, 79
Fußball, der, "-e 11/4, 125
Fußball spielen 4/6, 45
Fußballlady, die, -s 4/9, 47
Fußgängerzone, die, -n 4/9, 47
g (= Gramm, das, -) 5/14, 58
Gang, der, "-e 12/6, 137
ganz *,* 2/1, 18
ganz (ganz einfach) 7/3, 80
Ganze, das (Sg.) 5/13, 58
Garage, die, -n 8, 96
garantieren 10/8, 120
Garten, der, "- 8/3, 89
Gast, der, "-e 6/9, 68
Gastronomie, die (Sg.) 10/8, 120
GB (= Gigabyte) 3/11, 35
geben (1), er gibt, gegeben 5/9, 56
geben (2) (Es gibt ...) 3, 36
geboren (Wann bist du geboren?) 6/6, 66

gebraucht 3/9, 33
Gebühr, die, -en 12/11, 140
Geburtsort, der, -e 9, 106
Geburtstag, der, -e 6, 62
Geburtstagsanzeige, die, -n 6/9, 68
Geburtstagskaffee, der, -s 6/9, 68
Geburtstagskarte, die, -n 6, 70
Geburtstagskerze, die, -n 6/9, 68
Geburtstagskind, das, -er 6/9, 68
Geburtstagsliste, die, -n 6/6, 66
Geburtstagsparty, die, -s 6, 70
Geburtstagstorte, die, -n 6/9, 68
Geburtstagswort, das, "-er 6/9, 69
gefallen, er gefällt, gefallen 10, 114
gegen (+ A.) 3/11, 35
gegen (1) (+ A.) (gegen jemanden/etwas) 11/13, 130
gegen (2) (gegen 9 Uhr) 12/11, 140
Gegenstand, der, "-e 3/0, 28
gegenüber 7/9, 83
Gehalt, das, "-er 7/8, 83
gehen (1), er geht, ist gegangen 4/1, 42
gehen (2) (Es geht.) 2/3, 19
gehören 6/9, 68
gelb 5/1, 52
Geld, das, -er 5/8, 56
Geldautomat, der, -en 7, 83
Geldschein, der, -e 3, 36
gelten, er gilt, gegolten 12/11, 140
gemeinsam 5/15, 59
Gemüse, das, - 5/1, 52
Gemüseladen, der, "- 11/13, 130
Gemüsesuppe, die, -n 5/11, 57
genau (1) (Kommst du aus Moskau? Genau!) 1/7, 12
genau (2) (Der Chef sagt ihr alles genau.) 10/3, 116
genauso 9/4, 100
genug 11/3, 125
geöffnet (Die Bäckerei ist von 9-18 Uhr geöffnet.) 4/7, 46
Gepäck, das (Sg.) 12/1, 134
gerade (Er macht gerade ein Praktikum.) 4/1, 42
geradeaus 7/3, 80
Geräusch, das, -e 12/8, 139
gern(e), lieber, am liebsten 2/3, 19
Geschäft, das, -e 7/11, 84
Geschäftsmann/-frau, der, "-er / die, -en 11/13, 130
Geschenk, das, -e 6/7, 66
Geschichte (1), die (Sg.) 7/11, 84
Geschichte (2), die, -en 9/3, 100
geschieden 6, 70
geschlossen 4/10, 48
Geschwister, die (Pl.) 6, 63
Gesicht, das, -er 11, 124
Gespräch, das, -e 3/12, 35
gestern 4/10, 48
gesund, gesünder, am gesündesten 11, 124
Gesundheit, die (Sg.) 6, 70
Gesundheitsmagazin, das, -e 11/13, 130
Getränk, das, -e 2/11, 23

Getränkemarkt, der, "-e 5, 52
getrennt (getrennt leben) 6, 63
gießen, er gießt, gegossen 5/13, 58
Girokonto, das, -konten 7/8, 83
Glas, das, "-er 5/2, 53
glauben 5/4, 54
gleich (1) (gleich davorne) 7/3, 80
gleich (2) *,* 10/3, 117
gleichmäßig 5/13, 58
Gleis, das, -e 2/12, 24
Gleitzeit, die (Sg.) 10/3, 116
global *,* 11/13, 130
Glück, das (Sg.) 6/9, 68
Glückwunsch, der, "-e 6/7, 67
Gottesdienst, der, -e 4/9, 47
Grad, der, -e 12/8, 139
Gramm, das, -e 5/2, 53
Grammatik, die (Sg.) 1, 17
gratulieren 6/7, 67
grillen 6/3, 65
Grippe, die (Sg.) 11/12, 129
groß, größer, am größten 6/2, 64
Großeltern, die (Pl.) 6/2, 64
Großmutter, die, "- 6/2, 64
Großstadt, die, "-e 10/4, 117
Großvater, der, "- 6/2, 64
grün 5/1, 52
Grundschule, die, -n 3/11, 34
Gruppe, die, -n 7/5, 81
Gruppenreise, die, -n 12/11, 140
Gruß, der, "-e 6/8, 67
günstig 12/10, 139
Gurke, die, -n 5/3, 54
gut, besser, am besten 2, 18
Guten Abend! 1/4, 11
Guten Tag! 1/1, 9
Gymnastik, die (Sg.) 11/4, 125
Haar, das, -e 11, 124
haben, er hat, gehabt 1, 16
Hafen, der, "- 12/5, 136
halb (um halb acht) 4/1, 42
Halbpension, die (Sg.) 12, 135
Hallo 1, 8
Hals, der, "-e 11, 124
Halt! 8/12, 95
halten, er hält, gehalten 7/4, 80
Haltestelle, die, -n 8/3, 89
Hand, die, "-e 10/7, 119
Handel, der (Sg.) 9/8, 103
Handelsschule, die, -n 9/8, 103
handwerklich *,* 10/8, 120
Handy, das, -s 2/8, 22
Handynummer, die, -n 2/8, 22
hart, härter, am härtesten 7/9, 83
Hauptbahnhof, der, "-e 7/2, 79
Hauptspeise, die, -n 5/10, 57
Hauptstadt, die, "-e 9/1, 99
Haus, das, "-er 3/4, 30
Hausarzt/-ärztin, der, "-e / die, -nen 11/5, 126
Hausaufgabe, die, -n 4/6, 45
Hausflur, der, -e 8, 95
Hausgemeinschaft, die, -en 8/11, 94

Haushalt, der, -e 6, 63
Haushaltsgerät, das, -e 3/11, 34
Hausmeister/in, der, - / die, -nen 8/11, 94
Hausordnung, die, -en 8/11, 94
Haustür, die, -en 8/11, 94
Hausverwaltung, die, -en 8/11, 94
Haut, die (Sg.) 11/13, 130
Hefe, die (Sg.) 5/11, 57
Heft, das, -e 3/1, 28
Heimweg, der, -e 3/11, 35
heiraten 6/2, 64
heiß 11/7, 127
heißen, er heißt, geheißen 1/1, 9
Heizung, die, -en 8/1, 88
Heizungsablesung, die, -en 8/11, 94
helfen, er hilft, geholfen 2/15, 25
hell 8/1, 89
Herbst, der, -e 6/6, 66
Herd, der, -e 3/1, 28
Herkunft, die (Sg.) 1, 8
Herr, der, -en 1/1, 9
Herz, das, -en 11, 124
herzlich (Herzlichen Glückwunsch!) 6/7, 67
heute 3/9, 33
Hi 6/7, 66
hier 2/5, 21
hierbleiben, er bleibt hier, ist hiergeblieben 10/3, 117
Hilfe, die, -n 8/7, 92
hin 12/6, 137
hinfallen, er fällt hin, ist hingefallen 11/7, 127
hinfliegen, er fliegt hin, ist hingeflogen 12/3, 136
hingehen, er geht hin, ist hingegangen 11/13, 130
hinten 11, 132
hinter (+ D.) 12/2, 135
Hinweis, der, -e 7, 78
Hip-Hop, der (Sg.) 4/9, 47
historisch *,* 7/11, 85
Hitliste, die, -n 7/1, 78
hoch, höher, am höchsten 7/11, 84
Hochschulstudium, das, -studien 10/8, 120
hochtragen, er trägt hoch, hochgetragen 8/9, 93
Hochzeit, die, -en 6/2, 64
Hochzeitsreise, die, -n 10/5, 118
Hof, der, "-e 8/5, 91
hoffentlich 10/3, 116
holen 5/12, 57
Homepage, die, -s 10/3, 116
Honig, der (Sg.) 11/7, 127
hören 1/1, 9
Hörtext, der, -e 6/1, 63
Hostel, das, -s 7/1, 78
Hotel, das, -s 7/1, 78
Hotelfachmann/-frau, der, "-er / die, -en 10/1, 115
Hotelinformation, die, -en 12, 134
Hunger, der (Sg.) 9/6, 101
hupen 6/9, 68
Husten, der (Sg.) 11/7, 127

ICE, der, -s 2/12, 24
ideal 8/4, 90
Idee, die, -n 9/10, 104
im (= in dem) 1/1, 9
Imbissverkäufer/in, der, - / die, -nen 10/8, 120
immer 3/3, 30
in (1) (+ A./D.) (in Spanien) 1/1, 9
in (2) (in Scheiben) 5/9, 56
indiskret 9/10, 105
Industriekaufmann/-frau, der, "-er / die, -en 9/8, 103
Infinitiv, der, -e 2, 27
Informatik, die (Sg.) 10/8, 120
Informatiker/in, der, - / die, -nen 4/10, 48
Information, die, -en 1/11, 15
Informationsplakat, das, -e 5, 56
informell *,* 1/2, 10
informieren (sich) 8/1, 88
Ingenieur/in, der, -e / die, -nen 8/4, 90
inklusive 12/13, 141
ins (= in das) 4/9, 47
installieren 8/5, 91
intensiv 4/7, 46
interessant 7/11, 88
international *,* 5/15, 60
Internet, das (Sg.) 2, 26
Internetanschluss, der, "-e 12/7, 138
Internist/in, der, -en / die, -nen 11, 129
Interview, das, -s 4/8, 46
Italiener/in, der, - / die, -nen 8/4, 90
ja (1) (Kommst du mit? Ja.) 2/3, 19
ja (2) (Das ist ja super.) 4/9, 47
Jacke, die, -n 12/7, 138
Ja/Nein-Frage, die, -n 2/4, 19
Jahr, das, -e 3/11, 34
-Jährige, der, -n (der 40-Jährige) 6/9, 69
Jazz, der (Sg.) 4/9, 47
je 3/11, 34
jed- (jeden Morgen) 4/3, 44
jemand 2, 18
jetzt 2/10, 23
Job, der, -s 10, 114
joggen, er joggt, ist gejoggt 11/3, 125
Joghurt, der, -s 2/13, 24
Jugendherberge, die, -n 7/1, 78
Jugendliche, der, -n 6/9, 68
jung, jünger, am jüngsten 10/8, 120
Jungs, die (Pl.) 8/12, 95
Kabelanschluss, der, "-e 8/5, 91
Kabel-TV, das (Sg.) 8/1, 89
Kaffee, der, -s 2, 18
Kaffeekanne, die, -n 3/7, 32
Kaffeemaschine, die, -n 3/1, 28
kalt, kälter, am kältesten 4/10, 48
Kamera, die, -s 3, 37
Kanadier, der, - 6/3, 65
Kantine, die, -n 4/10, 48
Kantinenessen, das, - 11/13, 130
kaputt *,* 3/2, 29
Karies, die (Sg.) 11/12, 129
Kärtchen, das, - 2/7, 22

Karte, die, -n 4/9, 47
Kartoffel, die, -n 5/1, 52
Kartoffel-Zucchini-Auflauf, der, "-e 5/13, 58
Karton, der, -s 8/7, 92
Käse, der (Sg.) 5/1, 52
Käsekuchen, der, - 6/8, 67
Kasse, die, -n 2/11, 23
Kassierer/in, der, - / die, -nen 9/8, 103
Kasten, der, "- 5/2, 53
kath. (= **katholisch** *,*) 4/9, 47
Kauf, der, "-e 10/3, 116
kaufen 3/8, 32
Käufer/in, der, - / die, -nen 3/2, 29
Kaufhaus, das, "-er 5, 56
kaufmännisch *,* 11/13, 130
Kaution, die, -en 8/1, 88
kein- (keine Ahnung) 3/5, 31
Keller, der, - 8/5, 91
Kellner/in, der, - / die, -nen 10/1, 115
kennen, er kennt, gekannt 2/4, 20
kennenlernen 7/2, 79
Kerze, die, -n 6/9, 68
kg (= Kilogramm, das, -) 5, 60
kicken 11/3, 125
Kilo, das, -s (= Kilogramm, das, -) 5/2, 53
Kilometerbegrenzung, die, -en 12/11, 140
Kilometerbeschränkung, die, -en 12/11, 140
Kind, das, -er 3/11, 34
Kinderbett, das, -en 3/11, 35
Kinderfahrrad, das, "-er 3/11, 34
Kindergarten, der, "- 9/1, 98
Kindergeburtstag, der, -e 6/9, 68
Kindergruppe, die, -n 8/4, 90
Kinderkrippe, die, -n 4/1, 42
Kindersachen, die (Pl.) 3/11, 34
Kinderstuhl, der, "-e 3/11, 34
Kindertag, der, -e 4/9, 47
Kinderwagen, der, - 3/4, 30
Kinderzimmer, das, - 8/4, 90
Kino, das, -s 4/6, 45
Kiosk, der, -e 5, 56
Kirche, die, -n 7/3, 80
klappen (es klappt) 10/3, 116
klar (Ja, klar.) 2/5, 21
klären 8/1, 88
Klasse, die, -n 6, 62
klein 3/2, 29
Kleinanzeige, die, -n 3, 28
klingeln 4/10, 48
km (= Kilometer, der, -) 3/11, 35
Knie, das, - 11, 124
Knoblauch, der (Sg.) 5/11, 57
Koch, der, "-e / **Köchin**, die, -nen 10/1, 115
kochen 4/6, 45
Kochrezept, das, -e 5/1, 52
Kochstudio, das, -s 5/15, 60
Koffer, der, - 12/1, 134
Kollege/in, der, -n / die, -nen 7/10, 83
Kombination, die, -en 6/9, 69
kommen, er kommt, ist gekommen 1/1, 9
kommunikationsfreudig *,* 10/8, 120

Kommunikationstechnik, die, -en 7/11, 84
Kondition, die, -en 11/3, 125
Konjugation, die, -en 2, 27
können, er kann, können/gekonnt 2/12, 24
Konsonant, der, -en 3, 37
Kontakt, der, -e 8/11, 94
Konto, das, Konten 7/8, 83
Kontrolle, die, -n 8/7, 92
kontrollieren 1/6, 12
Konzert, das, -e 4/9, 47
Kopf, der, "-e 11, 124
Körper, der, - 11/1, 124
Körperteil, der, -e 11, 124
korrigieren 9/7, 102
kosten 2, 26
Kraftfahrzeugmechaniker/in, der, - / die, -nen 10/1, 115
krank, kränker, am kränksten 11/9, 128
Krankenhaus, das, "-er 9/1, 99
Krankenwagen, der, "- 9/3, 100
Krankheit, die, -en 4/10, 48
Krankmeldung, die, -en 11/5, 126
krankschreiben, er schreibt krank, krankgeschrieben 11/5, 126
kreativ 10/7, 119
Kreditkarte, die, -n 5, 60
Kreuzung, die, -en 7/5, 81
Krimi, der, -s 4/9, 47
Küche, die, -n 8, 88
Kuchen, der, - 5/1, 52
Kugelschreiber, der, - 3/8, 32
kühl 3/13, 35
Kühlschrank, der, "-e 3/4, 30
Kuli, der, -s 3/1, 28
kulinarisch *,* 7/11, 84
Kultfilm, der, -e 4/9, 47
Kultur, die, -en 7/11, 84
Kunde, der, -n 3/11, 34
Kundin, die, -nen 5/9, 56
kundenorientiert *,* 10/8, 120
Künstler/in, der, - / die, -nen 10, 122
Kurs, der, -e 1/1, 9
Kursausflug, der, "-e 12/12, 141
Kursleiter/in, der, - / die, -nen 1/1, 9
Kursliste, die, -n 1/1, 9
Kursraum, der, "-e 3/7, 32
kurz, kürzer, am kürzesten 3/10, 33
Kuss, der, "-e 5, 61
Küste, die, -n 12/2, 135
lachen 9/10, 105
lächeln 113
Laden, der, "- 5/8, 56
Lager, das, - 9/8, 103
Lampe, die, -n 3/1, 28
Land, das, "-er 1, 8
lang(e), länger, am längsten 3/10, 33
langsam 2/15, 25
langweilig 6, 62
Lärm, der (Sg.) 8/11, 94
laufen, er läuft, ist gelaufen 11/4, 125
Laut, der, -e 5/7, 55

laut 1/5, 11
leben 6, 62
Lebensjahr, das, -e 6/9, 68
Lebenslauf, der, "-e 9, 98
Lebensmittel, das, - 5/1, 52
ledig *,* 6/2, 64
legen 5/13, 58
Lehrer/in, der, - / die, -nen 2/4, 20
Lehrgang, der, "-e 9/8, 103
leider 4/9, 47
leidtun, es tut leid, leidgetan 7/9, 83
leise 8/11, 94
lernen 1/9, 14
Lernkarte, die, -n 5/6, 55
Lernplakat, das, -e 1/8, 13
Lernziel, das, -e 1, 8
lesen, er liest, gelesen 1/5, 11
letzt- (letzte Woche) 4/11, 49
Leute, die (Pl.) 1/11, 15
lieb- (lieber Hans, ...) 6/8, 67
Lieferwagen, der, - 3/11, 35
liegen, er liegt, gelegen 1/7, 12
Linie, die, -n 7/6, 82
links 5, 60
Linse, die, -n 5/4, 54
Liste, die, -n 1/1, 9
Liter, der, - 5/2, 53
Live-Musik, die (Sg.) 6/8, 67
Lohnabrechnung, die, -en 10, 114
Lokomotivenausstellung, die, -en 7/11, 84
los (Was ist los?) 4/10, 49
Lösung, die, -en 6/2, 64
Luft, die, "-e 10/7, 119
Luftfahrt, die (Sg.) 7/11, 84
Lust, die (Sg.) (keine Lust) 4/10, 48
machen (Macht nichts.) 1/1, 9
Mahlzeit, die, -en 11/5, 126
Makler/in, der -/die -nen 113
Mal, das, -e (Ich besuche Vater jeden Monat ein Mal.) 6/3, 65
mal 7/11, 85
man 1, 17
manch- (manche Menschen) 6, 60
manchmal 6, 62
Mango, die, -s 5/4, 54
Mann, der, "-er 6, 62
markieren 2/6, 21
Markt, der, "-e 5, 52
Marktplatz, der, "-e 7, 86
Marmelade, die, -n 5/2, 53
Maskulinum, das, Maskulina 5/11, 57
Mauer, die, -n 7/11, 85
Mechaniker/in, der, - / die, -nen 10/6, 118
Medikament, das, -e 11/5, 126
Meer, das, -e 12/2, 135
Mehl, das (Sg.) 5/11, 57
mehr 3/13, 35
mehrer- 7/8, 83
meist- 2, 27
meistens 6/9, 68
Meister/in, der, - / die, -nen 10/3, 116
Meisterprüfung, die, -en 10/3, 116

melden 3/11, 34
Melodie, die, -n 1/3, 10
Mensch, der, -en 6, 70
Menü, das, -s 5/7, 55
Messe, die, -n 4/9, 47
Metzgerei, die, -en 4/7, 46
Miete, die, -n 8/1, 89
mieten 8/4, 90
Mietvertrag, der, "-e 8/7, 92
Milch, die (Sg.) 2/2, 19
Milchprodukt, das, -e 11/13, 131
mindestens 11/13, 131
Mineralwasser, das (Sg.) 2/5, 21
Minibar, die, -s 12, 142
minus 12/8, 139
Minute, die, -n 4/1, 42
mit (+ D.) 1/9, 14
Mitarbeiter/in, der, - / die, -nen 10/8, 120
mitbenutzen 8/5, 91
mitbringen, er bringt mit, mitgebracht
    5/15, 59
mitfahren, er fährt mit, ist mitgefahren
    12/11, 140
mitkommen, er kommt mit, ist
    mitgekommen 4/9, 47
mitlesen, er liest mit, mitgelesen 1/2, 10
mitnehmen, er nimmt mit, mitgenommen
    6, 62
mitsprechen, er spricht mit, mitgesprochen
    2/8, 22
Mittag, der, -e 4/6, 45
Mittagessen, das, - 5/4, 54
mittags 4/6, 45
Mittagspause, die, -n 4/3, 44
Mitte, die, -n (Mitte Mai) 7/11, 84
mittler- (den Auflauf auf die mittlere Schiene
    stellen) 5/13, 58
Mixer, der, - 3/11, 34
Möbel, die (Pl.) 8/7, 92
Möbelkundendienst, der, -e 10/8, 120
Möbelpacker, der, - 11/13, 131
mobil 2/12, 24
möbliert *,* 8/1, 89
möchten, er möchte, gemocht 2, 18
modern 3/6, 31
mögen, er mag, mögen/gemocht 3/8, 32
möglich 10/8, 120
Möglichkeit, die, -en 7/8, 83
Möhre, die, -n 5/11, 57
Moment, der, -e 2/12, 24
Monat, der, -e 6/3, 65
Monatskarte, die, -n 7/7, 82
Monatsmiete, die, -n 8/1, 88
Monitor, der, -e 3/5, 31
Montage, die, -n 10/3, 116
Mopedführerschein, der, -e 6/9, 68
Mörder/in, der, - / die, -nen 4/9, 47
morgen 4/9, 47
Morgen, der, - 4/1, 42
morgens 4/6, 45
Mountainbikefahren, das (Sg.) 11/13, 131
MP3-Player, der, - 3/1, 28

müde 2/10, 23
Müll, der (Sg.) 8/11, 94
Müllplatz, der, "-e 8/11, 94
Mülltrennung, die (Sg.) 8/11, 94
Mund, der, "-er 11, 124
Museum, das, Museen 4/7, 46
Musik, die (Sg.) 3/11, 34
Muskatnuss, die, "-e 5/13, 58
Müsli, das, -s 11/13, 130
müssen, er muss, müssen/gemusst 6/9, 68
Mutter, die, "- 6/1, 63
nach (1) (Der ICE fährt von Frankfurt nach Stutt-
    gart.) 2/12, 24
nach (2) (Bitte nach 18 Uhr anrufen.) 3/11, 35
nach (3) (nach Farben ordnen) 5/1, 52
nach (4) (nach Hause) 4/10, 48
Nachbar/in, der, -n, die, -nen 1/8, 13
nachfragen 10, 122
Nachmittag, der, -e 4/6, 45
nachmittags 4/6, 45
Nachname, der, -n 1/1, 9
Nachrichten, die (Pl.) 2/12, 24
nachschlagen, er schlägt nach,
    nachgeschlagen 10/9, 121
nachsprechen, er spricht nach,
    nachgesprochen 1/3, 10
nächst- (Wer ist der Nächste?) 5, 60
Nacht, die, "-e 4/6, 45
Nachtisch, der, -e 5/10, 57
nachts 4/6, 45
Nähe, die (Sg.) 7/2, 79
Nähmaschine, die, -n 3/11, 34
Nahverkehrszug, der, "-e 12/11, 140
Name, der, -n 1, 8
Nase, die, -n 11, 124
nass 12/9, 139
Natur, die (Sg.) 7/11, 84
natürlich 2/5, 21
neben (+ D.) 7/11, 85
Nebenkosten, die (Pl.) 8/1, 88
nehmen, er nimmt, genommen 2, 18
nein 1/9, 14
nennen, er nennt, genannt 3/2, 29
nett 8/7, 92
netto 8/4, 90
neu 3/2, 29
Neujahr, das (Sg.) 6, 69
Neutrum, das, Neutra 5/11, 57
nicht (nicht so gut) 2/12, 24
Nichtraucher/in, der, - / die, -nen 11/13, 131
nichts 5/9, 56
nie 10/3, 116
noch 2/10, 23
noch einmal 1/4, 11
Nomen, das, - 3/3, 30
Nominativ, der, -e 5/11, 57
normal 11/13, 130
Normalpreis, der, -e 12/11, 140
Notdienst, der, -e 11, 129
notieren 2/8, 22
Notiz, die, -en 7/8, 83
Notrufnummer, die, -n 11, 129

Nr. (= Nummer, die, -n) 4/10, 48
Nudel, die, -n 5/2, 53
Nummer, die, -n 2/12, 24
nummerieren 7/7, 82
nun 6/3, 65
nur (1) (nur Milch) 2/3, 19
nur (2) (nicht nur, sondern auch) 7/11, 84
oben 11/5, 126
Obergeschoss, das, -e 8/1, 88
Obst, das (Sg.) 5/1, 52
oder 1/2, 10
oder so 11/13, 130
Öffnungszeit, die, -en 5, 56
oft, öfter, am öftesten 1, 16
ohne (+ A.) 12/11, 140
Ohr, das, -en 11, 124
o. k. (= okay) 3/2, 29
Öl, das (Sg.) 5/3, 54
Olivenöl, das (Sg.) 5/11, 57
Oma, die, -s 5/14, 59
Onkel, der, - 6, 63
Opa, der, -s 6/9, 68
Orangensaft, der, "-e 2/4, 20
Ordinalzahl, die, -en 6, 71
ordnen 1/4, 11
Ordnung , die, -en 8/7, 92
organisieren 6/9, 68
Ort, der, -e 7/3, 80
Orthopäde/Orthopädin, der, -n / die,
    -nen 11/7, 127
Ortsangabe, die, -n 7, 78
P. S. (= Postscriptum) 9/1, 99
paar (ein paar Jahre) 11/13, 131
Päckchen, das, - 5/11, 57
packen 8/9, 93
Packung, die, -en 5/2, 53
Paket, das, -e 5/2, 53
Pantomime, die, -n 10/7, 119
Papa, der, -s 6, 70
Papierkorb, der, "-e 3/10, 33
Paprika, die/der, -s (= Gemüse) 5/2, 53
Park, der, -s 4/9, 47
parken 8/11, 94
Parkplatz, der, "-e 8/3, 89
Partner/in, der, - / die, -nen 8/3, 89
Party, die, -s 6, 70
Pass, der, "-e 7, 86
passen (zu) 2/13, 24
passend 5/13, 59
passieren, es passiert, ist passiert 8/12, 95
Passnummer, die, -n 7/8, 83
Patient/in, der, -en / die, -nen 11, 132
Pause, die, -n 4/8, 46
Pension, die, -en 12, 134
Peperoni, die, -s 2/13, 24
Person, die, -en 1/9, 14
Personalbogen, der, "- 7/8, 83
Personalbüro, das, -s 7/7, 82
Personalien, die (Pl.) 7, 86
Personalpronomen, das, - 2/6, 21
persönlich 9, 98
Pfeffer, der (Sg.) 5/13, 58

pflegen 10/3, 116
Pfund, das, -e 5/2, 53
Phase, die, -n 2/1, 18
Picknick, das, -s 6/0, 62
Pizza, die, -s 5/2, 53
Pizza-Service, der, -s 4/1, 42
Pl. (= Plural, der, -e) 2, 27
Plakat, das, -e 10, 121
planen 5/12, 57
Platz, der, "-e 7/6, 82
plötzlich 8/7, 92
Pluralform, die, -en 5/6, 55
plus 8, 88
Po, der, -s 11, 124
Politiker/in, der, - / die, -nen 10, 122
Polizei, die (Sg.) 4, 51
Position, die, -en 2, 27
Possessivartikel, der, - 6/3, 64
Postkarte, die, -n 7/11, 84
Postleitzahl, die, -en 2/9, 22
Praktikum, das, Praktika 4/1, 42
praktisch 3/6, 31
Präsens, das (Sg.) 6/8, 67
präsent 10/8, 120
Präteritum, das (Sg.) 6/8, 67
Praxis, die, Praxen 11/9, 128
Preis, der, -e 3, 28
Preishit, der, -s 12/11, 140
preiswert 3/11, 34
prima 3/9, 33
privat 1/2, 10
pro 8/4, 90
Problem, das, -e 5/8, 56
Produktionstechnik, die, -en 7/11, 84
Profi-Händler/in, der, - / die, -nen 7/11, 85
Programm, das, -e 9/10, 104
Programmiersprache, die, -n 10/8, 120
Programmierung, die, -en 10/8, 120
Projekt, das, -e 3, 33
Prospekt, der, -e 12/1, 134
Provision, die, -en 10/10, 121
Punkt, der, -e 12/2, 135
pünktlich 12/1, 135
Pünktlichkeit, die (Sg.) 11/10, 128
Putzfrau, die, -en 10/3, 117
putzen 4/6, 45
qualifiziert 10/8, 120
Qualität, die, -en 3/9, 33
Quartett, das, -e 4/9, 47
Radio, das, -s 4/10, 48
raten, er rät, geraten 1/6, 12
Rathaus, das, "-er 4/9, 47
Rathausplatz, der, "-e 7, 86
rauchen 11/7, 127
Raumpfleger/in, der, - / die, -nen 10/1, 115
raus 12/3, 136
reagieren 10, 122
rechts 5, 60
reden 4/1, 42
Regel, die, -n 8/8, 93
regelmäßig 11/4, 125
Regen, der (Sg.) 7/11, 84

Regenschirm, der, -e 7/1, 78
Regenzeit, die, -en 12/9, 139
Reggae, der (Sg.) 4/9, 47
Regierungsviertel, das, - 7/1, 78
Region, die, -en 3, 33
Regionalexpress, der (Sg.) 12/6, 137
Regionalzeitung, die, -en 10, 121
regnen 12/8, 139
reichen 5/11, 57
Reihenfolge, die, -n 5/13, 59
reinigen 8/11, 94
Reinigungsfrau, die, -en 10/8, 120
Reis, der (Sg.) 5/2, 53
Reise, die, -n 12, 134
Reisebüro, das, -s 12/1, 134
Reiseführer, der, - 12/1, 134
reisen, er reist, ist gereist 12/11, 140
Reiseziel, das, -e 12/2, 135
renovieren 9/1, 99
reparieren 10/2, 115
reservieren 12/3, 136
Reservierung, die, -en 4/9, 47
Restaurant, das, -s 6/9, 68
Rezept, das, -e 5/13, 59
Rezeptheft, die, -e 5/15, 59
Rezeption, die, -en 12/7, 138
Rhythmus, der, Rhythmen 1/9, 14
richtig 2/5, 20
Richtung, die, -en 7, 86
Riesenrad, das, "-er 9/10, 104
Rindfleisch, das (Sg.) 5/3, 54
Rock, der (Sg.) (= Rockmusik) 4/9, 47
Rollenspiel, das, -e 3/9, 33
röntgen 11/5, 126
Röntgenarzt/-ärztin, der, "-e / die, -nen 11/5, 126
rot 5/1, 52
Rücken, der, - 11, 124
Rückfrage, die, -n 2, 27
Rückkehr, die (Sg.) 12/11, 140
Rucksack, der, "-e 12/1, 134
rufen, er ruft, gerufen 9/3, 100
Ruhe, die (Sg.) 8/11, 94
ruhig 8/1, 89
rund (1) *,* (runde Geburtstage) 6/9, 68
rund (2) (rund 3 €) 12/11, 140
Sachbearbeiter/in, der, - / die, -nen 10/6, 118
Sache, die, -n 3/11, 34
Saft, der, "-e 2, 27
sagen 2, 18
Sahne, die (Sg.) 5/13, 58
Salami, die, -s 2/13, 24
Salat, der, -e 5/1, 52
Salbe, die, -n 11/5, 126
Salz, das (Sg.) 5/3, 54
sammeln 1/8, 13
Sand, der (Sg.) 12, 134
Sänger/in, der, - / die, -nen 10/7, 119
Satellitenantenne, die, -n 3/11, 35
Satz, der, "-e 1/5, 11
Satzende, das, -n 1, 17
Satzklammer, die, -n 4, 51

Satzmelodie, die, -n 1, 17
sauber 8/10, 93
sauber halten, er hält sauber, sauber gehalten 8/11, 94
Sauna, die, Saunen 11/13, 131
S-Bahn, die, -en 7/1, 78
Scanner, der, - 3/11, 35
schade 6/7, 66
schälen 5/13, 58
schauen (Schau mal!) 3/2, 29
Scheibe, die, -n 5/11, 57
scheinen, er scheint, geschienen 12/8, 139
Schere, die, -n 3/1, 28
Schichtdienst, der, -e 10/8, 120
schicken 11/5, 126
Schiene, die, -n 5/13, 58
Schiff, das, -e 7/11, 84
Schinken, der, - 5/1, 52
schlafen, er schläft, geschlafen 8/7, 92
schlank 11/13, 131
schlecht 10/3, 116
schließlich 8/9, 93
schlimm 11/6, 126
Schloss, das, "-er 12/11, 140
Schluss, der, "-e (meist Sg.) 9/10, 104
Schlüssel, der, - 8/11, 94
Schmerz, der, -en 11/6, 126
Schnäppchen, das, - 3/7, 32
Schnee, der (Sg.) 12/8, 139
schneiden, er schneidet, geschnitten 5/11, 57
schneien 12/8, 139
schnell 8/12, 95
Schnitzel, das, - 5/3, 54
Schnupfen, der (Sg.) 11/7, 127
schon (Ich bin jetzt schon müde.) 2/10, 23
schön 3/6, 31
Schrank, der, "-e 3/13, 35
schreiben, er schreibt, geschrieben 1/4, 11
Schreibtisch, der, -e 8/7, 92
Schreiner/in, der, - / die, -nen 10/8, 120
Schreinerausbildung, die, -en 10/8, 120
Schulbildung, die (Sg.) 9/9, 103
Schule, die, -n 4/1, 42
Schüler/in, der, - / die, -nen 11/13, 130
Schulfest, das, -e 9/1, 98
Schulter, die, -n 11, 124
schwach, schwächer, am schwächsten 6, 71
schwanger *,* 8/4, 90
schwarz 2/2, 19
schwer 6, 62
Schwester, die, -n 6, 62
Schwimmbad, das, "-er 4/7, 46
schwimmen, er schwimmt, hat/ist geschwommen 4, 50
Schwimmkurs, der, -e 4/9, 47
See, der, -n 12/4, 136
sehen, er sieht, gesehen 4/10, 48
Sehenswürdigkeit, die, -en 7/11, 84
sehr (sehr gut) 3/2, 29
sein, er ist, ist gewesen 1/1, 9
seit (+ D.) 8/4, 90
Seite, die, -n 3/8, 32

Touristeninformation, die, -en 7/2, 79
tragen, er trägt, getragen 8/7, 92
trainieren 5/6, 55
Trainingsplan, der, "-e 11/3, 125
träumen 4/10, 48
treffen, er trifft, getroffen 11/10, 128
Treffpunkt, der, -e 4/9, 47
trennbar (ein trennbares Verb) 4/4, 44
trennen 8/11, 94
Treppe, die, -n 8/11, 94
Treppenreinigung, die, -en 8/11, 94
trinken, er trinkt, getrunken 2, 18
trocken 12/9, 139
Trockenzeit, die, -en 12/9, 139
trocknen, er trocknet, hat/ist getrocknet
    8/5, 91
Tropfen, der, - 11, 132
Tschüs! 1, 16
tun, er tut, getan 8/11, 94
Tür, die, -en 4/10, 48
Turnier, das, -e 4/9, 47
Tüte, die, -n 5, 60
U-Bahn, die, -en 7/1, 98
üben 1/3, 10
über (+ A./D.) 1, 8
überlegen 9/10, 105
übermorgen 11, 132
Übernachtung, die, -en 12/1, 134
Übersicht, die, -en 12, 143
Überstunde, die, -n 10/3, 116
überweisen, er überweist, überwiesen
    7/8, 83
Überweisung, die, -en 11/5, 126
üblich 10/8, 120
Übung, die, -en 2/7, 22
Uhr, die, -en 3, 36
Uhrzeit, die, -en 2/12, 24
um (um acht Uhr) 2/12, 24
Umschulung, die, -en 9/8, 103
umsteigen, er steigt um, ist umgestiegen
    7/4, 80
umziehen, er zieht um, ist umgezogen
    8/4, 90
Umzug, der, "-e 8/7, 92
unbestimmt (der unbestimmte Artikel) 3, 37
und 1, 8
Unfall, der, "-e 9/1, 98
ungefähr 7/3, 80
ungesund, ungesünder, am ungesündesten
    11/13, 131
Universität, die, -en 7/5, 81
unten 11, 132
unter (+ A./D.) 2/12, 24
Unterlagen, die (Pl.) 10/8, 120
Untermiete, die (Sg.) 8/7, 92
Unterricht, der (Sg.) 4/4, 44
unterrichten 8/4, 90
unterschreiben, er unterschreibt,
    unterschrieben 6/9, 68
untersuchen 11/12, 129
Urlaub, der, -e 9/7, 102
usw. (= und so weiter) 11/13, 131

variieren 12/3, 136
Vater, der, "- 6/1, 63
Vegetarier/in, der, - / die, -nen 11/13, 131
verabreden (sich) 4/1, 42
Verabredung, die, -en 4/9, 47
verabschieden (sich) 1, 8
Verb, das, -en 1/5, 11
Verbform, die, -en 1/8, 13
Verband, der, "-e 11/5, 126
verbinden, er verbindet, verbunden 10, 114
Verbindung, die, -en 12/6, 137
verboten *,* 8/11, 94
Verbposition, die, -en 2, 27
verdienen 8/4, 90
verdienen 8/4, 90
vereinbaren 11, 124
Vergangene, das (Sg.) 6, 62
Vergangenheit, die (Sg.) 4/11, 49
Vergangenheitsform, die, -en 4/11, 49
vergleichen, er vergleicht, verglichen
    5/2, 53
verheiratet 6/1, 63
verkaufen 3/9, 33
Verkäufer/in, der, - / die, -nen 3/2, 29
Verkaufsgespräch, das, -e 3, 28
Verkehr, der (Sg.) 7/11, 84
Verkehrsverbindung, die, -en 7, 83
verliebt 9/10, 105
vermeiden, er vermeidet, vermieden 8/11, 94
vermieten 8/10, 93
Vermieter/in, der, - / die, -nen 8/7, 92
Vermutung, die, -en 9/7, 102
verreisen, er verreist, ist verreist 12/3, 136
verrühren 5/13, 58
Versand, der (Sg.) 9/8, 103
verschieben, er verschiebt, verschoben
    11/9, 128
Versichertenkarte, die, -n 11/5, 126
verstehen, er versteht, verstanden 2/15, 25
verteilen 7, 83
verwählen (sich) 10, 122
Verwandte, der/die, -n 6/2, 64
Verwandtschaftsbezeichnung, die, -en
    6/2, 64
VHS, die (= Volkshochschule) 7/1, 78
viel-, **mehr**, am meisten 2/2, 19
vielleicht 4/9, 47
Viertel, das, - (Viertel nach/vor 12) 4/1, 42
Vokal, der, -e 3/10, 33
Volkshochschule, die, -n 7/2, 79
Volleyball, das (Sg.) 11/13, 130
Volleyballverein, der, -e 11/13, 130
Vollzeitstelle, die, -n 10/8, 120
vom (= von dem) 6/9, 68
von (1) (von 1 bis 10) 2, 18
von (2) (die Woche von Lukas Bucher) 4/10, 48
von ... an (von Privat an Privat) 3/11, 34
von ... nach (Der ICE fährt von Frankfurt nach
    Stuttgart.) 2/12, 24
von ... zu (von Kunde zu Kunde) 3/11, 34
vor (+ A./D.) 4/1, 42
vor allem 7/11, 84

Voraussetzung, die, -en 10/8, 120
Vorbereitung, die, -en 5/13, 58
vorgestern 6, 71
vorheizen 5/13, 58
vorher 7/5, 81
vorlesen, er liest vor, vorgelesen 2/4, 20
Vormittag, der, -e 4/6, 45
vormittags 4/6, 45
Vorname, der, -n 1, 8
vorne 7/5, 81
Vorsicht, die (Sg.) 11/8, 127
Vorsilbe, die, -n 6, 71
Vorsorge, die (Sg.) 11/9, 128
Vorspeise, die, -n 5/10, 57
vorstellen (sich) 1, 8
Vorteil, der, -e 10/8, 120
Vorwahl, die, -en 2/8, 22
wählen 2/12, 24
wahr 6/9, 68
Wahrzeichen, das, - 7/11, 84
Wald, der, "-er 12/4, 136
wandern, er wandert, ist gewandert 12/1, 134
wann 3, 33
warten 4/10, 48
Wartezimmer, das, - 11/5, 126
warum 4, 50
was (1) (Was machst du?) 1/6, 12
was (2) (sagen, was man trinken möchte.) 2, 18
Wäsche, die (Pl.) 8/5, 91
waschen, er wäscht, gewaschen 5/13, 58
Waschküche, die, -n 8/11, 94
Waschmaschine, die, -n 3/1, 28
Waschzeiten, die (Pl.) 8/11, 94
Wasser, das (Sg.) 2, 18
Wasserkocher, der, - 3/1, 28
WC, das, -s 8, 88
wechseln 10/3, 117
Wecker, der, - 9/3, 100
weg (Der Bus war weg.) 4/10, 48
Weg, der, -e 7, 78
wegbringen, er bringt weg, weggebracht
    9/3, 100
wegen (+ G.) 4/10, 48
weggehen, er geht weg, ist weggegangen
    4/1, 42
wegnehmen, er nimmt weg, weggenommen
    5/13, 58
wehtun, er tut weh, wehgetan 11/5, 126
weich 7/9, 83
Weihnachtsfeier, die, -n 9/7, 102
Wein, der, -e 5/2, 53
Weinlokal, das, -e 9/10, 104
weiß 5/1, 52
weit 7/5, 81
weiter (1) (Weiter viel Spaß!) 6/9, 68
weiter- (2) 8/5, 91
Weiterentwicklung, die, -en 10/8, 120
welch- (Welche Fotos passen?) 3/4, 30
Welt, die, -en (meist Sg.) 7/11, 84
weltweit *,* 5/4, 54
wenig 3/2, 29
wer 1/6, 12

werden, er wird, ist geworden 6/9, 68
Wetter, das (Sg.) 12, 134
W-Frage, die, -n 1/5, 11
wichtig 5/4, 54
wie (1) (Wie heißen Sie?) 1/1, 9
wie (2) (Er fragt, wie es ihr geht.) 2, 18
wie (3) (Er sieht aus wie 30.) 2, 27
wie alt 6/2, 64
Wie geht's? 2, 18
wie viel (wie viel Uhr?) 2/11, 23
wieder 9/8, 103
wiederholen 2/15, 25
wiederkommen, er kommt wieder,
    ist wiedergekommen 11, 132
wiedersehen (sich), er sieht wieder,
    wiedergesehen 2/12, 24
Wievielte, der/das/die, -n 10/5, 118
willkommen 7, 78
Wind, der, -e 12/8, 139
windig 12/9, 139
Winter, der, - 6/6, 66
wirken 7/11, 85
wirklich 9/10, 105
wissen, er weiß, gewusst 7/6, 82
Wissenschaftler/in, der, - / die, -nen 10/8, 120
W-Lan, das (Sg.) 12/7, 138
wo 1/7, 12
Woche, die, -n 4/11, 49
Wochenende, das, -n 2/12, 24
Wochenendreise, die, -n 12/5, 136
Wochenmarkt, der, "-e 5, 56
Wochentag, der, -e 4, 50
woher 1/1, 9
wohin 7/5, 81
wohnen 1/6, 12
Wohngemeinschaft, die, -en 6, 62
Wohnheim, das, -e 7/3, 80
Wohnort, der, -e 1/11, 15
Wohnsituation, die, -en 8/3, 89
Wohnung, die, -en 4/6, 45
Wohnungsanzeige, die, -n 8/1, 88
Wohnungssuche, die, -n 8/1, 88

Wohnzimmer, das, - 8/1, 88
Wolke, die, -n 12/8, 139
wollen, er will, wollen/gewollt 7/11, 84
Wort, das, "-er 2/15, 25
Wortakzent, der, -e 4/5, 45
Wortende, das, -n 6, 71
Wörterbuch, das, "-er 3/1, 28
Wortliste, die, -n 3/1, 28
Wortteil, der, -e 4, 51
Wunsch, der, "-e 8/1, 88
wünschen 5/9, 56
Wurst, die, "-e 5/1, 52
würzen 5/13, 58
Zahl, die, -en 2/8, 22
zahlen 3/9, 33
zählen 2, 18
Zahn, der, "-e 11, 124
Zahnarzt/-ärztin, der, "-e / die, -nen 11/4, 125
Zehe, die, -n 11, 124
zehnmal 11/2, 124
zeichnen 2/1, 18
zeigen 3/6, 31
Zeit, die, -en 4/9, 47
Zeitangabe, die, -n 4, 51
Zeitarbeitsfirma, die, -firmen 10/3, 117
Zeitraum, der, "-e 8/1, 89
Zeitung, die, -en 4/1, 42
zentral 10/8, 120
Zentrum, das, Zentren 7/6, 82
Zettel, der, - 4/10, 48
ziehen, er zieht, gezogen 9/8, 103
Ziel, das, -e 7/3, 80
Ziffer, die, -n 3/4, 30
Zimmer, das, - 8, 88
Zirkus, der, -se 4/9, 47
Zitrone, die, -n 5/3, 54
Zitronensaft, der, "-e 5/11, 57
Zone, die, -n 7, 86
Zoo, der, -s 4/7, 46
zu (1) (Schreiben Sie die Wörter zu den Bildern.)
    2/14, 25
zu (2) (Der Schrank ist zu verkaufen.) 3/11, 34

zu (3) (zu Ende) 4/7, 46
zu (4) (zu Hause) 2/5, 20
zu sein, er ist zu, ist zu gewesen 4/10, 49
zu viel 5/8, 56
zu wenig 5/8, 56
Zubereitung, die, -en 5/10, 57
Zucchini, die, -s 5/13, 58
Zucker, der (Sg.) 2/2, 19
zuerst 8/9, 93
Zug, der, "-e 7/5, 81
Zugtyp, der, -en 12/6, 137
zuhören 4/5, 45
zuletzt 8/9, 93
zum (= zu dem) 4/8, 46
zum Glück 10/3, 117
zumachen 4/7, 46
zunächst 9/8, 103
zunehmen, er nimmt zu, zugenommen
    11/13, 131
zuordnen 1/6, 12
zur (zu der) 4/1, 42
zurück 2/11, 23
zurückfahren, er fährt zurück,
    ist zurückgefahren 12/6, 137
zurückfliegen, er fliegt zurück,
    ist zurückgeflogen 12/3, 136
zurzeit 8/4, 90
zus. (= zusammen) 3/11, 34
zusammen 3/9, 33
zusammen sein, sie sind zusammen, sind
    zusammen gewesen 6/8, 67
zusammenarbeiten 10/8, 120
Zusammenfassung, die, -en 10, 123
zusammenpassen 6/2, 64
Zutat, die, -en 5/13, 58
zuverlässig 10/8, 120
zweimal 8/4, 90
Zwei-Zimmer-Wohnung, die, -en 8/6, 91
Zwiebel, die, -n 5/3, 54
zwischen (+ A./D.) 6, 62

Zahlen, Zeiten, Maße, Gewichte

Kardinalzahlen

1	eins	13	dreizehn	60	sechzig
2	zwei	14	vierzehn	70	siebzig
3	drei	15	fünfzehn	80	achtzig
4	vier	16	sechzehn	90	neunzig
5	fünf	17	siebzehn	100	(ein)hundert
6	sechs	18	achtzehn	101	(ein)hundert(und)eins
7	sieben	19	neunzehn	200	zweihundert
8	acht	20	zwanzig	213	zweihundertdreizehn
9	neun	21	einundzwanzig	1 000	(ein)tausend
10	zehn	30	dreißig	1 000 000	eine Million (-en)
11	elf	40	vierzig	1 000 000 000	eine Milliarde (-n)
12	zwölf	50	fünfzig		

Ordinalzahlen

1.	(der/das/die) erste …	11.	elfte	30.	dreißigste
2.	zweite	12.	zwölfte	40.	vierzigste
3.	dritte	13.	dreizehnte	50.	fünfzigste
4.	vierte	14.	vierzehnte	60.	sechzigste
5.	fünfte	15	fünfzehnte	70.	siebzigste
6.	sechste	16.	sechzehnte	80.	achtzigste
7.	siebte	17.	siebzehnte	90.	neunzigste
8.	achte	18.	achtzehnte	100.	hundertste
9.	neunte	19.	neunzehnte	900.	neunhundertste
10.	zehnte	20.	zwanzigste	1 000.	tausendste

Zeiten

1. Stunde und Uhrzeiten

Uhr, die, -en
Uhrzeit, die, -en
Stunde, die, -n
Viertelstunde, die, -n
Minute, die, -n
Sekunde, die, -n

2. Tag und Tageszeiten

Tag, der, -e	täglich
Morgen, der, –	morgens
Vormittag, der, -e	vormittags
Mittag, der, -e	mittags
Nachmittag, der, -e	nachmittags
Abend, der, -e	abends
Nacht, die, "-e	nachts
Mitternacht, die, "-e	mitternachts

3. Woche und Wochentage

Montag, der, -e	montags	Feiertag, der, -e
Dienstag, der, -e	dienstags	Festtag, der, -e
Mittwoch, der, -e	mittwochs	wöchentlich
Donnerstag, der, -e	donnerstags	
Freitag, der, -e	freitags	
Samstag/Sonnabend, der, -e	samstags/sonnabends	
Sonntag, der, -e	sonntags	

4. Monate

Januar	August
Februar	September
März	Oktober
April	November
Mai	Dezember
Juni	
Juli	monatlich

5. Datum

1999 neunzehnhundertneunundneunzig
2005 zweitausend(und)fünf
1. März / 1.3. / Heute ist der erste März /
der erste Dritte.
12. April 2005 – 12.4.2005 – 12.04.05

6. Jahr und Jahreszeiten

Jahr, das, -e
Jahreszeit, die, -en
jährlich

Frühling, der, -e / Frühjahr, das, -e
Sommer, der, –
Herbst, der, -e
Winter, der, –

Maße und Gewichte

Zentimeter, der, –	cm
Meter, der, –	m
Kilometer, der, –	km
Quadratmeter, der, –	qm/m²
Liter, der, –	l

1 km = 1000 m
1 m = 100 cm

Gramm, das, –   g
Kilogramm, das, – kg
1 kg = 1000 g

Quellenverzeichnis

Fotos, die im Folgenden nicht aufgeführt sind: Vanessa Daly
Karte auf der vorderen Umschlagsinnenseite: Polyglott-Verlag München

All Photo – Shutterstock.com: Foto E, S. 24 · **Arbeitskreis Heusteigviertel e.V.**, Stuttgart: Plakat Flohmarkt, S. 33 – mit freundlicher Genehmigung · **Berlin on Bike:** Foto 3, S. 79; Foto S. 190 unten · **Corel Stock Photo Library:** Foto Obst, S. 130; Foto zu D1 (Salzburg), S. 140; Flaggen: Deutschland, Türkei, Ukraine, Spanien, Korea, S. 152 · **Deutsches Currywurst-Museum**, Berlin: Logo S. 84 – mit freundlicher Genehmigung · **DB AG:** Foto A. S. 24 (Max Lautenschläger); Foto C, S. 134 · **Fotolia.com:** Foto B, S. 45 (moodboard); Foto D, S. 45 (Frank-Peter Funke); Foto E, S. 69: Party pressmaster; Foto Ärztin, S. 119; Foto B, S. 134; Foto D, S. 134 (Philipp Baer); Foto F, S. 135 (henryart); Foto S. 136 (Jay Dee); Foto B, S. 139 (Heiner Witthake), Foto B, S. 238, Foto zu Dialog 2, S. 242, Foto Aubergine, S. 246 (Natalie) · **Freitag, Sybille:** Foto S. 15, untere Reihe rechts; Foto S. 31 oben, Mitte; Foto S. 40 unten, Foto C, S. 45; Fotos 1 und 2, S. 78, Fotos Rikscha-Tours, Haus am Checkpoint Charlie und Schiff unten rechts, S. 85; Mann am Telefon, S. 88, Foto S. 117 oben; Fotos S. 121; Foto 1, S. 217, Fotos zu Dialog 1 und 3, S. 242; Fotos S. 248 Mitte · **Globus / picture-alliance:** Grafik „Blick auf den Speisezettel", S. 75 · **Grätz, Linda:** Foto S. 15, obere Reihe (Semper-Oper, Dresden); Foto zu A1, S. 140 · **iStockphotos:** Foto A, S. 45 (Elke Dennis); Flagge Russland, S. 152 (Gilmanshin) · **Kaufmann, Susan:** Familienfoto S. 63, unten, Foto E, S. 98; Foto C, S. 139, Fotos S. 243, Mitte und unten, Foto S. 250 · **Kindertagesstätte Flohzirkus e.V.**, Rosdorf/Obernjesa: Foto D, S. 98 – mit freundlicher Genehmigung · **Kindl-Bühne**, Berlin: Logo der Kindl-Bühne, S. 85 – mit freundlicher Genehmigung · **Korkmaz, Aylin:** Foto Saia Kelec, S. 62 · **Lainovic, Nikola:** Porträt und Familienfoto, S. 62, Foto S. 168 · **Langenscheidt:** Auszüge aus *Langenscheidt Collins Großes Schulwörterbuch Deutsch – Englisch* und *Langenscheidt Taschenwörterbuch Türkisch*, S. 55 · **Langenscheidt-Archiv:** Foto Schwimmen und Fußballladies, S. 47; Foto S. 110, oben links; Foto Mônica Nunes, S. 150; Foto Ali Falalla, S. 229 · **Lemcke, Christiane:** Foto Krankenschwestern, S. 119; Foto S. 182; Foto S. 184; Fotos Post und Bürgerberatung, S. 193 · **Lindenberg, Bettina:** Foto F, S. 45 · **Mannich, Kirsten:** Porträt und Foto oben, S. 63; Foto D, S. 68 · **Nordsieck, O:** Foto S. 34, oben: Mercedes-Benz Sprinter Modelljahr 2006 · **Özkul, Senem:** 2. Foto von links, S. 110 · **Parise, Jon**, cc creative commons: Foto BMW-Zentrale, S. 111 · **Petersen, H.:** Foto Drillinge, S. 218 – mit freundlicher Genehmigung der Familie Petersen · **Pfeifer, Andrea:** Foto Uhren, S. 42/43; Flohmarkt und Fahrräder, S. 47; Foto Uhr, S. 50 · **pixelio:** Foto S. 15, untere Reihe, Mitte; Foto C, S. 175 · **Pöder, Daniela:** Foto Flohmarkt, S. 28 und S. 32 unten; Fotos 5 und 6, S. 79; Foto Technikmuseum, S. 84; Fotos Strandbar-Mitte, Grips-Theater, Bergmannstraße, Flohmarkt Mauerpark und Tanzschiff, S. 85 · **Polyglott-Verlag**, München: Kartenausschnitt S. 80 · **Reiter, Sabine:** Foto S. 247 · **Riesen Swetlana:** Fotos S. 102 und S. 103 · **Ringer, Albert:** 3 Fotos S. 15, mittlere Reihe; Foto B, S. 24; Fotos S. 31, links und rechts; 6 Fotos S. 35; Fotos Euroscheine und -münzen, S. 36; Fotos Würfel, S. 39; Foto Tageszeituhr, S. 50; Geburtstagskarte, S. 67; Foto B, S. 68, oben rechts; Fotos 7 und 8, S. 79; Foto 3, S. 94; Foto Bus, S. 96; Foto S. 128, oben links; Foto S. 148; Lernhefte: S. 155, S. 161; Foto 2, S. 169; Fotos B, D, E, F, S. 175; Münzen, S. 178; Foto S. 192; Foto Bad, S. 196; Foto Honig, S. 246; Foto S. 248 · **Rohrmann, Lutz:** Foto D, S. 24; Foto S. 62 Mitte (Picknick); S. 62 unten: Senioren-WG und Porträt; Foto B, S. 68; Foto F, S, 69; Foto SMS, S. 70; Fotos S. 76 unten (Teil 2); Foto 4, S. 79; Fotos B und C, S. 98; Fotos S. 104; Foto S. 137; Foto A, S. 139; Foto S. 141; Fotos 3 und 4, S. 169; Foto S. 170; Fotos A und C, S. 175; Fotos Verein BAJ, Fußball und Straßenbahn, S. 193; Fotos Wohnzimmer und Küche, S. 196; Foto S. 198; Foto 2, S. 217; Foto S. 227; Foto Irina Vaca Diez und Rolf Banzer, S. 229 · **Scarpa, Annalisa:** Foto S. 15, untere Reihe: links; Foto S. 196 rechts (Kinderzimmer) · **Scherling, Jörg:** Foto S. 254 · **Scherling, Theo:** Fotos S. 40 oben; Foto Jazz im Metronom, S, 47; Foto C, S. 68; Zeichnung Stammbaum, S. 70; Fotos S. 76 oben (Teil 1); Foto F, S. 98; Foto S. 99 · **Schüttler, Anke:** Porträt Tim Kohl, S. 63; Foto S. 173 unten; Foto S. 257 · **Shutterstock.com:** Foto Handy, S. 22; Foto F, S. 24 (Autoradio, Ishmiriev); Foto S. 34 unten (Kinderwagen, Zhu Dfeng); Foto E, S. 45; Foto G, S. 69; Foto Highlight-Towers, S. 111 (Prescott. Paul); Foto Olympia-Dach, S. 111 (Etien Jones); Foto BMW Welt, S. 111 (Manfred Steinbach); Foto Nordic Walking, S. 117; Foto E, S. 135 (Vladiwelt); Foto zu D2 (Neuschwanstein), S. 140; Foto Melchora Mabini: munchkinmoo, S. 279 · **Schmitz, Helen:** Foto S. 116; oben · **Sonnenfeld, Antje:** Foto 3, S. 217

Kurssprache

Uhrzeit

9 Uhr

halb 9

Viertel vor 9

Viertel nach 9

5 vor 9

10 nach 9